法官说法丛书

全国“八五”普法推荐读物

CASE

劳务纠纷典型案例解析

ANALYSIS

李艳红 / 主编

中国法制出版社
CHINA LEGAL PUBLISHING HOUSE

《法官说法丛书》（第二辑）

总编委会

本书编委会

主　　编：李艳红　北京金融法院党组成员、副院长

副 主 编：王晓蓉　北京市平谷区人民法院党组成员、副院长

张海成　北京市平谷区人民法院党组成员、副院长

张久新　北京市平谷区人民法院副院长

白雪英　北京市平谷区人民法院党组成员、政治部主任

执行主编：郑飞飞　北京市平谷区人民法院审判管理办公室（研究室）主任

执行副主编：韩　欣、韩思思　审判管理办公室（研究室）法官助理

作　　者

王富菊　北京市平谷区人民法院行政审判庭副庭长、法官
张文博　北京市平谷区人民法院执行局法官助理
李晓明　北京市平谷区人民法院峪口法庭庭长、法官
韩思思　北京市平谷区人民法院审判管理办公室（研究室）法官助理
王　新　北京市平谷区人民法院峪口法庭法官助理
门　慧　北京市平谷区人民法院执行局法官助理
李东杰　北京市平谷区人民法院峪口法庭副庭长、法官
彭　聪　北京市平谷区人民法院民事审判二庭法官助理
李　扬　北京市平谷区人民法院执行局局长、法官
廖晓丹　北京市平谷区人民法院东高村法庭法官助理
朱　政　北京市平谷区人民法院东高村法庭庭长、法官
张　卫　北京市平谷区人民法院民事审判二庭法官
胡适兰　北京市平谷区人民法院金海湖法庭法官助理
宁　昀　北京市平谷区人民法院民事审判二庭法官
张琳琳　北京市平谷区人民法院民事审判二庭法官助理
原婷婷　北京市平谷区人民法院执行局法官
万里宏　北京市平谷区人民法院民事审判一庭副庭长、法官
韩庆娜　北京市平谷区人民法院民事审判一庭法官助理
徐　婷　北京市平谷区人民法院立案庭（诉讼服务中心）法官
张虹雨　北京市平谷区人民法院金海湖法庭副庭长、法官
吴　心　北京市平谷区人民法院立案庭（诉讼服务中心）法官助理
郑飞飞　北京市平谷区人民法院审判管理办公室（研究室）主任、法官

许友刚　北京市平谷区人民法院民事审判一庭庭长、法官
马豫林　北京市平谷区人民法院王辛庄法庭法官助理
李建伟　北京市平谷区人民法院王辛庄法庭副庭长、法官
尤士兰　北京市平谷区人民法院金海湖法庭法官助理
韩　欣　北京市平谷区人民法院审判管理办公室（研究室）法官助理
王　宏　北京市平谷区人民法院民事审判二庭法官助理
冯　琳　北京市平谷区人民法院综合办公室工作组组长
许　骁　北京市平谷区人民法院审判管理办公室（研究室）法官助理
赵　娜　北京市平谷区人民法院综合审判庭法官助理
于宝灵　北京市平谷区人民法院审判委员会委员、法官
刘永利　北京市平谷区人民法院执行局法官助理
王重凯　北京市平谷区人民法院执行局法官助理

序言

PREFACE

人生在勤，不索何获。劳动是人类生活的基础，是创造人类文化幸福的基石。每个人在日常生活中都要通过提供劳务创造价值，也需要接受他人的劳务获取服务。在农村，邻里之间相互帮忙，修缮房屋、田间劳作是常有的事；在城市，随着城市建设发展，进城务工人员也越来越多，日常生活里，装饰装修、日常保洁、家电修缮等都需要通过他人的劳务获取服务。而作为提供劳务者，难免会因为各种原因遭受人身损害。随着《民法典》《最高人民法院关于审理人身损害赔偿解释》等相关法律、司法解释的颁布及更新，劳动者遭受人身损害后依法维权的意识大幅提高。然而实践中的劳务形式多种多样，因意外事故导致的家庭悲剧频见报道，如果能提高广大劳动者知法、守法、用法的意识，做到事前科学预防、事中安全保障、事后依法救济，可有效避免悲剧的发生。

为进一步提高广大劳动者的法律意识，北京市平谷区人民法院组织多名在一线从事审判业务的干警，根据审判实践中积累的办案经验和案例素材，将劳动者从事劳务活动因多种原因遭受损害获赔的典型案例编辑成一个个生动的小故事，并在故事中拓展了相关的法律知识以及针对从事该项劳务各方主体的普法提示，通过以案释法和普法教育，帮助广大劳动者在遭受意外事故时及时运用法律的武器维护自身的合法权益。

全书共分为五个章节，分别为劳务关系的认定、提供劳务者受害事实中因果关系的认定、提供劳务者受害责任的承担、劳务关系与其他法律关系竞合时的处理规则、典型劳务纠纷案例。第一章介绍了劳务关系的成立、不同劳务关系的区分等基础性理论。第二章就实践中较有争议的事实在因果关系的认定上进行了法律分析。第三章重点就劳务关系责任承担的法律规定进行了讲解。第四章就劳务关系与交通事故、劳动关系等法律关系竞合时的处理规则、赔偿流程向读者进行了介绍。第五章就五保户、个体工商户、农村建房、网络平台、执行过程中涉及的典型劳务纠纷案例深入评析。全书内容由浅入深，每个章节中的案例均紧扣主题以案释法，明法析理，致力于向广大读者提供一本理论与实践相结合的法律宣传读本。希望各位读者朋友在提供劳务和接受劳务时均能知法、守法、用法，在劳动中收获法律知识，在维权中践行法治之路，为我国建设社会主义法治国家贡献一份力量。

由于资料来源和征集水平有限，编辑过程中难免存在疏漏及不规范之处，恳请广大读者批评指正。

本书编委会

2021 年 8 月

目录

CONTENTS

第一章　劳务关系的认定

第二章 提供劳务者受害事实中因果关系的认定

第四章　劳务关系与其他法律关系竞合时的处理规则

第五章 典型劳务纠纷案例

第一章

劳务关系的认定

案例一

农村建房施工人受伤，谁应承担雇主责任

——农村建房中召集者和房主雇主责任的判断

王富菊[①]

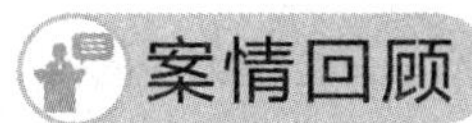

（一）开春盖房找工匠

北方农村都有开春盖房的习俗。位于北京市平谷区某村的农民高山也在盘算着翻盖一下老房，因为儿子到了该娶媳妇的年龄了。听说邻村的王海是农村盖房的手艺人，并且手下有瓦匠、木工等各种工种的能工巧匠，高山便慕名找到了他。高山跟王海说了一下自己盖房的计划和要求，同时，为了保证建房材料的物美价廉，尽量减少建设成本，高山决定自己购买建筑材料，自己租赁必要的大型施工设备等，由王海负责找人，工钱按人头算，每天150元。王海表示同意。此时，二人谁也没想到要立个字据，写个合同，把甲乙双方的权利、义务和责任等做个详细的约定。

（二）一人召集众人随

第二天，王海便开始联系工友们，询问干活的意愿，大部分人都同意了，到最后还差个干杂活的小工。王海找到了同村的赵钱，问其是否愿意去高山家的建房工程做小工，每天120元，赵钱表示同意。随后，赵钱便在高山家干活，有时和和灰（水泥），有时递递建筑材料（如砖、钢筋等）。王海是瓦匠，也与工人们一起在工地干活，同时根据房主的要求掌控一下工程进度、工地秩序，记录出工人员和出工时间。当然，房主高山也会随时出现在工地上，

① 北京市平谷区人民法院行政庭副庭长、员额法官，先后从事民事审判和行政审判。

除了看看需要什么建筑材料、工程进度如何之外，他自己手里也有一本出工人员和出工时间的账本。

（三）意外总在不经意间

那天，工人们像往常一样各自忙碌着。这时，赵钱站在梯子上负责往房顶递钢筋，递完钢筋后，他顺着梯子下来，突然梯子晃动一下，赵钱脚下一滑，周围也没有防护网，赵钱就从梯子上摔下来了，工友们赶紧把赵钱送至医院进行治疗。经检查，赵钱“右侧3-10肋骨骨折、右侧液气胸、右肺挫伤”，必须进行住院治疗，其妻石宜进行护理，耽误了很多农活。赵钱家也没有多少钱，根本负担不了昂贵的医疗费用，便向高山、王海求助。乡里乡亲间，王海和高山积极给赵钱筹备医疗费，最终二人分别为赵钱垫付医疗费近 2 万元和 3 万余元。赵钱自行支付医疗费 200 元。

（四）一念之间诉讼起

赵钱出院后，高山和王海时不时地来看看他，一方面叮嘱其注意保养休息，另一方面话语间催着赵钱还医疗费。赵钱病好了，但心烦起来，想着自己因给主家干活受伤，总不能挣不到钱，还背上债务吧。他便找到一个法律咨询服务中心进行咨询，工作人员如此这般地给他进行了讲解和分析，同时说明，根据其伤情，其能评定上伤残等级，那赔偿数额就会更多。赵钱越想越觉得自己损失太大，最后将高山、王海诉至了法院，要求二人赔偿其各项损失共计 10 万余元。

（五）法院审理解纠纷

在案件审理中，赵钱进行了伤残等级鉴定，其所受损伤的致残程度等级为九级。高山、王海二人均不同意赵钱的诉讼请求。王海辩称：赵钱是给高山家干活的时候受伤的，跟我没有关系；赵钱自己没有注意安全，应自己负责；我出于人道主义为赵钱垫付住院费，赵钱应返还。高山辩称：赵钱虽然是在给我家干活时受伤，但我并没有雇他，是王海找的他，赵钱受伤跟我没有关系；赵钱自己未注意安全，应自己负担损失；我出于人道主义为赵钱垫付住院费，赵钱应返还。

法院经审理认为，个人之间形成劳务关系，提供劳务一方因劳务自己受到损害的，根据双方各自的过错承担相应的责任。本案中，根据双方的用工形式，可以认定赵钱与高山形成劳务雇佣关系，高山未提供施工必要的安全防护设施，导致赵钱从梯子上摔下受伤，其应当承担主要责任。王海从劳务雇佣关系中获取利益，根据“谁获益谁担责”的原则，其亦应承担一定的赔偿责任。赵钱在提供劳务过程中，未充分注意安全而发生事故，其亦有一定过错。最终，法院不但没有让赵钱退还王海、高山医疗费，还判决王海再行赔偿赵钱 2 万余元，高山赔偿赵钱 5 万余元。案件判决后，赵钱、王海和高山均未上诉，纠纷圆满解决。

法理分析

《民法典》第 1192 条第 1 款规定：“个人之间形成劳务关系，提供劳务一方因劳务造成他人损害的，由接受劳务一方承担侵权责任。接受劳务一方承担侵权责任后，可以向有故意或者重大过失的提供劳务一方追偿。提供劳务一方因劳务受到损害的，根据双方各自的过错承担相应的责任。”该条规定了提供劳务者致人损害和自身受损害时的雇主责任，该条适用中重点和难点在于劳务关系的认定和雇主责任的承担。

（一）立法沿革

《民法典》自 2021 年 1 月 1 日起施行，而在此之前法院审理此类人身损害赔偿纠纷案件主要适用的是 2010 年 7 月 1 日起施行的《侵权责任法》（已于 2021 年 1 月 1 日废止）和 2004 年 5 月 1 日起施行的《最高人民法院关于审理人身损害赔偿案件适用法律若干问题的解释》（以下简称《人身赔偿解释》，已于 2020 年 12 月 23 日修正）。

原《侵权责任法》第 35 条规定：“个人之间形成劳务关系，提供劳务一方因劳务造成他人损害的，由接受劳务一方承担侵权责任。提供劳务一方因劳务自己受到损害的，根据双方各自的过错承担相应的责任。”原《人身赔偿解释》第 9 条第 1 款规定：“雇员在从事雇佣活动中致人损害的，雇主应当承担赔偿责任；雇员因故意或者重大过失致人损害的，应当与雇主承担连带赔偿责任。雇主承担连带赔偿责任的，可以向雇员追偿。”第 11 条第 1 款规定：“雇员在从事雇佣活动中遭受人身损害，雇主应当承担赔偿责任。雇佣关系以外的第三人造成雇员人身损害的，赔偿权利人可以请求第三人承担赔偿责任，也可以请求雇主承担赔偿责任。雇主承担赔偿责任后，可以向第三人追偿。”

通过对原《侵权责任法》第 35 条和原《人身赔偿解释》第 9 条和第 11 条相关内容的对比，可以发现原《侵权责任法》没有继续沿用原《人身赔偿解释》中“雇佣关系”“雇佣活动”“雇员”“雇主”等用语，而是改用了“劳务关系”“劳务”“提供劳务一方”“接受劳务一方”等术语。对于二者之间有无本质区别，人民法院出版社出版的《〈中华人民共和国侵权责任法〉条文理解与适用》中给予了相对权威的解读。该书中的观点为，“提供劳务一方与接受劳务一方”实际上与“雇员与雇主”在某种层面上含义相同，“劳务”与“雇佣”含义也无本质差别，只是在不同语境中的内涵和外延有所不同，各有所指，在我国立法及司法实践中，二者的含义其实是相通的。而《民法典》采用了原《侵权责任法》中“劳务关系”“劳务”“提供劳务一方”“接受劳务一方”等术语。因此，本文行文中也不作含义的区分。

除了上述用语的变化，原《侵权责任法》和原《人身赔偿解释》对于提供劳务者自身受损害时的雇主责任归责原则发生了重大变化，由原来的无过错责任变更为过错责任，这种变化也是符合接受劳务一方多是普通百姓，赔偿能力有限的客观现实，同时也更有利于增强提供劳务一方的自我防护意识和安全施工的责任意识。根据新法优于旧法的原则，原《侵权责任法》的上述过错责任原则优先适用。但是，原《侵权责任法》没有规定雇主的追偿权、雇员遭受第三人损害时的选择求偿权等内容。而目前《民法典》的规定则更为全面。

（二）雇主身份的甄别

目前农村建房一般都是分散性组合的建筑队，且不签订书面的合同，各方当事人间的权利义务不明确。而在建房过程中，施工人员意外伤害事件多发，房主与召集者，俗称包工头之间推诿责任现象严重。如何认定劳务关系并甄别雇主身份，是厘清赔偿责任的关键。下面，笔者从劳务关系的法律特点和用工形式的事实审查两个方面进行分析。

对于劳务关系的概念，目前尚无明确统一的法律层面的界定。通常观点认为，劳务关系是指提供劳务一方为接受劳务一方提供劳务服务，由接受劳务一方按照约定支付报酬而建立的一种民事权利义务关系。劳务关系具有以下法律特点：1. 主体方面，双方主体不符合《劳动法》和《劳动合同法》规定的劳动合同的主体，即双方均为个人或者一方虽然是组织，但是不符合《劳动法》或者《劳动合同法》规定的用人单位的条件，又或者一方是用人单位，但是另一方却不符合劳动者的条件；2. 内容方面，合同双方地位平等，相互之间无隶属性，一方提供劳务，另一方就享受劳务成果并支付报酬；3. 客体方面，包括相关的行为，也包括行为的成果等；4. 形式方面，劳务关系的建立可以采取书面形式，也可以采取口头或者其他形式。

上述理论层面的界定需要与案件事实进行结合，因此实践中用工形式的事实审查对于法律关系的梳理更有针对性。具体分析如下：1. 房主与召集者间是否有书面承包合同。如果双方订立了书面承包合同，往往会对权利义务作出较为明确的约定，原则上双方应为承揽合同关系。具体施工者与召集人形成劳务关系，召集人是雇主。2. 如无书面承包合同，审查房主与召集者关于工料、施工设备和施工款等的约定情况。若召集者与房主约定召集者包工包料、出建筑设备等，其与房主就总的施工款达成固定数额的约定，那么召集者与房主之间原则上应为承揽合同关系，召集者为施工人的雇主。3. 工人的工资由谁规定，由谁发放。原则上，工人的工资是由雇主规定并负责发放，那么规定并发放工资者原则上就是雇主。但此因素不应作为单独的认定标准，而需要综合其他因素认定。实际上，也存在房主与召集者谈好工资后，再由召集者与其他工人协商，并达成一致及房主将工资统一给付一个负责人，再由负责人向其他工人发放的情况，不能因此就认定召集者或负责人为雇主。4. 召集者的报酬取得情况。若召集者与其他工人一起参与劳动且同工同酬，那么房主应为雇主。若召集者参与劳动，仅系从其他工人的报酬中抽取部分利益，那么召集者不应被认定为雇主，但应当对雇员的受害承担一定的赔偿责任。

（三）雇主责任的承担

根据《民法典》第 1192 条第 1 款规定，个人之间形成劳务关系，提供劳务一方因劳务受到损害的，根据双方各自的过错承担相应的责任，即雇主应承担过错责任。从诉讼的角度来说，这加大了雇员的举证责任，雇员不仅要证明自己是因劳务受到伤害，还要证明雇主存在过错，如雇主未尽到安全保障义务，未提供安全防护设施、设备，设施、设备存在安全隐患、指挥不当等。雇主以雇员存在过错抗辩的，也要对自己的主张进行举证。

在上述案件中，房主高山与召集者王海未就房屋建设施工签订书面协议，但双方口头约定由王海负责找人，高山自行购买建筑材料、租赁建筑设备，工人的工钱按照出工天数计算。王海作为召集者，其与工人一起干活，凭出工获取工钱。这些情节可以认定王海与其他工人一样系为高山提供劳务，而房主高山直接享有劳务的成果，高山应系雇主。高山未尽到安全保障义务，导致赵钱从梯子上摔下来受伤，高山应负主要过错。召集者王海从小工处抽取了 30 元，从工人的劳务中获得收益，按照“谁获益谁担责”的原则，王海也应对赵钱承担一定赔偿责任。

知识拓展

（一）雇员因施工造成第三人损害的雇主责任

《民法典》第 1192 条第 1 款规定：“个人之间形成劳务关系，提供劳务一方因劳务造成他人损害的，由接受劳务一方承担侵权责任。接受劳务一方承担侵权责任后，可以向有故意或者重大过失的提供劳务一方追偿……”此种情形下，雇主对第三人承担无过错责任。此条规定的精神内涵在于，在受到伤害的第三人面前，雇主和雇员是一个利益共同体，二者应尽最大能力对第三人进行救治，而相比雇员，雇主的赔偿能力更强，因此雇主虽没有伤害第三人的过错，但其应承担侵权责任。而从雇主和雇员的内部关系来看，不区分情况地完全由雇主承担责任不符合公平原则，因此《民法典》同时规定了雇主对有故意或者重大过失的雇员的追偿权。

（二）雇员因施工遭受第三人损害时的选择求偿权

本文的案例以及前面的论述均是雇员非因第三方原因损害的情形，那么第三方原因导致雇员受损时，雇主是否还应承担责任呢？对此，《民法典》第 1192 条第 2 款规定：“提供劳务期间，因第三人的行为造成提供劳务一方损害的，提供劳务一方有权请求第三人承担侵权责任，也有权请求接受劳务一方给予补偿。接受劳务一方补偿后，可以向第三人追偿。”此条规定了雇员遭受第三人损害时的选择求偿权以及雇主承担责任后的追偿权，符合“谁行为谁负责”的原则。需要注意的是，接受劳务一方承担的是补偿责任，而非赔偿责任，这无疑较原《人身赔偿解释》第 11 条第 1 款中所规定的“雇主承担赔偿责任”更为精确。

（三）个人向单位提供劳务受害的救济途径

《民法典》第 1192 条规定的是“个人之间形成劳务关系”的情形，但目前单位临时或相对长期地雇佣人员从事卫生清理、秩序维护等也很常见。《最高人民法院关于审理劳动争议案件适用法律问题的解释（一）》（2020 年 12 月 29 日公布）第 32 条规定：“用人单位与其招用的已经依法享受养老保险待遇或者领取退休金的人员发生用工争议而提起诉讼的，人民法院应当按劳务关系处理。”根据此条规定，已经达到退休年龄的个人也可以与单位形成劳务关系，若此个人在向单位提供劳务时受害，可以参照适用《民法典》关于个人之间劳务关系的相关规定。

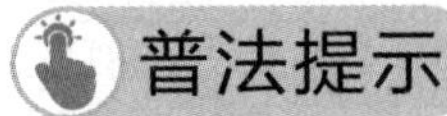

普法提示

（一）知己知彼，百战不殆

在纠纷难以协调时，双方终究会对簿公堂。而起诉的第一步就是写起诉状，按照《民事诉讼法》的相关规定，原告的起诉必须有明确的被告，并且起诉状中应当记载被告的姓名、性别、工作单位、住所等信息，法人或者其他组织的名称、住所等信息。因此，提供劳务者在从事劳务活动时，一定先确定好谁是接受劳务者，也就是谁是雇主，谁是老板，并且确定好雇主的以上信息，如果层层转包、分包或分层召集，无法确定雇主，那不妨多记几个人的相关信息和他们之间的关系，诉讼中由法院界定。只有雇主信息准确、详细，在无法找到被告的情况下，法院才可以进行公告送达，并作出判决。因此，提供被告的身份信息不仅是原告的义务，也是诉讼程序推进的关键。

（二）打官司就是打证据

证据是事实认定的依据，打官司就是打证据。《民事诉讼法》第 64 条第 1 款规定："当事人对自己提出的主张，有责任提供证据。"《最高人民法院关于适用〈中华人民共和国民事诉讼法〉的解释》第 91 条规定："人民法院应当依照下列原则确定举证证明责任的承担，但法律另有规定的除外：（一）主张法律关系存在的当事人，应当对产生该法律关系的基本事实承担举证证明责任；（二）主张法律关系变更、消灭或者权利受到妨害的当事人，应当对该法律关系变更、消灭或者权利受到妨害的基本事实承担举证证明责任。"在诉讼中，提供劳务者需举证证明劳务关系的存在、接受劳务者的过错以及劳务费的数额等。因此，在日常工作过程中，提供劳务者要注意保留考勤表、记工单、对工单等证据，对于口头承诺要进行录音、录像，必要时亦可申请工友出庭作证。

（三）及时维权，避免过期

《民法典》第 188 条规定："向人民法院请求保护民事权利的诉讼时效期间为三年。法律另有规定的，依照其规定。诉讼时效期间自权利人知道或者应当知道权利受到损害以及义务人之日起计算。法律另有规定的，依照其规定。但是，自权利受到损害之日起超过二十年的，人民法院不予保护，有特殊情况的，人民法院可以根据权利人的申请决定延长。"需要特别说明的是，超过诉讼时效，权利人并不因此丧失起诉权，而是可能丧失胜诉权。对此，《最高人民法院关于适用〈中华人民共和国民事诉讼法〉的解释》第 219 条规定："当事人超过诉讼时效期间起诉的，人民法院应予受理。受理后对方当事人提出诉讼时效抗辩，人民法院经审理认为抗辩事由成立的，判决驳回原告的诉讼请求。"

案例二

劳务关系的成立

——如何确定雇主的身份

张文博[①]

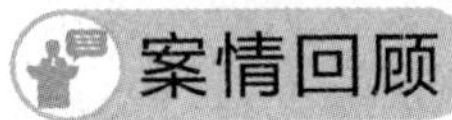

(一)干活受伤无人管

生活中，老百姓常常因为农村建房、搬家、装饰装修等活动发生提供劳务者受害责任纠纷，此类纠纷产生的原因多为熟人间介绍，甚至义务搭手、帮工，常常随口约定，导致在务工过程中受伤的受害者索赔遇到难题。在没有明确约定的情况下如何确定雇主的身份，请看以下案例。

张强因要对新购买的住宅进行装修，遂于 2018 年 7 月 5 日与佳星建材公司签订《家装购材合同》，约定由佳星建材公司分批将张强所需的装饰材料运送到施工现场，张强对佳星建材公司的货物无法验收的，可以委托装饰公司的施工队长代为清点、验收和签字。签订《家装购材合同》当日，张强与国超装饰公司签订《装修施工合同》，约定由国超装饰公司设计并以包清工的方式承包室内装修工程，且张强应当于开工前将房屋钥匙交给国超装饰公司。后佳星建材公司依照合同约定将装饰材料送至张强需要装修的住宅楼梯口，张强和国超装饰公司的员工在送货单上签收该批材料。

因材料用量较大，张强找来王云等四个搬运工人，王云站在三楼以提拉方式运送木板，因脚下垫着砖块和水桶没有踩稳，从三楼摔下致伤。张强带着王云等四个工人到国超装饰公司索要搬运费，国超装饰公司支付张强以及王云等四个搬运工人每人 100 元搬运费。王云因为从三楼摔落受伤，包括医

① 北京市平谷区人民法院执行局法官助理。

疗费在内的各项费用共计66530元无法得到赔偿，遂于2019年3月20日将张强诉至法院，主张张强为了装修自己的居室，雇佣包括自己在内的四个工人搬运装修材料，表示自己是张强叫过来干活的，张强是自己的雇主，故请求张强赔偿自己因人身损害而遭受的各项损失，后经张强申请，法院依法追加佳星建材公司与国超装饰公司为本案被告参加诉讼。

（二）多方主体互推诿

被告张强辩称，自己与王云不存在劳务关系，也没有指挥王云搬运材料，国超装饰公司应当为王云的雇主。王云在脚下垫了砖头和水桶没有踩稳致自己从三楼摔伤，应当是王云自己的过错，自己不应当承担责任。王云受伤后，国超装饰公司支付了四个搬运工人每人100元的搬运费，还支付了王云12500元的医疗费，国超装饰公司应当为原告的雇主。

佳星建材公司辩称，佳星建材公司与张强为买卖合同关系，双方签订的《家装购材合同》约定建材公司将装饰材料运送至施工现场，是指将装修材料运到货车能够到达的地方，在本次发生事故之前，其他几批建筑材料也是国超装饰公司搬运上去的。佳星建材公司并未委托张强雇佣工人从事搬运工作，王云的人身损害与佳星建材公司没有任何关系，佳星建材公司根本不是本案当事人。

国超装饰公司辩称，虽然按照行业惯例，建材公司将材料送到后，装饰公司将装修材料搬到楼上装修屋内是通常做法，但本案中国超装饰公司与张强之间为加工承揽合同关系，并没有雇佣王云从事搬运工作，不应当对王云的受伤承担责任，本案中佳星建材公司将装饰材料送至施工现场，佳星建材公司应该是本案雇主。

（三）劳务关系如何定

法院认为，提供劳务者一方在从事雇佣活动中受到损害的，应当由双方根据过错程度承担相应责任。雇佣法律关系，是指受雇人利用雇主提供的条件，在雇主的指示、监督下，为雇主提供劳务，并由雇主支付报酬的法律关系。本案原告王云是被告张强叫去搬运建材的，表面上看，原告王云与被告张强建立了劳务关系，但事实上，劳务关系的成立不能只从形式要件上加以判断，在较为复杂的劳务关系中，准确认定谁是雇主是正确处理纠纷的关键。劳务的实际受益者是谁，谁就是雇主，应为雇员损害承担相应责任。本案中，法院经过法庭调查获知，装修材料从楼梯口搬到装修屋内是国超装饰公司的义务，王云提供劳务的实际受益者是被告国超装饰公司，其作为原告的雇主，应对原告王云的合理损失承担相应赔偿责任。由于王云在本案中有一定过错，根据双方各自的过错程度，认为被告国超装饰公司承担70%的赔偿责任。

本案法律依据为2020年5月28日第十三届全国人大第三次会议通过的《民法典》第1173条、第1179条、第1192条，2020年12月23日最高人民法院审判委员会第1823次会议修正的《最高人民法院关于审理人身损害赔偿案件适用法律若干问题的解释》第2条、第6条、第7条、第8条、第9条、第10条、第11条。

本案的争议焦点为，在双方没有明确书面或是口头约定的情况下，多个涉案主体互相推诿，提供劳务的一方在工作中受伤时如何确定与谁存在劳务关系，进而确定应当进行赔偿的雇主?

法理分析

（一）以何种标准确定劳务关系的成立

劳务关系通常以双方之间存在雇佣合同为成立条件，但现实生活中有些当事人之间不存在劳务合同，即便如此，双方也存在事实上的劳务关系。判断是否存在雇佣关系要进行形式要件和实质要件双重判断，首先，要看双方的权利义务是否是一方提供劳务，另一方支付报酬；其次，要看雇员是否受到雇主的控制、指挥和监督。从本案来看，王云虽然未与国超装饰公司签订书面雇佣合同，但到达场地之后提供劳务，没有任何一方提出异议，这属于在事实上已经建立了提供劳务的契约关系，后来王云等搬运工人在完成劳务后，国超装饰公司支付王云等四个工人搬运费各100元，更加说明双方建立了劳务关系。

本案中，张强与佳星建材公司签订的《家装购材合同》中约定了由佳星建材公司将装修材料运送到施工现场，虽然佳星建材公司与国超装饰公司对"施工现场"的理解存在争议，但结合张强与佳星建材公司的合同约定内容以及双方的当庭陈述来看，佳星建材公司只负有将装修材料运到货车能够到达位置的义务，而不负有将装修材料运到装修屋内的义务，该部分工作应当属于国超装饰公司，且国超装饰公司自己也承认上述做法为行业惯例，故佳星建材公司并非为王云等人提供劳务的实际受益者，不是王云的雇主。本案中虽然是张强叫王云等四人过去搬运材料，但当时在验收装饰材料的时候，国超装饰公司的员工也在现场，并未拒绝张强叫来搬运工人搬运该装修材料，张强对于国超装饰公司来说只是充当了帮忙叫来雇员的角色，而非王云的真正雇主。故王云提供劳务的实际受益者应当为国超装饰公司，即国超装饰公司为王云的雇主。

（二）如何确定雇佣活动的范围

对于雇佣活动的范围，首先应当看雇员执行的事务是否是雇主授权或者批示范围内的活动，其次从雇员执行职务的行为来看，客观上表现为与雇主批示办理事务的要求一致，最后即便雇员的行为超出授权范围，但其表现形式是履行职务或者履行职务有内在联系的，应当认定"从事雇佣活动"。本案中国超装饰公司没有直接雇佣王云进行搬运工作，但未拒绝张强找来王云来搬运装饰材料，即默认王云搬运装饰材料属于国超装饰公司授权或者批示范围内的活动。

在《民法典》第1192条第1款中规定："……接受劳务一方承担侵权责任后，可以向有故意或者重大过失的提供劳务一方追偿。提供劳务一方因劳务受到损害的，根据双方各自的过错承担相应的责任。"该条规定说明在适用过错责任确定赔偿义务人责任后，受害人有故意或者重大过失的，应适用过失相抵。本案中，法院认定王云对自己提供劳务过程中所受损伤存在重大过失，故根据双方的过错程度确定双方的责任。本案中减轻了国超装饰公司的责任，法院判令国超装饰公司对王云的损失承担70%的责任。

知识拓展

（一）《民法典》第1192条立法目的

《民法典》第1192条第1款规定，个人之间形成劳务关系，提供劳务一方因劳务造成他人损害的，由接受劳务一方承担侵权责任。接受劳务一方承担侵权责任后，可以向有故意或者重大过失的提供劳务一方追偿。提供劳务一方因劳务受到损害的，根据双方各自的过错承担相应的责任。该条关于个人劳动责任承担的规定相较于《最高人民法院关于审理人身损害赔偿案件适用法律若干问题的解释》（以下简称《人民损害赔偿解释》）第9条，以及原《侵权责任法》第35条，更加注重公平与效率，该条规定兼顾了《人身损害赔偿解释》第9条的追偿权和原《侵权责任法》第35条，根据双方各自的过错承担相应的责任。《民法典》的该条规定对比已经废止的《人身损害赔偿解释》第9条，去掉了提供劳务一方与接收劳务一方对外承担连带责任的规定，强调接受劳务一方承担替代责任后，可以向具有故意或重大过失的提供劳务一方追偿。《民法典》该条规定中“提供劳务一方因劳务受到损害的，根据双方各自的过错承担相应的责任”这点和原《侵权责任法》第35条的规定是一致的，但这里《民法典》并没有采取无过错责任原则，而是采取了过错责任原则。《民法典》作此规定的理由为，首先，个人之间提供劳务的关系不属于依法必须参加工伤保险的情形，不适用《工伤保险条例》，意味着无法通过保险机制来分散风险。[①]如果要求接受劳务的一方无过错也承担责任，过于苛刻，有失公允。其次，在实践中，因劳务遭受损害的情形比较复杂，只有区分不同的情况，根据双方过错处理，才比较合理公平，符合现实。

---

① 王利明：《中华人民共和国侵权责任法解读》，中国法制出版社2010年版，第156页。

（二）接受劳务一方的过错类型

第一，缺乏相应资质或者安全生产条件。个人在不具有相应资质或者安全生产条件的情况下，雇佣他人从事建设工程等活动，在法律上就认定接受劳务的一方具有过错，应当承担责任。

情景一：2018 年 7 月，李小博经一起干活的杨丛丛、李光明、李国力及张大宝共同推举与王金鑫签订了《木工合同书》，李小博等五人共同从事月景湾楼木工工程的施工合作。该工程由大桥公司承建，王金鑫为涉案工地的实际施工人。合同签订以后，李小博、杨丛丛、李光明、李国力、张大宝共同施工，按照各自的工作时间平均分配劳务报酬。2018 年 9 月 26 日下午，张大宝在从事木工工作时从脚手架上摔到地上受伤，随后被送到医院治疗，医疗费共计 24697.31 元，经伤残鉴定为一个十级伤残，一个八级伤残。后张大宝将大桥公司、李小博、王金鑫诉至法院，要求赔偿自己各项损失。最后法院经审理认为王金鑫作为涉案工程的实际施工人，雇佣张大宝在涉案工地工作，王金鑫作为张大宝的雇主应当对张大宝的损失承担责任，大桥公司作为涉案工程的承包方，将涉案工程分包给不具备相应资质的王金鑫，应当对张大宝的损失承担连带责任。①

第二，未尽到对劳务活动的检查、监督和指导的义务。从事劳务活动往往存在一定危险性，接受劳务的一方应当在提供劳务的一方从事劳务活动的时候，尽到充分的监督和指导、管理的义务，对于未尽到相关义务的，应当对提供劳务一方受到的损失承担责任。

情景二：2018 年 8 月 26 日，林唐雇佣陈帅等人到林唐承包的鱼塘捕鱼，林唐安排司机，将货车开到现场装鱼。鱼被捕捞上岸以后，陈帅听从货车司机的指挥将鱼装车，在装鱼的过程中，由于运鱼车的设备（吊车）漏电，陈帅用手拉钢丝绳末端的铁钩准备将鱼装车时被电击受伤不省人事。事故发生后被送往医院抢救。后陈帅将林唐诉至法院，要求其赔偿自己的损失。法院

---

① （2019）豫 1103 民初 3602 号，来源于中国裁判文书网，案例中当事人均为化名。

认为林唐作为装运塘鱼车辆的所有人，应当对相关的装运设备进行检查，以确保安全，但其未尽到审慎检查的义务，致使陈帅在将鱼装车的过程中被电击伤，故林唐在本案事故中承担主要责任，原告作为具有完全行为能力的成年人，在提供劳务过程中疏忽大意，也应当对因自身原因造成的损失承担部分责任。[①]

第三，未提供相应的生产设备或采取相应的安全保护措施。接受劳务的一方应当为提供劳务的一方提供相应的生产设施并采取充分的安全保障措施，以免提供劳务者遭受损害。如果提供劳务的一方未能采取充分的安全保障措施，或者提供的生产设备有缺陷，导致提供劳务者在提供劳务过程中受伤，则接受劳务的一方具有过错，应当赔偿损失。

情景三：2017年4月9日，王翔雇佣陈飞在水字村街道清理垃圾时，发现铲车勾着拉线，陈飞担心拉线被拉断，就把拉线往外拉了一下，钩机溜出时碰到自己的胳膊，导致陈飞的胳膊骨折。陈飞将王翔诉至法院要求其赔偿损失。法院认为王翔作为陈飞的雇主，未尽到安全保障义务，未提供任何安全保障措施，致使陈飞受伤，王翔负有过错，应当承担责任，陈飞作为清理垃圾的工人，理应对清理垃圾所使用的铲车在工作过程中存在的危险具有清醒认识，对自身所受损伤具有一定过错。[②]

普法提示

近些年随着我国市场经济的不断发展，劳务市场日益活跃，人们之间形成的劳务关系增多，随之带来的纠纷也变多，侧面反映了当事人维权意识的增强，同时也表明当下社会劳务关系有待进一步规范。因提供劳务者的主体为个人，该群体往往缺乏基本的法律常识，在提供劳务过程中出现多个主体或者法律关系较为复杂时，往往无法识别自己真正的雇主，使得自己遭受损

① （2019）粤0823民初1066号，来源于中国裁判文书网，案例中当事人均为化名。

② （2017）京0117民初8202号，来源于中国裁判文书网，案例中当事人均为化名。

害以后无法索赔。综上，确定双方的劳务关系可以从以下几个方面考虑：第一，双方之间是否存在雇佣合同，包括口头或者书面合同，是否有约定往往是法院判断双方劳务关系是否存在的依据；第二，雇员是否获得报酬；第三，雇员是否以提供劳务为内容；第四，雇员是否受到雇主的控制、指挥、监督和管理。

为了减少此类纠纷的发生，笔者提出如下建议：第一，签订正式的书面合同。在中国这样的熟人社会下，常将工程发包给亲朋好友或者自己熟悉的人，在缺乏契约意识和质量意识的情况下，很容易发生纠纷和推诿，因缺乏纸面的约定，双方往往各执一词，签订正式的书面合同可以将双方法律关系落到白纸黑字，让双方的权利义务更加明确。第二，接受劳务的一方应当更新设施设备、提供较为安全的生产条件。虽然法律没有对施工的设施设备作出明确要求，有时候雇主为了节约成本，使施工的设备得不到保障，增加务工的风险和难度，只有为提供劳务的一方提供安全的生产条件和设施设备，尽到相关义务，才能降低安全事故发生的概率，进而避免人身受损，出现矛盾纠纷。第三，提供劳务的一方增强自己的安全意识和法律意识。有些雇员在施工过程中过于自信，觉得不会发生危险，施工时偶尔放弃使用绳索或者其他安全工具，最后导致意外的发生。有些雇员在安全事故发生以后，由于法律知识的匮乏，不懂得如何主张自己的权利，对遭受的损害只能自己承担。对此，提供劳务的一方平时应当多加留意与自身有关的常用法律法规，跟踪相关政策的更新和变化，对自身权益保持敏感，注意自我安全的保护和自我权益的维护，才能最大可能减少自己的损失。

案例三

雇员伤害谁担责

——如何在纷繁复杂的社会生活中准确认定雇佣关系

李晓明[①]

案情回顾

王爱国、董敬业、焦富强、耿立秋都是农村个体工匠，工种为油工，四人经常一起为他人建房进行油工作业。李大宝与王爱国系连襟，两家一直互有来往，关系不错。

李大宝家老宅院的房屋年久失修，为改善居住条件，李大宝于2018年开春后，将原有老房翻建成二层楼房。房屋主体建成并做完内墙抹灰后，李大宝找到王爱国说："你是油工，比我懂行，家里刷涂料和油漆的活就交给你了，你找几个人尽快给我干完，用什么涂料好你看着买，该多少钱你跟我说。"王爱国说："行，连买材料带干活的事我安排，工钱、料钱花多少我给你报账，咱们自己家的事儿，肯定给你干好，也不多花钱。"

随后，王爱国就找董敬业、焦富强和耿立秋一起到李大宝家开始粉刷墙面。施工过程中，王爱国自带脚手架等设备和工具，负责买材料，在现场安排工作并与董敬业等一起刷墙。由于长期共同施工，王爱国、董敬业等配合比较默契，简单划分区域后，各自单独开展油工作业。同时，王爱国负责记账，将工钱、料钱分别记录，连王爱国自己的工钱都是每人每天220元，料钱按照实际支出记录并附采购单据，王爱国自带的设备工具不要钱。王爱国将记账单报给李大宝的儿子李小宝后，李小宝把钱付给王爱国，王爱国再把工钱付给董敬业、焦富强和耿立秋。

2018年8月13日，王爱国、董敬业在一层刷墙，焦富强、耿立秋在二

① 北京市平谷区人民法院峪口法庭庭长、员额法官。

层刷墙。上午 8 点左右，耿立秋站在长约 1.7 米、宽约 1 米、高约 1.5 米的脚手架上粉刷墙面时，从脚手架上跌落倒地。王爱国、焦富强、董敬业、李大宝听到声响后赶忙来到耿立秋跟前，发现耿立秋已经失去了意识。王爱国赶快拨打了 120 急救电话，并与焦富强、董敬业一起将耿立秋送到医院救治，王爱国垫付医疗费 2000 余元。此次事故造成耿立秋重度颅脑损伤等伤害，伤情危重。耿立秋在医院抢救 3 天后，于 8 月 15 日被家属接回家中因脑出血死亡。抢救期间，耿立秋家属支付医疗费 6 万余元。

耿立秋去世后，她的丈夫徐立春、女儿徐大雪、徐小雪和儿子徐小满起诉李大宝、李小宝和王爱国，以耿立秋受雇为李大宝、李小宝、王爱国干活期间受伤死亡为由，要求李大宝、李小宝、王爱国连带赔偿医疗费、死亡赔偿金、被扶养人生活费、丧葬费、精神损害抚慰金等 160 余万元。

李大宝、李小宝父子认为，李大宝作为房东，已经将墙面刷漆的活包给了王爱国，因此二人与耿立秋之间不存在雇佣关系。王爱国承包了自己家的油工活，实际支付耿立秋等人工资，现场施工也是由王爱国指挥，因此王爱国与耿立秋之间存在雇佣关系，王爱国作为耿立秋的雇主应当承担赔偿责任。农村建房及粉刷墙面不需要承包人具备资质，因此李大宝将刷漆的活发包给王爱国合法，不应承担连带责任。耿立秋从一米多高的脚手架上摔下，是因为她自身患有疾病且不注意安全所致，耿立秋应负主要责任。因此不同意承担赔偿责任。

王爱国认为，他与耿立秋只是一起干活的工友，都是受雇于李大宝、李小宝给他们家干活，每人每天工资为 220 元，因此自己不是包工头，也不是耿立秋的雇主，不应承担赔偿责任。耿立秋所用的脚手架很牢固，仅一米多高，正常情况下不会摔下，她是因身体原因晕厥丧失意识才摔倒，且摔倒的时候没有任何自我保护行为。耿立秋曾因病多次治疗，其自身患病是导致摔倒受伤的直接原因，耿立秋应自负责任。

法院认为，本案的争议焦点在于雇佣关系的认定，即谁与耿立秋之间存在雇佣关系。王爱国在向李大宝、李小宝报账时，购买材料实报实销，其本人与耿立秋等人一样同工同酬，没有额外利益，因此王爱国与李大宝、李小宝之间并不形成承揽关系。也就是说，王爱国不是施工中的“包工头”。耿立秋为李大宝提供刷墙劳务，李大宝向耿立秋支付劳动报酬，李大宝与耿立秋形成了雇佣关系。耿立秋在提供劳务的过程中受伤导致死亡，李大宝作为雇主，应当对耿立秋死亡导致的损害承担赔偿责任。

耿立秋作为一个成年人，应当对自己的身体和精神状况有所判断，并对自身行为负责。耿立秋对自身安全疏于注意而摔倒，且进行作业时未采取防卫措施，自身具有一定过错，应自负部分责任。

经法院核算，徐立春等人的合理损失共计 73.6 万余元。法院判决李大宝赔偿徐立春、徐大雪、徐小雪、徐小满医疗费、死亡赔偿金（含被扶养人生活费）、丧葬费、精神损害抚慰金 51 万余元，驳回了徐立春等人的其他诉讼请求。

李大宝不服一审判决，提起上诉。二审法院认可一审判决的处理意见，判决驳回上诉，维持原判。

法理分析

近年来，农村建房过程中引发的雇员受害赔偿问题十分普遍，当事人争议最大、通常也是法院处理案件的关键问题，就是如何认定其中的雇佣关系。法律规定是抽象的，而现实生活丰富多彩，人们不会按照法律条文来生活，实践中的做法五花八门，呈现出来的法律关系特征不是泾渭分明，而是交叉含混、模糊不清，难以直接对号入座。由于很多人只是口头协议，在发生纠纷后又夹杂着证据问题和虚假陈述的问题，导致案情扑朔迷离。

在此情况下，不能简单地从某个法律特征来认定雇佣关系，而要把握法律关系的内在属性，认清隐藏在背后当事人之间的利益关系，运用经验和逻辑，才能拨云见日，对雇佣关系作出准确的判断。下面结合本案来分析一下怎样准确认定雇佣关系，合理分配各方责任。

（一）如何正确认定本案的雇佣关系

本案的雇佣关系显得模糊不清，难以从直观的外在特点作出判断。各方就彼此间的法律关系没有明确的约定，从实际履行情况来看，李大宝和王爱国都具有雇主的特点。耿立秋为李大宝家粉刷墙面，耿立秋拿到的工钱是李大宝出的，李大宝具有雇主的特点。而同时，耿立秋与李大宝并不认识，是王爱国找耿立秋来刷墙，并确定每天工钱为220元，王爱国召集安排耿立秋等人刷墙施工，王爱国自带设备工具并购买材料，王爱国实际发放耿立秋的工资，似乎王爱国更像是耿立秋的雇主。

本案不能简单地从外在特点来认定雇佣关系，而是需要把握雇佣关系的内在属性，即要考察耿立秋实际在为谁工作，由谁支付劳动报酬。弄清这个问题，首先要确认李大宝与王爱国之间是否存在承揽合同关系，关键问题在于考察王爱国是否享有包工头的利益。包工头承揽工程，是要赚取比工资更多的利益的，因此有更多的付出，并承担相应风险。

从双方订约的初衷来看，李大宝与王爱国是亲戚，关系较好，在李大宝家施工到上油工的阶段时，李大宝找懂行的自家人给干活，踏实放心；王爱国出于亲戚之情，在李大宝提出请求后，很快即组织工友们来给李大宝家施工，并没有从李大宝家挣取包工利润的想法。

从双方的实际履行来看，王爱国负责购买材料，但材料费用实报实销，王爱国没有提成；王爱国提供了脚手架等设备工具，但只是给李大宝无偿使用，不收取费用；李大宝将全部工资交给王爱国，但王爱国只是如数代发。王爱国取得的报酬只是正常的工资，没有其他包工头应得的任何利益。而耿立秋的工资，实际是由李大宝支付，王爱国只是代发。显然王爱国不是包工头，其与李大宝之间不存在承揽关系，而是雇佣关系。

另外，从公平的角度考察，虽然王爱国购买材料、组织施工、提供设备、代发工资等行为具备雇佣关系中雇主的特点，但他并不因耿立秋提供劳务取得任何利益，如果认定王爱国为耿立秋的雇主，让王爱国承担损害赔偿责任，不符合民法权利义务相一致的原则，也是不公平的。

综上分析，可以认定耿立秋是为李大宝提供劳务，李大宝向耿立秋支付劳动报酬，李大宝与耿立秋之间形成了雇佣关系。

（二）如何看待王爱国身上体现的“包工头特征”

王爱国具备了很多雇主的外在特点，更像包工头，也就是耿立秋的雇主，而法院最终认定王爱国只是耿立秋的工友。该如何看待王爱国身上体现的“包工头特征”呢?

前已述及，王爱国为李大宝进行油工作业，李大宝支付王爱国工资，双方存在雇佣关系。同时，由于双方的亲属关系以及王爱国老油工的经验，李大宝把家里的油工活交给王爱国负责及安排，是一种委托合同行为，即王爱国受李大宝委托，为李大宝联系油工、购买材料、组织施工及代发工资，均是在履行受托职责。

另外，王爱国将自己的脚手架无偿提供给李大宝使用，是为了给李大宝减少开支，为李大宝提供的无偿帮助，是一种好意施惠行为。

本案中，李大宝与王爱国之间，既有雇佣关系，也有委托关系，还有好意施惠行为。相信分析后，大家可以更好地理解为什么王爱国与耿立秋不存在雇佣关系了。

（三）本案的损害责任应如何分担

本案中，耿立秋在事故发生时，独立进行刷墙作业，由于她在伤害发生后即失去意识，事发后第三天去世，她到底因为什么摔倒受伤已无法得知。从她的伤害后果来看，从高 1.5 米处摔倒却造成极重的伤害，应该在摔倒时没有任何自我保护行为，李大宝、王爱国所称耿立秋自身患有疾病可能是存在的，但是难以证明及确定因果关系。对于耿立秋摔伤，李大宝作为雇主没有过错，王爱国为李大宝提供的脚手架也没有质量问题。无论是自身疾病导致，还是主观上的疏忽，是因耿立秋自身原因导致损害的发生。因此，耿立秋对于损害后果的发生有过错，应当减轻雇主李大宝的赔偿责任。

法院判决李大宝承担 70% 的责任，耿立秋家属自负 30% 的责任，是适当的。

知识拓展

（一）立法沿革

本案涉及的主要法律问题是雇员受害赔偿责任问题。本文中所称的雇佣关系，是狭义上的雇佣关系[①]，劳动关系不在讨论范围之内，是指雇员向雇主提供劳务，雇主支付雇员相应报酬形成的权利义务关系。

2003 年，最高人民法院颁布《关于审理人身损害赔偿案件适用法律若干问题的解释》第 11 条第 1 款规定："雇员在从事雇佣活动中遭受人身损害，雇主应当承担赔偿责任。雇佣关系以外的第三人造成雇员人身损害的，赔偿权利人可以请求第三人承担赔偿责任，也可以请求雇主承担赔偿责任。雇主承担赔偿责任后，可以向第三人追偿。"[②] 根据这一规定，雇员在从事雇佣活动中受伤，雇主承担无过错责任，雇员自身不需要承担责任。

2009 年 12 月 26 日，全国人大常委会审议通过《侵权责任法》，该法第 35 条规定："个人之间形成劳务关系，提供劳务一方因劳务造成他人损害的，由接受劳务一方承担侵权责任。提供劳务一方因劳务自己受到损害的，根据双方各自的过错承担相应的责任。"（原《侵权责任法》第 35 条内容变更为《民法典》第 1192 条第 1 款：个人之间形成劳务关系，提供劳务一方因劳务造成他人损害的，由接受劳务一方承担侵权责任。接受劳务一方承担侵权责

---

① 狭义上的雇佣关系，即劳务合同关系。广义的雇佣关系，包含劳动关系和劳务关系。

② 2020 年 12 月 23 日修正的《最高人民法院关于审理人身损害赔偿案件适用法律若干问题的解释 》已将该条删除，相关的条文为第 4 条、第 5 条。第 4 条："无偿提供劳务的帮工人，在从事帮工活动中致人损害的，被帮工人应当承担赔偿责任。被帮工人承担赔偿责任后向有故意或者重大过失的帮工人追偿的，人民法院应予支持。被帮工人明确拒绝帮工的，不承担赔偿责任。"第 5 条："无偿提供劳务的帮工人因帮工活动遭受人身损害的，根据帮工人和被帮工人各自的过错承担相应的责任；被帮工人明确拒绝帮工的，被帮工人不承担赔偿责任，但可以在受益范围内予以适当补偿。帮工人在帮工活动中因第三人的行为遭受人身损害的，有权请求第三人承担赔偿责任，也有权请求被帮工人予以适当补偿。被帮工人补偿后，可以向第三人追偿。"

任后，可以向有故意或者重大过失的提供劳务一方追偿。提供劳务一方因劳务受到损害的，根据双方各自的过错承担相应的责任。）

结合上述规定以及司法实务中的主流观点，笔者认为应从以下几方面理解：

第一，应严格区分劳动关系和雇佣关系，根据目前的法律规定，两者法律性质不同、适用的法律规定、归责原则和处理程序完全不同，劳动关系下的劳动者受伤，应按照工伤的处理程序进行。

第二，个人之间形成的雇佣关系和个人与单位之间形成的雇佣关系，虽一方主体不同，但法律关系的性质相同，应按照同样的归责原则处理。

第三，雇员受害赔偿责任的归责原则既不是过错责任原则，也不是完全的无过错责任原则，其归责原则应与高度危险作业致人损害的责任相类似——雇员伤害发生后，首先认定雇主应当对雇员损害承担赔偿责任，然后再考察双方的过错。如果是雇员故意造成损害的，雇主不承担赔偿责任；如果雇员对损害的发生有过失，则根据雇员的过错程度及雇主的过错，让雇员根据其过错程度承担部分责任（可以是次要责任、平等责任和主要责任），其他责任仍由雇主承担。

（二）雇佣关系与相近法律关系的区别

要准确认定雇佣关系，应当在了解雇佣关系内在属性和外在特征的同时，准确把握与之容易出现混淆的劳动关系、承揽关系和帮工关系等。

1. 与劳动关系的区别

劳动关系是指劳动者与用人单位在实现劳动过程中建立的社会经济关系，即用人单位招用劳动者为其成员，劳动者在用人单位的管理下提供有报酬的劳动而产生的权利义务关系。

情景一：孙小圣于 2018 年 7 月 23 日入职泰山公司，双方未签订劳动合同，公司没有为孙小圣缴纳社会保险。孙小圣工作期间，每周工作六天，每天早上 8 点上班，下午 6 点下班，要遵守泰山公司的各项规章制度，工作中穿统一的工作服，有事缺勤须填写请假单，经班长和车间主任审批，每月工资在下月10日前后发放。2018年11月8日，孙小圣在该公司操作机器时右手食指被轧伤。孙小圣请求泰山公司为其申报工伤，却遭到拒绝，泰山公司认为双方只是普通的雇佣关系，不存在劳动关系。经过劳动仲裁和诉讼程序后，法院认定孙小圣与泰山公司存在劳动关系，孙小圣所受伤害被认定为工伤。

该案中，孙小圣被泰山公司招录成为生产组织体系的一员，在工作中接受泰山公司的管理，受泰山公司的规章制度约束，双方之间具备劳动关系的实质条件，虽然双方未签订劳动合同，但不影响双方为劳动关系的定性。

2. 与承揽关系的区别

承揽关系是指承揽人按照定作人的要求完成一定的工作并交付工作成果，定作人接受该成果并给付一定报酬而形成的法律关系。

情景二：2018年8月12日，郭啸天与杨铁心约定，杨铁心以包工包料的方式承包郭啸天家新建二层楼房工程，价款按照每平方米1400元计算。欧阳锋经另一瓦工周伯通介绍，到郭啸天家的工地进行垒墙施工，日工资为240元。2019年3月17日，欧阳锋在郭啸天家施工过程中因操作不慎从脚手架上摔落，造成胫腓骨骨折等。欧阳锋起诉郭啸天、杨铁心，要求二人赔偿医疗费、误工费、残疾赔偿金等共计12万余元。法院认为郭啸天与杨铁心之间为承揽关系，杨铁心与欧阳锋之间存在雇佣关系，杨铁心应对欧阳锋的损失承担赔偿责任。郭啸天并非欧阳锋的雇主，对欧阳锋的损害发生没有过错，不应承担赔偿责任。

普法提示

本案意外伤害的发生，使耿立秋失去了生命，李大宝背负了沉重的债务，李大宝、王爱国两家原本关系亲近，如今反目成仇，所有人都是受害者。当前，农村建房安全隐患多，施工队伍技术水平低，安全意识和防护能力弱，损害事故多发易发。我们也想通过本案的教训，给广大群众提出三点建议：

一是牢固树立安全意识，切不可疏忽大意或者抱侥幸心理。作为房主，在建房时不能只考虑省钱，一定要选择技术水平过硬，具备安全作业条件的施工队伍，把事故风险想在前面；作为包工头，应当加强施工队伍的安全管理，配齐安全设施，施工中规范操作，避免事故发生；作为农民工，要提高技术水平和安全防护能力，施工中时刻注意安全，规范操作不冒险。

二是签好书面合同。“亲兄弟明算账”，在施工之前签订书面协议，明确双方的权利义务，一方面可以保证自身合法权益，避免损害发生后因责任不清扯皮，既受损失又伤感情。另一方面明确了权利义务，也就明确了风险责任，有助于提高施工参与人的责任意识，进而采取措施消除风险。

三是投保分担风险。无论是房主、个体包工头还是农民工，负担能力都很弱，都无力负担动辄几十万、上百万的巨大损失。在没有引入强制保险制度的情况下，房主或包工头可以为工人购买人身意外伤害保险，以便事故发生后受害者能及时得到相应的保险赔偿，分担社会风险。

案例四

如何区分雇佣活动和义务帮工行为

——解析《最高人民法院关于审理人身损害赔偿案件适用法律若干问题的解释》（2020年修正）第4条、第5条

韩思思[①]

案情回顾

2015年6月26日，老贾从北京某家电销售店购买了两部空调。双方约定购置空调的费用及安装费共计3900元。当日，该店指派曹民、王小明至老贾家负责空调的安装。二人将空调安装完毕后准备通电试机。由于老贾家空调专用插线板在装修时未接线，为此，曹民、王小明帮助老贾将该空调专用插线板的线与屋外预留的电线连接上，曹民至老贾房上接线时不慎触电身亡。为此，曹民的近亲属诉至本院。庭审中查明，曹民无相应的电工资质。

法院经审理认为：帮工人因帮工活动遭受人身损害的，被帮工人应当承担赔偿责任。曹民无偿帮助老贾将家中的空调专用插线板的线与东屋外预留的电线接上，对此老贾未明确表示拒绝，该活动不是安装空调的工作内容，二人已形成事实上的帮工行为。曹民在此过程中触电身亡，被帮工人老贾应承担相应的赔偿责任。曹民自身无电工资质，未能完全尽到自身安全保护义务，自身应承担主要责任。综上所述，法院依照《民法通则》第119条，《最高人民法院关于审理人身损害赔偿案件适用法律若干问题的解释》第11条第1款、第14条、第17条第3款、第27条、第28条、第29条之规定，判决老贾赔偿曹民近亲属各项经济损失万余元。

---

① 北京市平谷区人民法院审判管理办公室（研究室）法官助理。

法理分析

本案的争议焦点是曹民的接电线行为属于雇佣行为还是义务帮工行为。原《最高人民法院关于审理人身损害赔偿案件适用法律若干问题的解释》第9条规定了从事雇佣活动，是指从事雇主授权或者指示范围内的生产经营活动或者其他劳务活动。雇员的行为超出授权范围，但其表现形式是履行职务或者与履行职务有内在联系的，应当认定为“从事雇佣活动”。本案中，曹民是北京某家电销售店指派至老贾家安装空调的工作人员。且曹民已获得空调安装与维修行业职业技能资质认证的证书，因此，根据北京某家电销售店与老贾的口头协议，曹民负责将空调安装好并保证能正常使用。曹民在老贾家安装空调的行为是雇佣行为毋庸置疑。

但曹民在安装完毕空调机后，接电线的行为属于雇佣行为还是义务帮工行为呢？从庭审内容看，曹民是在接预留的电线和空调专用插线板的过程中触电身亡的。因此，接电线的行为到底是安装空调的必备程序之一，还是义务帮忙的行为则成为本案的关键。曹民随身携带了临时插电板用于测试空调的通电问题，且其试图接通的是老贾家早前预留的电线，因此该接线行为不属于空调安装的必备程序之一，属于义务帮工行为。此外，有证据证明老贾并未拒绝曹民的义务帮工行为。根据原《最高人民法院关于审理人身损害赔偿案件适用法律若干问题的解释》第14条第1款的规定，被帮工人明确拒绝帮工的，不承担赔偿责任，但老贾未明确拒绝，因此，老贾应当承担相应的赔偿责任。

本案中，曹民没有相应的电工资质，未正确进行接电操作且在操作过程中未尽到完全的自身安全保护义务，导致触电身亡。因此，判定曹民自身应承担主要责任。

知识拓展

（一）帮工人因自身过错造成的损害应减轻被帮工人的赔偿责任

《民法典》第1192条第1款规定了个人之间形成劳务关系的归责原则。这种个人形成的劳务关系与《最高人民法院关于审理人身损害赔偿案件适用法律若干问题的解释》（2020年修正）第4条规定的帮工关系不同，前者承担的是过错责任，后者是无过错责任。《最高人民法院关于审理人身损害赔偿案件适用法律若干问题的解释》（2020年修正）第5条规定了被帮工人减轻责任的情形，无偿提供劳务的帮工人因帮工活动遭受人身损害的，根据帮工人和被帮工人各自的过错承担相应的责任；被帮工人明确拒绝帮工的，被帮工人不承担赔偿责任。

一是承担无过错责任并不意味着不能减轻责任。无过错责任作为过错责任的例外，是指没有过错造成他人损害的，依法律规定由与造成损害原因有关的人承担民事责任的归责原则。从我国现行的民事法律法规来看，只有在道路交通事故案件中，对于保险公司在交强险范围内的赔偿限额不存在减轻责任，而本案中，由于曹民自身存在过错，可以减轻老贾作为被帮工人的责任。

二是减轻责任不等同于按照各自过错承担责任。虽然在责任承担的表现形式上，减轻赔偿责任与按照各自的过错承担责任（混合过错），赔偿义务人的责任都减少了，但两者的原因根本不同。减轻责任，是因为被侵权人自身的过错，混合过错却是侵权人自身的过错应当承担赔偿责任，两者不能混为一谈。

三是减轻被帮工人的赔偿责任有利于体现公平。帮工关系多见于广大农村地区，村民之间为了满足自身生产生活需要，互相帮忙，并不以追求报酬为目的，属于一种助人为乐的善良风俗。法律之所以将其纳入调整范围，并对被帮工人苛以较重的无过错责任，初衷是鼓励这样的善良风俗，促进人与人之间互相帮助，但是片面地加重被帮工人的责任，过度保护帮工人利益，对帮工人自身过错视而不见，有可能导致帮工人与被帮工人利益的失衡，出现帮工人在帮工的过程中任意妄为，甚至恶意帮工，有损被帮工人的合法权益。因此，为了平衡和兼顾帮工人与被帮工人的利益，对于帮工人在帮工的过程中，因自身过错受到损害，应当减轻被帮工人的赔偿责任。

（二）义务帮工与雇佣活动的区别

雇佣活动是指在确定或者不确定的期限内，雇员必须听从雇主的意思安排，在雇主的要求工作指令范围内劳作，同时接受雇主监督。即只要一人对另一人享有管理、监督、支配的权力，就可以认定其存在雇佣活动。这种支配和从属关系，并不影响雇员在完成工作时具有的一定自主支配权，如送货员在运送货物时自主选择送货路线。

第一，在我国雇佣活动的成立，必须以支付劳动报酬为要件，劳动者提供劳务的目的也是追求劳务报酬，要求劳务对价。而义务帮工关系的首要特征就是无偿。帮工人无偿帮工并不是为了追求劳务对价和薪资，往往是出于社会朴素的道德上的、情感上的好意，是社会价值的体现，也是社会中人们之间相互帮助、互相关心的良好道德风尚的表现。

第二，雇员和雇主之间有很强的服从和被服从的关系，雇主对雇员享有的监督管理的权力是雇佣活动的本质。雇主和雇员之间受到劳动法和劳动合同的约束，在劳动合同终止之前并不能擅自终止合同，否则将承担违约责任。就义务帮工而言，帮工人在帮工活动中有可能按照被帮工人要求指挥工作，但二者之间并无支配管理关系，帮工人除了提供劳务之外，不受被帮工人的约束。帮工人和被帮工人在帮工过程中可随时向对方作出拒绝帮工之表示，并无须承担违约责任。

第三，用人者对劳动者管理和选任时注意义务不同。在雇主责任方面，雇主在管理和选任时应注意受雇人的技术能力、道德品行等足以胜任委办业务，不致侵害他人权利。而在义务帮工中，对被帮工人是否有类似雇主的选任义务并未规定，但基本的提供安全的劳动环境等还是必要的。

（三）义务帮工与无因管理的区别

无因管理是指法律规定或者合同约定的义务，为了避免或减少他人利益的损失而自愿为他人管理事务，并不要求报酬的法律事实。义务帮工和无因管理二者均无法律规定或合同约定的义务，两种行为本身也都处于义务帮工人和无因管理人自愿，二者出发点并无大区别，即为他人的利益。那么二者应该如何区分呢？

第一，无因管理人的行为是事实行为，无因管理是否成功，只认定当事人双方是否形成了管理的事实，管理者是否具有恰当管理的资质或相应行为能力并不考虑，且被管理者也无为管理者提供安全管理环境和管理工具的义务。而在义务帮工中，双方就义务帮工有邀约、承诺、履行的行为，就帮工内容对帮工人有行为能力和资质的限制要求，对被帮工人也有安全注意义务的要求。

第二，无因管理并不要求双方合意，义务帮工双方对帮工事实和帮工内容必须达成一致。实践中，管理人在为管理行为时被管理人往往不在现场，管理人按自己意思独立为管理工作，管理后果有利于被管理人时，管理人单方意思即可成立无因管理，被管理人对结果被动接受，且管理人就管理的必要费用得向被管理人主张，若管理行为事后经本人追认，则适用委托的规定。而义务帮工中，被帮工人往往就在现场指挥，帮工人按照其要求工作，帮工人提供无偿劳务，义务帮工一般不会产生费用。

第三，无因管理的成立并不要求管理者能够成功避免损害，保护他人利益。管理人需要支付必要的管理费用，也不需要以本人获得利益为限。帮工关系中，他人侵害帮工人权利，法律规定侵权人不明或无赔偿能力，则被帮工人可以适当补偿。被帮工人即使明确拒绝帮工行为，被帮工人也可以在受益范围内适当补偿。

（四）帮工行为交换认定

义务帮工往往发生在农村邻里或者合作伙伴之间，双方基于一定感情，互相帮助，不求回报。但在很多时候，帮工行为往往不是单方的，一次性的，可能双方在某个时间相互提供劳务帮助，也可能在某段时间双方互相帮工多次。双方互相帮忙并不被认定为对价有偿，而是互为帮工。假设其中一方不需要帮工，则他仍会向对方提供帮工活动，并不要求对方支付劳务对价，这种情况下，虽然外观上双方似乎是互相以劳务为报酬，但解读双方内在动机和帮工出发点，任何一方帮工行为均不要求报酬，双方行为均应认定义务帮工。

此外，若双方虽有换工历史，但换工并非同时进行，尤其农村中红白喜事邻里互相帮忙极为常见，彼此之间往往都有帮忙或者被帮忙的情况。此时，每次帮工应为独立，而非互相之间有劳务交换。但如果能够证明双方之间帮工行为互为对价，一方对他方帮工是以给他方对自己帮工为交换，那么则不是义务帮工，可依据事实认定为雇佣或劳务关系。

（五）义务帮工与无法律效果的行为的区别

1. 义务帮工与情谊行为

情谊行为，也称好意施惠。情谊行为主要特征在于当事人间就其约定，欠缺行为上的法律效果意思，无受其约束的意思。情谊行为与义务帮工表面极为相似，两种行为均出于良好的道德情感，均包含“情谊”因素，且均为无偿。但两者的区别甚大。

第一，情谊行为并不以意思表示为其要素，但义务帮工必须考虑当事人双方的意思表示。义务帮工中，当事人的意思表示往往也并不明确，但其最显著特点体现在被帮工人“明确拒绝”帮工人帮工行为，此时，帮工关系不成立，被帮工人也不需要对帮工人的行为承担责任。可见，义务帮工要求帮工双方对帮工行为的合意性。而情谊行为，帮助人帮助行为并不需要征求被帮助人的意思，更不要求双方合意。

第二，行为人独立性不同。情谊行为双方并不产生权利义务关系，行为人独立按照自己的意愿为帮助行为，受惠者对施惠者的身份资质也无选任和注意义务。义务帮工中，帮工人一般按照被帮工人的指示工作，帮工人在帮工内容和帮工行为之外的行为，尽管有可能利于被帮工人，仍然不能认定为义务帮工。

被帮工人在接受帮工时需要对帮工人提供相对安全帮工用具和环境。

第三，情谊行为的发生，双方当事人并无追求法律效果的意思，也并无将行为置于法律规制之下的意思。其仅仅是具有社会价值和道德意义。情谊行为的内容也不具有法律规制的价值，哪怕产生法律上的价值，也不适合由法律所调整。而义务帮工，其作为用人者责任的一种，有独立的法律地位。

2. 义务帮工与家务行为

父母子女之间具有紧密的血缘关系，比其他亲属关系更为亲密无私，其所包含的生命传承、情感依赖、生活互助、伦理纲常价值无与伦比。特别是在我国，家族观念根深蒂固，父母对子女的照顾尤甚。很多时候，婚姻缔结组成新家庭后与双方或一方父母住在一起，尤其在农村，很多三代四代同堂，父母子女住在同一屋檐下。这种情况下，父母子女之间互相帮忙行为是很常见的，尤其在子女忙碌，父母退休的情况下，父母帮子女做家务，照看小孩极为普遍，夫妻之间也往往涉及此类情况，丈夫上班忘记带文件让妻子捎送。这种家庭内部帮忙行为无论是从情感上还是从法律后果上都显然与义务帮工不同。

第一，家务行为的亲属范围应予以限制。家务行为的认定首先应该限制在配偶和直系亲属之间，但家务行为并不要求家庭成员之间共同居住，只要求特别亲密的亲属关系。义务帮工只是基于一定情谊义务提供劳务，对感情程度亲密与否并无要求。

第二，按照当地习俗或人类伦理、民族传统以及帮助人、被帮助人自身主观认识，家务行为的利益是归属家庭成员整体。而义务帮工，无论是从伦理道德还是从帮工关系双方认知，都与家庭利益无关，而是与被帮工人利益有关。

第三，家庭成员之间的家务行为，或出于自愿，或出于互相之间的嘱咐请求，均无双方是否同意之说，被帮助人也没有“明确拒绝”的不同责任后果。而帮工行为往往需要得到被帮工人的同意，被帮工人拒绝帮工对其承担侵权后果影响很大。

第四，家庭成员相互之间并没有提供安全家务行为环境的义务，即使对行为人有帮助要求和指示，也并无管理和考察的注意责任。被帮工人则对帮工人负有一定的注意义务。

普法提示

人身损害赔偿案件，当事人身份的认定往往对其责任承担影响很大。此外，当事人身份的认定也往往关系到诉讼过程中举证责任或者其他相关责任的承担。不同的身份导致当事人承担的责任不同，严重影响当事人的利益。下面总结几种日常工作中经常发生的几类关系的区分。

（一）雇佣活动与合伙的区别

当组织者与提供劳务者具有以下关系时，认定为雇佣活动：

1. 组织者与提供劳务者往往出于便捷的考虑，一般不会签订书面合同，二者之间多是口头上的承诺，内心意思表示一致即可成立。

2. 提供劳务者多是有“工程”时临时聚集在一起，具有临时性、间断性和更换的频繁性，不具有唯一性与连续性的特征。

3. 组织者一般并不会为成员购买社会保险。

4. 组织者（包工头）往往以自己的名义与雇主达成工程协议，雇主将报酬给付组织者，组织者给付其他成员固定的报酬，剩下的全部归自己所有，如有亏损也是自己承担。

而个人合伙有以下特征：

1. 两个或两个以上的公民按照协议，各自提供资金、实物、技术等，合伙经营、共同劳动、共负盈亏，其意义在于共享收益、共担风险。

2. 施工组织者负责具体与雇主接洽业务，签订合同。在工作中也是按照自己的工种及工作量大小，与其他成员同工同酬，共同劳动，也会因其联系工程、组织施工等多领取一定数额事先约定好的通信费等。

（二）雇佣活动与个人劳务关系的区别

1. 雇佣活动发生的主体是不特定的，具有多元性，雇佣活动可以存在于法人、其他组织和个人之间，也可以存在于个人与个人之间。而个人劳务关系发生的主体是特定的，具有单一性，只存在于个人与个人之间。

2. 雇佣活动中雇员与雇主会形成一定的人身依附，而个人劳务关系中则完全没有人身依附。

3. 雇佣活动是完全有偿的，雇主对于雇员的“劳力”付出必须支付相应的对价，而个人劳务关系则可以是有偿的也可以是无偿的。

案例五

自然人劳务提供者受害的法律保护

——同工同酬组织者的责任认定

王新[①]

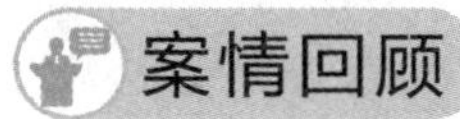

当今社会广泛存在着利用个人之劳务从事工作，劳务内容多样，诸如农村建房、装修、家政服务、人工搬运和装卸货物等。在中国裁判文书网公开检索近几年的民事案件，其中案由为提供劳务者受害责任纠纷的案件数，从2015年的24575件逐年增长到2019年的44137件。这些提供劳务者受害责任纠纷案件中，存在一些涉及同工同酬劳务组织者责任认定的问题，本文将结合相关案例对该问题进行探讨。

（一）老汉提供劳务过程中摔落受伤

杨英俊系陕西省商洛市商州区某村村民，在村里开石灰窑，从事石岩灰生产经营。同村村民张汉民、张德良、崔老汉、何老汉、刘老汉五人靠给别人打零工获取一些日常收入，得知杨英俊的石灰窑有用工需求，五人便到该石灰窑干活，主要从事装窑出窑劳动。2019年9月7日晚6时左右，张德良在往石灰窑里装石头时，因装料的车子辕杆断裂，致使张德良从窑顶摔下昏迷，杨英俊将张德良送往商洛市中心医院住院治疗。

后，张德良诉至法院要求杨英俊赔偿其因此次事故产生的医疗费、误工费、护理费等经济损失。庭审中张德良放弃2019年9月7日至9月23日住院期间的护理费、营养费、伙食补助费的请求。

① 北京市平谷区人民法院峪口法庭法官助理。

（二）法院审理结果

经过审理，原审法院认为张德良与其他四人在杨英俊的石灰窑从事装出窑劳动，由杨英俊支付劳务工资，各劳务人同工同酬。张德良与杨英俊之间的关系为提供劳务方和接受劳务方，张德良在装窑作业中受伤，杨英俊作为接受劳务方，对张德良的损害应当承担赔偿责任。杨英俊主张自己将装窑的活承包给他人，其不是提供劳务方，也不是接受劳务方，不应承担责任。杨英俊提交五名劳务人的证言证明其主张，因证人对证据予以否认，杨英俊也无其他证据证明其主张，故原审法院对杨英俊的主张不予支持，经审核后支持了张德良的部分诉求。

原审法院判决后，杨英俊不服，上诉至陕西省商洛市中级人民法院，称2019年9月7日其将石灰窑装石头的活承包给本村村民张汉民，张汉民叫了张德良、崔老汉、何老汉、刘老汉四人，张德良在干活中受伤与其无关，应由张汉民承担相应的责任。请求撤销原判，依法改判其不承担责任，并由张德良返还其垫付的费用18000元。

二审法院经审理后认为，该案审理查明的事实与原审判决认定的一致，本案二审的争议焦点系：1. 杨英俊是否将往石灰窑里装石头的活承包给了张汉民，责任应当由谁承担的问题。2. 本案是否遗漏当事人。一审时杨英俊向法庭提供了三份当时干活的证言，其中包括张汉民，证明当时杨英俊将装石头的活以720元的价格报给了张汉民，是张汉民叫来了张德良等四人一同干活。一审法院进行了复核，张汉民认为，证言不是他写的，其与杨英俊不是承包关系，其他证人说，证言是杨英俊自己写好，让他们照抄的，具体是不是承包说不清，但张汉民和大家同工同酬，据此，原审法院认定杨英俊与张德良形成雇佣关系，二审中杨英俊又提供了崔老汉的调查笔录，证明当时装窑的活包给了张汉民，工价是720元，张汉民和大家平均分配。即使该证言是真实的，那么张汉民和大家同工同酬，没有二次利润，杨英俊当时也没有向张汉民讲明工伤自负的话，因此此处所谓承包实际上是一种提高劳动效率的劳动形式承包，张汉民充其量只是一个联系人，杨英俊作为接受劳务方应对提供劳务者张德良在劳务过程中的损害承担赔偿责任。其他提供劳务者均系为杨英俊提供劳务，不是张德良的雇主，依法不应承担民事责任，故本案不存在遗漏当事人的问题，杨英俊认为应当追加当事人的理由不能成立。由此，二审法院驳回上诉，维持原判。

杨英俊不服商洛市中级人民法院作出的终审判决，向陕西省高级人民法院申请再审。再审法院认为，关于张汉民是否应为本案的责任主体并应被追加为当事人，二审法院维持原判，并无不妥。关于张德良是否应承担过错责任，本案中，张德良因提供劳务受到损害，依据法律规定如其有过错，其应承担相应的法律责任。但依据双方在原审举证情况，无证据证明张德良在提供劳务过程中存在过错，且杨英俊在原审审理期间未以此理由进行抗辩，现杨英俊以该理由申请再审，亦不能成立。故再审法院驳回杨英俊的再审申请。

那么，杨英俊是否将往石灰窑里装石头的活承包给了张汉民，张德良受害的责任应当由谁承担？张汉民是否应被追加为本案当事人？张德良是否应承担过错责任？

法理分析

根据《民法典》第1192条规定，个人之间形成劳务关系，提供劳务一方因劳务受到损害的，根据双方各自的过错承担相应的责任。张德良作为劳务提供者，在杨英俊的石灰窑从事装窑出窑活动，装料过程中从窑顶摔落受伤，而杨英俊作为劳务活动接受者获取利益，应当承担张德良受害的赔偿责任。原审举证时，杨英俊未提供证据证明张德良在提供劳务过程中存在过错，且杨英俊在原审审理期间未以此理由进行抗辩，故张德良不应承担过错责任。根据杨英俊提供的证据，证人均认可张汉民和其他劳务提供者同工同酬，但不清楚张汉民是否承包了装窑的活，张汉民在此劳务活动中未获取二次利润，其仅是联系其他工友到石灰窑工作，不应作为本案当事人对张德良提供劳务受害承担责任。下面本文将结合相关法律条文就前述问题展开进一步分析。

（一）立法沿革

自然人劳务提供者受害问题，在我国现行法律规范中主要由《民法典》和《最高人民法院关于审理人身损害赔偿案件适用法律若干问题的解释》（2020年修正）进行调整。2003年颁布的《最高人民法院关于审理人身损害赔偿案件适用法律若干问题的解释》（以下简称原《人身损害赔偿司法解释》）在第11条第1款[①]引入雇员和雇主的表述，规定了雇员受害雇主责任。2009年颁布的《侵权责任法》对《人身损害赔偿司法解释》的相关规定进行了修改。

自2021年1月1日起《民法典》施行后，《侵权责任法》即告废止，原《人身损害赔偿司法解释》也进行了大量修改。2020年修正的《人身损害赔偿司法解释》删除了原有的第11条，《民法典》第1192条基本延续了原《侵权责任法》第35条的过错责任，规定"个人之间形成劳务关系，提供劳务一方因劳务造成他人损害的，由接受劳务一方承担侵权责任。接受劳务一方承担侵权责任后，可以向有故意或者重大过失的提供劳务一方追偿。提供劳务一方因劳务受到损害的，根据双方各自的过错承担相应的责任"。

（二）理论辨析

1. 同工同酬组织者的责任认定

实践中个人之间形成劳务关系，通常存在于农村建房、家政服务、家庭教师、房屋装饰装修等劳务活动中。有些劳务活动是劳务提供者与劳务接受者一对一沟通；有些是承包人先从劳务接受者处承包劳务事项，再行雇工；还有些是某个劳务提供者获知用工信息后，找来同村的工友一同为劳务接受者提供劳务，其仅仅充当一个组织者，与其他劳务人员同工同酬，并未从中获取利益。本案即第三种情形，张德良、张汉民为杨英俊提供劳务，双方之间形成劳务关系，张汉民基于其与同村张德良、崔老汉等四人的良好关系，

① 原《人身损害赔偿司法解释》第11条第1款：雇员在从事雇佣活动中遭受人身损害，雇主应当承担赔偿责任。雇佣关系以外的第三人造成雇员人身损害的，赔偿权利人可以请求第三人承担赔偿责任，也可以请求雇主承担赔偿责任。雇主承担赔偿责任后，可以向第三人追偿。

找来四人一同给杨英俊提供劳务，其与张德良同工同酬。张汉民充其量只是五人中的组织者，其与张德良仅是普通工作伙伴关系。

前述第三种情形劳务活动广泛存在于农村自建房中，房主找来施工队进行施工，所有施工人员同工同酬，直接听从房主的指挥与管理，他们事先与房主约定了劳务报酬，直接从房主手中领取，或者虽然有所谓的组织者支付报酬，但该组织者并没有获得一般劳动力之外的收益，或者该组织者有额外的收入（该收入是其受房主之托管理相关建房事宜而得到的管理费用）。该情形下，房主与施工队是雇佣关系，各施工人员则是普通工作伙伴关系，属于松散型的合伙关系，组织者只是管理人员，并非雇主。[①]

那么，同工同酬的组织者是否承担雇主责任？提供劳务者受害责任主体的确定应将是否从劳务活动中抽取利益作为主要判定因素。本案张汉民仅仅是叫来了同村的张德良、崔老汉等四人，一同到杨英俊的石灰窑提供劳务，其与其他劳务提供者同工同酬，并未从中抽取利益。法院认为：承包人和其他劳务提供者同工同酬，即使其从杨英俊处承包了劳务工作，但没有二次利润，此处所谓的承包实际上是一种提高劳动效率的劳动形式。因此，再审裁定同工同酬的第一承包人不承担雇主责任。

可见，我国司法实践已经认识到：在存在抽取劳务利益情形下，表明承包人并非单纯从事劳务提供活动，其也并非单纯的组织者。在实务中，可以从两个方面判定劳务活动中是否存在抽取劳务利益：一是承包人为了完成发包人的劳务，是否提供原材料。二是其将该劳务转包给其他的直接提供劳务者的时候，其是否用更低的价格转包。通常来说，若存在抽取利益的情况，说明承包人并非单纯的组织者，其行为已经具有商事行为的性质，具有劳动法上用工主体的实质内涵。故此，在法律责任分配方面就存在着：一方面对于发包人来说，就可能降低或免除其风险责任；另一方面对于具有商事行为

① 王国聚：《涉农村自建房纠纷案件的裁判思路》，载《人民司法》2015年第23期。

性质的劳务提供者而言，可能自行承担其所承包劳务中的意外损害风险。[①]

2. 受害者本身是否承担过错责任

根据《民法典》第1192条规定，提供劳务者受害责任应由劳务提供者和劳务接受者双方根据其过错承担。

在劳务提供者并无明显过错情形下，其是否应承担自身受害的过错责任？因为风险具有客观性，通常来源于劳务接受者提供的环境，其在一定程度影响风险发生的可能性。而劳务活动的工作内容对风险发生也有一定影响，若劳务活动危险系数较高时，劳务提供者精神长期处于紧张状态，很难不出错，不宜对劳务提供者的安全注意义务过分苛责。风险的客观性决定了接受劳务者承担责任的合理性，风险来源的客观存在致使劳务提供者遭受意外伤害的风险具有不确定性，即使合理的注意也不能完全杜绝风险的发生。由此，若劳务提供者并无明显过错且无证据证明其存在过错，不应由其承担自身受害的过错责任。

本案，张德良提供劳务的石灰窑及装料所用的车子都是由杨英俊提供的，其工作环境和工作内容本身就存在较高的风险，不应对张德良苛责过高的安全注意义务。而杨英俊作为获取利益的劳务接受者，基于其对劳务提供者的控制地位，其对劳务提供者应负有安全注意和劳动保护义务，由其承担张德良劳务活动受害的赔偿责任具有合理性。且杨英俊在原审举证时并未提供证据证明张德良在提供劳务过程中存在过错，在原审审理期间亦未以此理由进行抗辩，故张德良不应承担自身受害的过错责任。

知识拓展

司法实务中，一些抽取劳务利益的劳务提供者雇佣了劳务人员，劳务人员因劳务受害后，抽取劳务利益的劳务提供者往往以自己与其他劳务人

① 吴桐、胡大武：《提供劳务自然人遭受意外伤害的法律适用研究——基于〈侵权责任法〉第35条后句适用的统计分析》，载《社会科学研究》2019年6月。

员同工同酬为由进行抗辩，认为不应由其承担劳务提供者劳务活动中受害的赔偿责任。那么一同做工的劳务者是否同工同酬？各地法院主要依据各方提供的证据进行界定。下面一起看看两个例子中的法院是如何界定同工同酬的。

翟浩洲、韦朝昌提供劳务者受害责任纠纷一案，翟浩洲主张其与莫花堤之间是农村松散型合伙关系，自己在其中仅仅是揽活者、组织者的身份，其他劳务者并不受其控制，不存在隶属关系，其与莫花堤之间并非雇佣关系，其不应对莫花堤的死亡承担赔偿责任。广西壮族自治区高级人民法院认为，“松散型合伙”在现有法律中并没有明确规定，实践中因农村剩余劳力越来越多，自发形成的一种组织，具有一般合伙的特点，即一般都有组织者，这个组织者是组织成员都信任的人或者是揽活者；组织者负责记工、发放报酬；一般组织者与组织成员同工同酬；一般组织成员都自带随身施工工具；所有组织成员的分工合作都是为了完成共同的工作目标，组织有共同的利益。然而，本案中翟浩洲虽然是揽活者，但并未提交证据证明其与莫花堤等同工同酬，其主张 9000 元用于购买工具和农药但并未提交相关票据证明，莫花堤等人的工具由翟浩洲提供，工作内容亦由翟浩洲安排，因此，双方的关系与前述松散型合伙的特征并不相符，应为雇佣关系。[①]

彭明学、向晓东提供劳务者受害责任纠纷一案，彭明学称其与洪亮亮等人长期共同做工，共同受雇于他人，相互之间不存在雇佣关系，自己仅是联系人，未取得额外费用，洪亮亮受害的责任不应由其承担。彭明学再审时申请证人出庭作证，证人证实他们与彭明学是多年工友，联系人召集工友一起干活并平分工钱是他们的合作惯例。涉案砌砖工程系彭明学联系，与包括洪亮亮在内的部分工友一起与向晓东商定报酬，商谈中向晓东并未表示将砌砖工程分包给彭明学。后大家一起承做并各自记录出勤天数。工程量由向晓东组织测量。报酬按出勤天数平均分配，不出工就无收入，也无须请假。彭明学与他们同工同酬。四川省高级人民法院认为，证人虽系彭明学、洪亮亮工

① 参见（2019）桂民申 3150 号民事裁定书。

友，但与本案处理结果并无法律上的利害关系。且作为共同做工的工友对彭明学、向晓东、洪亮亮之间的关系及相关情况更为了解，无其他证据证明上述证言缺乏真实性、合法性、关联性，应采信该证据。故此，法院认定彭明学与洪亮亮等工友同工同酬。

可见，同工同酬界定的问题大多存在于有召集者或组织者的劳务活动中。劳务活动的召集者或组织者需尽最大可能举证，证明其与其他工友同工同酬。而在多数情况下，若劳务者无其他证据，工友的证言对其是否同工同酬起到很大的证明作用。

普法提示

（一）促进双方的沟通和谈判

大多数情况下，提供劳务者受害责任纠纷的赔偿都是建立在提供劳务者同接受劳务者原有良好劳务关系基础上的，所以当双方因受害赔偿问题出现纠纷时，原则上还是优先以和解沟通的方式处理，不宜采用暴力等过激行为。优先采用沟通和解的处理方式，待双方达成一致和解意见后，也使劳务提供者后期获取赔偿金更能得到保证。因此，促进提供劳务者和接受劳务者双方之间的沟通和谈判，也是解决该项责任纠纷赔偿问题的关键和前提。

（二）为劳务提供者购买保险

风险具有客观性，劳务提供者在从事一些危险系数高的劳务活动时，若精神长期处于紧张状态，很难不出错。风险的客观性决定了接受劳务者承担责任的合理性，由于风险来源的客观存在致使劳务提供者遭受意外伤害的风险具有不确定性，即使合理的注意也不能完全杜绝风险的发生。何况当劳务接受者亲自为自己提供劳务时，同样可能发生意外伤害。因而，对于一些危险性较高的劳务活动，劳务接受者为劳务提供者购买商业保险，可以防范风险的发生，降低双方的损失。

第二章

提供劳务者受害事实中因果关系的认定

案例一

饮酒对提供劳务者受害后责任承担的影响

——雇员喝酒后受损害，雇主是否承担责任

门慧[①]

案情回顾

在我们外出就餐时，经常会碰到推销员促销酒水，而且推销员在此过程中免不了会试尝或者陪酒。如果推销员在喝酒后受到损伤，那么雇主是否应对推销员的损伤承担责任呢？

（一）推销员陪酒后醉酒坠亡家属要求索赔[②]

李哈哈在奥斯卡歌舞厅推销酒水，双方存在劳务关系。2017 年 4 月 26 日晚，李哈哈在奥斯卡歌舞厅工作期间有大量饮酒。凌晨 1 时许，李哈哈由奥斯卡歌舞厅工作人员送至经营场所大门后自行离开并独自回到住处。早晨 8 时许，李哈哈在住所处坠楼死亡。事故发生后，李哈哈父母向深圳市宝安区人民法院提起诉讼，认为事发前一晚，李哈哈作为奥斯卡歌舞厅的工作人员陪客人饮酒，是在履行奥斯卡歌舞厅的职务行为，李哈哈因提供劳务导致严重醉酒，而奥斯卡歌舞厅并没有对李哈哈尽到安全注意义务，导致李哈哈回到住处后因神志不清坠亡，李哈哈醉酒与坠亡有直接因果关系，奥斯卡歌舞厅应对此承担全部赔偿责任。

奥斯卡歌舞厅辩称，李哈哈醉酒后，奥斯卡歌舞厅安排工作人员将其送至经营场所门口，已经履行安全注意义务。李哈哈在回到家以后自己爬上逃生窗口并坠亡，其死亡后果系其自身原因所致，奥斯卡歌舞厅不可能控制李

① 北京市平谷区人民法院执行局法官助理。

② （2017）粤 03 民终 21483 号，来源于中国裁判文书网，案例中当事人均为化名。

哈哈在自己住所内的行为。因此奥斯卡歌舞厅并不存在过错，无须对李哈哈的死亡后果承担损害赔偿责任。

（二）法院查明的事实

事故发生后，经司法鉴定中心检验，李哈哈血液中乙醇含量为292.51mg/100ml。经公安机关侦查，李哈哈死亡原因排除他杀，非刑事案件。因李哈哈家属同意不对李哈哈进行解剖，公安机关没有对李哈哈进行尸体解剖。根据调取的监控录像可以确定，李哈哈在离开奥斯卡歌舞厅时，走路的状态不同于正常人，不具备完全清醒的状态。李哈哈住处的窗户安装有防盗窗，留有逃生窗，逃生窗具有一定高度。

（三）法院审理结果

一审法院经审理认为，李哈哈在事发前一晚在奥斯卡歌舞厅推销酒水过程中过度饮酒，该饮酒行为与推销工作有一定关系。李哈哈在离开奥斯卡歌舞厅时虽然不具备完全清醒状态，但是能够独自回到住处并自行开门进屋，可以断定其对自身有一定的判定和认知能力，且其住处的窗户安装防盗窗并具有一定高度，意外坠楼的可能性极低，因此李哈哈过度饮酒的行为，并不必然导致其回到住处坠亡，二者不存在直接因果关系。因李哈哈从事的工作比较特殊，奥斯卡歌舞厅应对其尽一定的关爱义务，应对其精神状态、身体状况等情况进行更为谨慎的观察和分析，并根据判断的结果选择是否应尽更高的安全注意及提示义务，比如通知其家属、朋友等人进行护送，而不是放任其自行离开，置可能发生的危险于不顾。因此，奥斯卡歌舞厅未尽应有的安全提示、安全护送义务，奥斯卡歌舞厅对李哈哈的坠亡后果应承担10%的责任。

原审法院判决后，李哈哈父母、奥斯卡歌舞厅均提起上诉。

二审法院经审理认为，李哈哈事发前一晚在奥斯卡歌舞厅推销酒水过程中，确实存在过度饮酒。但是，第一，李哈哈是在回到住处后坠亡的，并非在奥斯卡歌舞厅发生的事故，坠亡与在奥斯卡歌舞厅提供劳务没有直接因果关系。第二，李哈哈能独自回到住处并自行开门进屋，说明李哈哈对自身行为具有一定的判断力和控制力，奥斯卡歌舞厅无法预见李哈哈会因过度饮酒而直接导致存在生命危险，更无法预见李哈哈回到家中后会坠楼死亡，因此，奥斯卡歌舞厅派人员将李哈哈送到经营场所大门行为并无不当。原审法院认定奥斯卡歌舞厅当时应当通知李哈哈的家属、朋友进行护送，已超出了合理的安全注意义务限度，奥斯卡歌舞厅对李哈哈回到家中后坠亡的后果并不存在过错，无须承担赔偿责任。综上，二审法院撤销原审判决，驳回李哈哈父母的上诉请求。

法理分析

原《侵权责任法》第 35 条规定，个人之间形成劳务关系，提供劳务一方因劳务造成他人损害的，由接受劳务一方承担侵权责任。提供劳务一方因劳务自己受到损害的，根据双方各自的过错承担相应的责任。新颁布的《民法典》依然保留了这一条，同时又明确了非雇佣双方原因造成损害的责任承担问题。[①]《最高人民法院关于审理人身损害赔偿案件适用法律若干问题的解释》第 11 条规定，雇员在从事雇佣活动中遭受人身损害，雇主应当承担赔偿责任。雇佣关系以外的第三人造成雇员人身损害的，赔偿权利人可以请求第三人承担赔偿责任，也可以请求雇主承担赔偿责任。雇主承担赔偿责任后，可以向第三人追偿。[②] 由此，我们能够得出结论，在提供劳务者受害责任纠

---

① 《民法典》第 1192 条规定，个人之间形成劳务关系，提供劳务一方因劳务造成他人损害的，由接受劳务一方承担侵权责任。接受劳务一方承担侵权责任后，可以向有故意或者重大过失的提供劳务一方追偿。提供劳务一方因劳务受到损害的，根据双方各自的过错承担相应的责任。提供劳务期间，因第三人的行为造成提供劳务一方损害的，提供劳务一方有权请求第三人承担侵权责任，也有权请求接受劳务一方给予补偿。接受劳务一方补偿后，可以向第三人追偿。

② 《最高人民法院关于审理人身损害赔偿案件适用法律若干问题的解释》（2020 年修正）未对该条款予以修正。

纷案件中，除了双方应构成劳务关系以外，还必须满足两个条件：一是在雇佣活动中受损害，二是因劳务受损害，最后根据双方过错确定双方责任比例。所谓从事雇佣活动，是指从事雇主授权或者指示范围内的生产经营活动或者其他劳务活动，雇员的行为超出授权范围，但其表现形式是履行职务或者与履行职务有内在联系的，应当认定为从事雇佣活动。笔者的理解是提供劳务者的行为系为履职而发生，与接受劳务方的指令有一定关系，即可认定为从事雇佣活动，客观上也扩大了“因劳务”的定义标准。

那么，本案的争议焦点就有三个：一是李哈哈在事发前一晚过度饮酒造成醉酒是否系在雇佣过程中提供劳务所导致；二是李哈哈的醉酒行为是否与其坠楼死亡有因果关系；三是奥斯卡歌舞厅是否对李哈哈已经履行应尽的提示和注意义务。

对于第一个问题。李哈哈作为奥斯卡歌舞厅的酒水推销员，其工作内容是向客人推销酒水，在此过程中是否需要试饮或者陪客户喝酒并没有明确约定。但是，推销员作为一种特殊职业，工作报酬的计算方式往往是底薪加提成，销售量的多少直接影响其工资收入，亦影响雇主的利益。实践中，推销员在推销酒水过程中，被客人要求“喝两杯”是难以避免的，也是行业约定俗成的促销手段，大多数的雇主对此现象假装视而不见，反而乐享其成。奥斯卡歌舞厅作为雇主，不可能不知晓此种促销手段，其没有明确禁止即视为默许，李哈哈为促销酒水而过度饮酒造成醉酒，可以确定与雇佣活动中提供劳务有一定关系。

对于第二个问题。李哈哈在回家后，通过家中窗户坠楼死亡。通过查证，李哈哈当时具有一定的自我辨知和控制能力，其家里的窗户是具有一定高度且安装有防盗窗的，需要攀爬，那么其因醉酒导致不慎坠楼是不符合生活常理的，因此没有任何证据能够证明李哈哈醉酒与坠楼有直接关系。也就是说李哈哈在奥斯卡歌舞厅因提供劳务而醉酒与坠亡没有关系。

对于第三个问题。李哈哈虽然因提供劳务过度饮酒，但是其作为完全民事行为能力人，在离开奥斯卡歌舞厅时，能够独立行走，具有一定的自我辨知和控制能力，奥斯卡歌舞厅派工作人员将其送到歌舞厅门口，已经履行了作为雇主应尽的提示和注意义务，任何人都不可能预测到他人在醉酒后是否会发生意外，如果我们将此责任强加到奥斯卡歌舞厅身上，对奥斯卡歌舞厅是非常不公平的，是违背公平正义的。既然奥斯卡歌舞厅已经尽到责任，那么对李哈哈的坠亡损害后果是没有过错的。

我们已经了解了提供劳务者受害责任纠纷的相关法律规定，刚才又捋清了案例的焦点，相信大家已经都明白二审法院为什么改判了。

知识拓展

在实践中，雇员在雇佣关系存续期间饮酒的现象并不少见，尤其是在一些个人之间的短期雇佣关系中，很多都只口头约定劳务内容、时间和报酬，能否饮酒根本不会考虑，很多雇员也会觉得适量饮酒只是自己的生活内容，只要不醉酒影响工作就行。但是，一旦发生损害后果，雇员饮酒与否总会成为衡量雇员自身对损害后果的发生是否存在过错或者过错大小的关键因素，何时饮酒、饮酒多少、饮酒是否工作需要、是否有人劝酒等情况不同，雇员与雇主的责任承担也不尽相同。

（一）因工作需要饮酒引发疾病，雇主承担责任

情景一：[①] 韩杨洋是某高校在校大学生（有心脏病史）。读书期间，韩杨洋在“哈喽”KTV 兼职做服务员，并与 KTV 的经理高唱就兼职达成协议：每月基本工资为 800 元，同时按照其负责的包间客人消费酒水的档次和数量予以提成，每瓶最低提成 10 元，最高提成 100 元。2010 年 12 月 25 日晚，韩杨洋以陪酒促销的方式向顾客兜售酒水，在饮用了大约 3 瓶红酒以后，突然昏倒在地，经医院抢救无效死亡。经鉴定，韩杨洋系因过量饮酒引发心脏病突发，致心跳猝停而死亡，过量饮酒是导致死亡的主要原因。法院

① 《服务员猝死 KTV 雇主依法应赔偿》，载于浉河区人民法院网，http: //shqfy.hncourt.gov.cn/public/detail.php?id=342。

经审理认为，韩杨洋在“哈喽”KTV 兼职做服务员，高唱作为“哈喽”KTV 的负责人，二人已经形成了雇佣关系，韩杨洋因陪酒而引发心脏病死亡，其陪酒行为可以认定为从事雇佣活动，因此，对于韩杨洋的死亡，高唱应该承担赔偿责任，同时韩杨洋在明知自己有心脏病的前提下，以陪酒促销的方式而大量饮酒，自己本身也存在重大过失，最终判定高唱对韩杨洋死亡承担 80% 的责任。

这个例子与开篇案例很相似，都是推销员在促销酒水时陪客人饮酒后发生损害后果，但是结果却截然相反，奥斯卡歌舞厅对李哈哈的死亡不承担任何责任，高唱却对韩杨洋的死亡承担 80% 责任。其实，细究起来很简单，直接用比较法，二者的相同之处忽略不计，不同之处在于，李哈哈醉酒后回家，在家中坠亡，没有证据显示醉酒与坠亡有因果关系；而韩杨洋饮酒后引发心脏病发死亡，饮酒是导致其死亡的主要原因。因此，韩杨洋的情形是符合“因劳务自己受到损害”的法律规定，作为雇主的高唱必须承担责任了。

当然，饮酒与损伤后果是否存在因果关系，雇佣双方甚至法官都不能决断，也不具有说服力，只能求助于专业的鉴定人员，鉴定意见在侵权责任案件中起着至关重要的作用。

（二）雇员明知有工作而饮酒，受害后是否因此担责

情景二：[①]2016 年 3 月 25 日，肖文文雇请胡桂花为其装载树木，胡桂花主要负责站在车上扶住树木并调整、摆放树木。中午在肖文文家吃饭过程中，胡桂花饮了酒。当日下午 2 点，车厢下层摆满树木后，胡桂花站在已经摆好的树木上工作时，不慎从车上摔倒至地上受伤。一审法院认为，胡桂花明知下午要工作，却仍然饮酒，对自身安全疏忽大意，对事故的发生存在过错，应承担 20% 的责任。二审法院确认胡桂花在工作前有饮酒行为，认为事故发生的主要原因是肖文文未提供安全的工作环境和必要的安全设施及胡桂花自身亦未注意安全，一审法院认定胡桂花承担 20% 责任并无不当。

---

① （2019）湘 03 民终 2057 号，来源于中国裁判文书网，案例中当事人均为化名。

两审法院均认定胡桂花承担20%责任，相对于一审法院“明知工作却饮酒……存在过错”的明确表述，二审法院的理由比较笼统，即“胡桂花自身未注意安全”，但是又明确提到胡桂花工作前有饮酒行为。二审法院的纠结之处，应该是在于难以判断胡桂花的饮酒行为是否与损害后果存在因果关系。胡桂花作为完全民事行为能力人，站在仅铺一层树木的车厢上工作不慎坠落受伤，自身未注意安全的责任不能推脱，是否与饮酒导致精神恍惚或者注意力不集中有关，谁也判断不了，但是从常识或者常理来说，饮酒确实存在安全隐患，所以就不做赘述了。

实践中，判断工作饮酒与损害后果是否存在因果关系一直是个难题，法官通常要综合考虑具体工作内容、工作环境、饮酒量、酒后状态等因素，这也造成很多案件一、二审意见不统一或者同案不同判的现象。作为提供劳务者来说，要想更好地维护自己利益，最好执行“饮酒不工作，工作不饮酒”的原则，将安全隐患降至最低。

普法提示

随着经济的发展，社会用工越来越细化，更多的家庭用工、个人用工、日结工、兼职工等涌现出来，客观上促进了就业。但不可否认，从事雇佣活动的劳务者大多数文化水平不高、法律意识淡薄，这就造成提供劳务者在雇佣关系中处于较弱势的地位，一旦发生不利后果，想要获得赔偿困难又麻烦。我们不妨在以下方面加强防范。

（一）提供劳务前确定雇主

在很多用工活动中，用工关系较为混乱，可能存在多级雇佣、代为雇佣、交叉雇佣的现象，还有可能会存在劳动关系与劳务关系并存的现象。比如，建设工程项目里，一个工程分割好几部分分包给不同的人，分包人在不同建设阶段找不同的施工队来施工，施工队人手不够时又临时雇佣人员，如此混乱，很多雇员根本不知道自己真正的雇主是谁，只要工钱到手就行，但是一旦产生纠纷，提供劳务者找谁主张权利都不知道。再如，随着生活水平的提高，很多家庭选择雇佣保姆或者钟点工，通过劳务公司寻找合适人选后，保姆、劳务公司、业主签署三方协议，保姆如果受到损害，客户和劳务公司相互推诿。所以，在一段雇佣关系中，明确雇主很重要，这样才能够在索要报酬或者寻求赔偿时找对人。

（二）明确自己的权利义务

在提供劳务者受害责任纠纷案件中，处理起来比较棘手的一个重要原因就是发生纠纷后，双方各说各话，又都提供不了证据，这时候再后悔没有明确约定相关权利义务、保留证据也没有用了。所以，在商谈雇佣内容时，不管是不是熟人介绍，除了明确最基本的时间、内容、报酬以外，其他的如有无安全防范措施、是否需要岗前培训、有无规章制度、是否含食宿、工资发放方式、违规违约如何处理等都要有明确的约定，最好能够形成书面形式，双方签字确认，如果条件不允许，也要保留其他证据，比如相关证人或者录音录像。这样，不管以后发生什么纠纷，只要提前约定好且不违反法律法规，那么就按照约定内容来执行，案件处理起来就简单多了。

（三）加强防范，消除隐患

在这里说的加强风险防范，既是对提供劳务者说的，同时也适用于接受劳务者。很多提供劳务者明知存在安全隐患，仍然抱侥幸心理，不顾劝阻坚持工作，比如在恶劣天气里高空作业，要知道这时候不是显示技艺精湛的时候，更不是体现个人英雄主义的时候，我们的人身安全才是最重要的，一定要加强风险排查，提高警惕，确认安全后再工作。接受劳务者也是一样，尤其是一些需要特殊资质的行业，在保证自己有行业资质时，也要加强对雇员资质的审查，对没有资质或者证书的雇员不予雇佣；同时，也要保证提供安全的工作环境，坚决不能在安全措施上节省，一旦风险落实成危险，雇主应承担的责任一点都不会少，所以，对雇员的保护其实就是对自己的保护。

案例二

看不见的较量

——提供劳务者伤后死亡，能否认定因劳务致死

李东杰[①]

以事实为依据、以法律为准绳是诉讼法的基本原则之一。一直以来，各级人民法院在诉讼活动中坚持把“客观真实”作为最高目标，案件事实靠证据加以证明，但并不是每一个案件的证据证明力都能够达到客观真实的标准，部分案件受时间、空间的限制，或由于欠缺证据意识，或由于存在客观障碍，当事人提供的证据往往只能证实一部分事实，相当一部分事实由于缺乏证据或证据之间相互矛盾而处于真伪不明的状态。下面，我们选取典型案例，来探讨在缺乏足够证据证明的前提下，如何认定因果关系。

案情回顾

（一）弱冠之年成顶梁，立身自强前途远

李小健出生于河北省沧州市盐山县一个普通的农民家庭，父母双亲以务农为生。为响应当时的生育政策，李小健的父母仅生育这一个孩子。李小健从小通情达理、善解人意，闲暇之余总会帮父母干些力所能及的家务活，三口之家虽不是大富大贵，但日子过得也算和美。时光如梭，转眼间李小健已到弱冠之年，因为三分之差没有考上大学，想想父亲的苦、想想母亲的难，李小健决定不再让父母省吃俭用供自己上学，而是进城务工，学一门本事，靠自己的力气让父母过上好日子。2016 年 10 月 8 日，李小健跟着同村的王富贵来到北京，负责在王富贵承包的北京某展览中心拆搭展台。凭着自己吃苦耐劳、任劳任怨的品德，李小健学到了一技之长，并攒了一些积蓄，在老

---

① 北京市平谷区人民法院峪口法庭副庭长、员额法官。

家翻建了新房。2018年5月20日，李小健与相恋两年的女友王贤登记结婚。先立业又成家，日子过得风生水起。

（二）突如其来传噩耗，初入社会命已休

2018年10月21日下午5点，正在地里摘苹果的李健手机突然响起，急促的声音扰得他心神不宁，抹了抹手赶紧拿起手机："喂，你是？""我是王富贵，叔，小健出事了……"接下来的内容，李健因脑袋发懵而没有听清。后来得知，2018年10月16日下午，李小健、姜小白、刘智勇和王富贵等8人一起在北京某展览中心拆卸展台，要求当天下午必须拆除完毕。大家从下午2点开始，活干得热火朝天，谁也没有留意李小健的行踪。直到下午4点左右，姜小白发现李小健抱头蹲在展台背后的架子旁，他赶紧跑到李小健身旁，问："小健，你咋啦？""没事，可能最近加班有些累，再加上轻微感冒，头疼"，李小健回答说。随后，王富贵发现这情况，便开车把李小健送回住处，看着他吃完感冒药后才离开。当天夜里，李小健仍然觉得不舒服，便让同住的工友打车将他送到医院。哪知到了2018年10月21日，医院宣布李小健临床死亡。

李小健死亡后，其妻王贤向公安局报警，公安局对各方当事人进行询问。2018年12月17日，公安局司法鉴定中心认定李小健的死亡原因为减速性颅脑损伤死亡。因赔偿问题，李小健的父母及妻子王贤将王富贵告上了法庭。

（三）本是赚钱领路人，反目成仇为哪般

李小健出事后，王富贵深感愧疚，本是他将李小健带到北京赚钱，哪承想钱没赚多少，人还没了。出于同乡的情谊，他提出给李健夫妇及王贤3万元补偿。但李健夫妇及王贤坚决不同意，认为李小健的死给他们带来了巨大打击，他的死与王富贵有直接关系，王富贵应该赔偿他们三人的损失。后李健夫妇及王贤向法院提起诉讼，要求王富贵赔偿医疗费、丧葬费、精神损害抚慰金等各项损失共计61万余元。

王富贵觉得委屈，辩称李小健的病情以及经医院抢救无效死亡的结果与

他不存在因果关系；没有证据证明李小健在拆除展台时从展台上摔下来，无法排除李小健回到住处之后又受伤的可能性；李小健于2018年10月16日夜里被送到医院急诊时，生命体征稳定，几天之后又突然死亡，不排除医院存在医疗过错的可能性。

公安机关于2018年10月22日对姜小白的询问笔录记载："问：你们是给谁干活，干的什么活？答：就是干拆搭展台的活，是王富贵雇的我，另外几个人也是他雇的，不是天天有活，有活的时候王富贵就打电话告诉我们，我们在这干活，王富贵给发工资。问：把当天情况说一下。"姜小白又把他知道的事情经过原原本本的陈述了一遍。

为抓住最后一根救命稻草，王富贵申请法院调取李小健出事当天的现场录像。法院与北京某展览中心取得联系，几经周折，调取了当天的视频录像，并在庭审时多次播放，怎奈因摄像头角度和展台高度等原因，视频中无法反映李小健当天下午的工作过程。

案件历时两个月，最终，法院判决王富贵赔偿李健夫妇及王贤医疗费、死亡赔偿金（含被扶养人生活费）、丧葬费、精神损害抚慰金等各项经济损失共计42万余元。王富贵不服一审判决，提起上诉。二审法院在审理查明后，判决驳回上诉，维持原判。

法理分析

"高度盖然性证明规则"又称优势证据规则，即当证据能够反映待证事实存在的可能性明显大于不存在的可能性时，法官就可以据此作出合理的判断以排除疑问。在已达到确信无疑的程度时，即使还不能完全排除相反可能性的存在，也可以根据已有证据认定待证事实。可以从以下几个方面进行理解：

（一）对"高度盖然性规则"的理解

1. 证据是否有优势是对证据质量的评价，而不是对证据数量的衡量。证据的质量指证据能否证明待证事实的存在。诉讼中的证明是运用证据使他人相信你所主张的待证事实确实存在。证据的多少并不能改变证据的质量。例如，有很多证据想要证实某一事实，但这些证据都不具有说服力，就与仅有一份没有说服力的证据效果是相同的，关键还是要看证据是否有“优势”。

2. 对证据是否具有优势的判断须建立在排除合理怀疑之后。受现代理性思潮影响，诉讼合理主义认为法官应以具有关联性、合理性的证据为基础，借助经验和理论作出符合逻辑的推断，在排除合理的怀疑后，建立以理性为基础的内心确信，得出经得起经验和逻辑检验的结论。例如，某人被指违约，如其没有违约就应进行反驳，这就是经验。合理的怀疑必须经得起理性论证，而不是无故的怀疑，吹毛求疵的怀疑。再如，本案中王富贵怀疑李小健的死亡是因为他回到住处之后又受到外伤，或者医院发生了医疗事故，这两种怀疑无疑是吹毛求疵的怀疑。“排除合理怀疑”不是绝对排除其他任何可能，而是依据经验和理论找出证据与待证事实之间的最大可能性。

3. 证据具有优势，必须达到确信的程度。“高度盖然性”是确定证据优势的具体要求，通俗的解释就是“最接近的事实”“基本能断定的事实”，在全案证据已经齐备但从逻辑上无法得出唯一结论时，法官通过事物发展的规律合理地评价待证事实能否成立。明显更接近客观事实，明显更符合事物发展的规律，就可以被认定为具有优势。该规则要求的证明标准是一种相对真实，而非“绝对真实”。

4. 优势证据是认定待证事实的最低限度的证据，是法官对双方当事人所举证据进行比较之后的结果，但这种比较必须建立在最低限度之上。比如，原告起诉被告借款，原告未能提供借条等有力证据，而仅由其配偶作为证人出庭作证。这种情况下，被告即使毫无证据可举，原告也不可能胜诉，因为原告的证据没有达到最低的证明限度。

5. 对优势的确信符合自然规律，具有科学依据。过去，曾有人认为盖然性理论是康德哲学不可知论的反映，为法官的主观臆断开了方便之门，是错误的、有害的。其实，这种观点把主观的正确认识与客观实际混为一谈，是形而上学的认识论。证据的客观性只有通过法官的主观思维才能被认识，法官最终所认定的事实只能是在一定的证据基础上形成的主观认识，但这种认识源于客观。法官以证据作为认定待证事实的根据，而后在内心确信对待证事实所得出的结论是符合客观实际的，为此，《最高人民法院关于民事诉讼证据的若干规定》（法释〔2019〕19号）第85条第2款规定："审判人员应当依照法定程序，全面、客观地审核证据，依据法律的规定，遵循法官职业道德，运用逻辑推理和日常生活经验，对证据有无证明力和证明力大小独立地进行判断，并公开判断的理由和结果。"

有个民间借贷的案件，原告持一张被撕成几半且被水浸泡后又粘在一起的借条，诉被告欠其借款本金2万元及利息未还。被告则辩称已还清本息，借条已经由原告撕毁后丢在被告家的水槽里。原告于次日趁被告不在家，将借条捞起。对于借条被撕毁丢在水槽，并由原告于次日捞起的事实双方没有争议。原告主张的事实为，他去被告家讨账未果，借条被被告撕毁后丢在水槽里，原告于次日趁机捞起，故被告未偿还。被告又主张，其已还清原告借款本息，当面将借条撕毁，随手丢在水槽里。双方的主张都有可能是真实的。当时，法官甚至还查访当事人在当地的品行及诚信诚度，而在仔细查看原告的起诉时间后，发现是从水中捞起借条半年以后。这显然与日常生活经验不符。如果被告拒不偿还原告借款，还抢去借条撕毁，原告应立即报案，不可能时隔半年之后才起诉。原告所举证据尚未达到优势程度，当然不能据此认定被告未偿还原告的借款本息。

（二）本案因果关系认定的依据

本案现有的证据均无法直接证实李小健的死亡与其劳务活动有关系，但李小健本是年富力强的青年，身体又没有其他疾病，怎么会突然死亡呢？李健夫妇和王贤都觉得奇怪，也就难怪王富贵会据理力争，坚持认为李小健之死与他没有任何关系了。最终，法院经过审理后认为李小健的死亡与其提供劳务之间存在因果关系，原因有三：一是公安司法鉴定中心分析李小健的死亡原因后，出具了检验意见，认为李小健的死亡符合减速性颅脑损伤死亡。二是法官经研究医学知识得知，脑损伤的受伤方式分为加速性颅脑损伤，即头部在静止状态被运动着的物体打击，头部沿外力方向作加速运动；减速性颅脑损伤，即运动着的头撞到静止的物体或地面，由运动状态变成静止状态而致损伤。本案中，王富贵、姜小白、刘智勇等人虽否认见到李小健从展台上跌落或在案涉施工活动中受伤，但王富贵、姜小白、刘智勇等人却于事发时看到李小健“蹲在展台背后的架子旁，捂着脑袋，说身体不舒服”等状况，结合医院的病历记载，不能排除李小健系在提供劳务过程中致死的可能性。三是王富贵虽否认李小健的死亡与案涉劳务活动有关，但其却未能举证证明李小健的死亡是其他原因导致。换言之，通过公安机关的检验意见、王富贵等人的证言，李小健受伤致死与其劳务活动之间存在因果关系这一事实已在法官心中形成“心证”，而且这种“心证”已达到深信不疑并排除任何合理怀疑的程度，成为“确信”，这种“确信”是符合客观实际的。因此，法院最终认定王富贵作为雇主，应对李小健的死亡承担赔偿责任。

知识拓展

（一）“客观真实”与“法律真实”

公正和效率是法院工作的永恒主题，一味追求“客观真实”势必影响诉讼效率。从立法到司法实践均渴望建立一种既能体现公正，又能保证效率的诉讼模式和证明标准。基于此，一种新的证明要求，即“法律真实”说应运而生。

1. 客观的真实。虽然“客观真实”说的一元化证明要求不符合发展变化的法律真实，但在大量简单的民事、经济纠纷中，有相当数量的案件事实是能够通过充足的证据加以证明。因此，通过传统的证明方式证实的案件事实，当然能够成为法律认可的事实。

2. 推定的真实。按照民商事实体法和程序法中对证明责任的规定，严格依照法定程序推定而得的事实，因其得到法律上的认可，所以成为法律上的事实。例如，民法中对一般侵权规定了过错归责原则，要求对当事人的过错进行证明，推定侵权人有过错，除非他能够证明自己没有过错。对某些特殊侵权规定了无过错的归责原则，要求对受害人所受损失与侵害人行为之间因果关系进行证明，适用举证责任倒置，由侵权人证明其行为与被侵权人的损失没有因果关系，如不能证明，则推定因果关系成立。上述情况都不需确定推定的真实与客观真实是否相符。

3. 拟制的真实。这是一种法律上直接规定的真实，只要当事人的诉讼主张满足了某种法律规定的形式要件，法律上即认定为真实，无须进一步证明。例如，在一起存单纠纷中，侯某持 1.1 万元到银行存款，银行出具的存单上，大写是一万一千元，小写是 110000 元，侯某坚持认为真实的存款数额是小写的 110000 元，法院最后判决侯某胜诉。依据是中国人民银行（1987）113 号中的文件及有关解释，由于银行的疏忽，造成存单存款数额大小写不一致的，银行应按大数兑付，侯某无须就大数存款是否真实进行证明。《民法典》第 498 条规定，“对格式条款有两种以上解释的，应当作出不利于提供格式条款一方的解释”。这里，作出“不利于提供格式条款一方的解释”就是法律上规定的真实。当事人无须就条款的真实意思表示进行证明。

（二）影响“高度盖然性证明标准”的因素

1. 证据数量。一般而言，证据的数量与证明力成正比，证据越多，就越容易形成证据链，其证明的盖然性程度就越高。但这只是一般规律，并不是绝对的，关键还是要看证据证明力的大小。如果一个直接证据与数个间接证据产生对抗，法官应当认定直接证据而否定间接证据。

2. 证据种类。不同种类的证据具有不同的证明效力，如鉴定结论的证明力高于证人证言。高度盖然性是用概率的方式来表述的，但是法律永远不可能用数学的方法来计算证明力。在错综复杂、相互矛盾的证据面前，法官对证据的认定和采信是一个主观判断的过程，这要求法官必须具有良好的法律知识、充足的社会经验、缜密的逻辑推理能力和高尚的道德良知，并且需要建立相应的监督制约机制。另外，还必须遵循“心证公开、合议评定、穷尽证据”这三个基本原则，最大限度地发挥高度盖然性的积极作用，让法律事实尽可能地接近客观真实。

（三）运用“高度盖然性证明标准”需把握的原则

民事诉讼中运用高度盖然性证明标准需要注意把握以下几个原则：

1. 价值衡量。面对疑难案件存在的价值冲突，法官的社会角色决定了他不得推诿和回避裁判。法官只有从个案的具体实际出发，对各方当事人的利益以及当事人利益与社会公共利益的关系进行衡平和选择，并充分比较和权衡不同判决方案可能带来的后果。利益衡量的总目标是追求冲突利益的协调和平衡，法官在利益衡量时必须保持行为的节制，在主观任性与自律要求的冲突中，遵循谦抑的态度。不得随意衡量，必须在法律确无具体规定或适用现行法律明显会导致不公时才能为之，必须考虑裁判结果的现实性。

2. 建立在一定的基础事实之上。高度盖然性即从事物发展的高度概率中推定案情、评定证据，它以确认的事实结合其他合理性的考虑为前提。法官应根据法律的规定结合案件类型考虑哪些证据可以认定基础事实、哪些证据一旦欠缺，当事人就会承担败诉风险。

3. 推论结果能够排除合理怀疑。排除合理怀疑，是指任何一个理性的人都不会怀疑，即推论结果具有唯一的可能性。那么适用的前提也必须严格限定，要求能够排除合理的怀疑。

4. 法官应在判决书中写明案情以及运用高度盖然性作判决的理由。一般来说，在错综复杂、相互矛盾的证据面前，法官对证据的认定是一个主观的过程，如果法官能够在裁判文书中展开心证过程，当事人就能基本了解法官审查判断证据的思维逻辑，从而增加对判决结果的信服感，同时也能督促法官在审查证据时尽到应尽的注意义务。

5. 民事诉讼证明标准是民事诉讼证据法的核心内容。“高度盖然性”证明标准是对“客观真实”证明标准的否定和再发展，是建立在现代诉讼程序公正与效率价值目标基础之上的，但同时不能完全否定“客观真实”作为诉讼理想终极目标的价值。高度盖然性证明标准的研究是法律人在司法实践中不断发现新问题，提出新思想，探索新观点的具体表现。这一证明标准的不断完善和适用势必对我国法治建设起到积极的促进作用。

普法提示

提供劳务者受害责任纠纷案件，多发生在一些小工厂、小作坊、农村自建房、装修、装饰工程等业务中，此类案件普遍存在雇佣双方安全意识淡薄、法律意识差、赔偿主体难以认定、证据不充分、案款不易执行等问题，为避免问题的发生，提供劳务者和接受劳务者应共同努力。

首先，接受劳务一方应为提供劳务者提供安全的劳动环境、符合标准的劳动工具，告知劳动工具的使用方法和操作方法，并定期对提供劳务者进行安全教育、排查安全隐患。其次，提供劳务一方应对自己在劳务过程中的生命安全尽到一定的注意义务，事前与雇主签订书面协议、提高业务技能，事中依规操作、量力而行、劳逸结合。如不幸在提供劳务过程中受伤，则要提供证据证明雇佣关系、受伤经过及医院出具的诊断证明、医疗费票据等。

法律维护每个人的合法权益，但这是事后救济，安全责任事故猛于虎，工作和生活中切记安全第一。

案例三

提供劳务者收拾工具过程中因病身亡，谁之责

——解析侵权行为个案因果关系认定

彭聪[1]

案情回顾

炎炎夏季之时，生活中最不可缺少的是什么呢？一定是空调！每年的6月正是空调销售的“旺季”，销售空调必然需要负责安装调试，这可忙坏了安装空调的工人们。不过，这些给我们送来清凉的安装工们，在工作中受伤的情况也经常发生，他们的权益要如何保障呢？请看以下案例。

飞翔公司是某空调的销售商，其承诺购买空调就提供专人免费上门安装调试服务。云端公司位于北京市某大厦C座29层的办公场所刚刚装修完毕，时值夏日临近，云端公司就向飞翔公司购买了一批中央空调。因其购买的数量较多，飞翔公司人手有限，便找到专门承接此类工程的个体户陈自在，由其负责云端公司该批空调的安装工作。恰巧陈自在的同乡张三丰处于待业状态，陈自在就找到张三丰，雇佣张三丰与其一同安装空调，陈自在按照大工的标准，每天给张三丰200元劳务费。

2018年2月9日，张三丰还是像往常一样，离开家，前往云端公司办公地，开始一天的空调安装工作。虽然当天天气状况不佳，大风呼啸，但张三丰还是坚持完成了安装工作。当张三丰正收拾工具时，突然猛烈咳嗽，并大口地吐血，见此情景，陈自在及云端公司工作人员紧急拨打120急救电话，急救中心人员到达现场后，对张三丰进行紧急抢救，然而张三丰因失血过多导致休克，最终经抢救无效当场死亡。张三丰家属拒绝尸检。张三丰生前父母均已去世，只留下一个年仅13岁的儿子张小丰和自2005年起即以夫妻名

---

① 北京市平谷区人民法院民二庭法官助理。

义同居生活，尚无经济来源的“妻子”小熊。在张三丰去世后，陈自在考虑到张三丰家的困难情况，就给了张三丰“妻子”小熊52000元，以助其料理张三丰身后事。

张三丰的家人认为陈自在、飞翔公司和云端公司对于张三丰的死亡均有责任，在协商未果的情况下，小熊作为张小丰的法定代理人，将陈自在、飞翔公司及云端公司起诉到法院，要求法院判决陈自在、飞翔公司及云端公司连带赔偿丧葬费差额5516元、死亡赔偿金446200元、被抚养人生活费51987元、精神损害抚慰金50000元，共计553703元。

张小丰方认为陈自在、飞翔公司及云端公司需要承担连带赔偿责任的理由是：张三丰虽然是因自身疾病死亡，但是其去世之前身体一直比较健康，没有什么问题。事发当天有八级大风，按照有关规定此种天气不适合高空作业，理应停止施工，且张三丰确实是在工作场合去世的。陈自在雇佣的张三丰，陈自在又是飞翔公司找来安装空调的，张三丰是为云端公司安装空调，所以陈自在、飞翔公司和云端公司应当承担连带赔偿责任。

针对张小丰方的起诉，被告陈自在辩称，陈自在虽然雇佣张三丰安装空调，但张三丰的死亡并不是因为工作原因导致的，张三丰是在干完活收拾工具的时候突然吐血死亡的，且其已经及时拨打120，原告方也认可张三丰是没有任何外伤的，现在原告要求陈自在来承担这个责任于法于理都说不过去。陈自在也出于人道主义，给了张三丰家人一些钱，算是给张三丰家人一些救助，已经仁至义尽了。

针对张小丰方的起诉，被告飞翔公司辩称，原告认可张三丰是突发疾病死亡的，且张三丰与飞翔公司没有任何关系，安装空调的活包给陈自在了。

针对张小丰方的起诉，被告云端公司辩称，云端公司只是向飞翔公司购买空调，张三丰与云端公司没有关系，张三丰工作完毕突发疾病，云端公司及时拨打120，已经尽了义务，其他的事情与云端公司没有任何关系。

原审法院经审理认为，个人之间形成劳务关系，提供劳务一方因劳务自己受到损害的，根据双方各自的过错承担相应的责任。本案中张三丰受雇于陈自在从事空调调试工作，陈自在对双方之间的雇佣关系予以认可，本院予以确定。本案的争议焦点为三被告是否需对张三丰的死亡承担损害赔偿责任，根据查明的案件事实能够证明张三丰系收工过程中因自身疾病导致失血性休克死亡，死亡后果与工作内容无法律上的因果关系，且陈自在亦对此并无过错，故陈自在不应承担雇主赔偿责任。但鉴于张三丰为陈自在提供劳务，陈自在通过张三丰提供的劳务工作从中获取利益，且张三丰病发的事实发生在其提供劳务工作的工作地点，张三丰与陈自在对损害的发生均无过错，如果由张三丰及其家属承担全部的损失有违公平原则，故应当由陈自在给予张三丰家属一定的经济补偿，具体金额由本院予以酌定，陈自在已支付的 52000 元在补偿款中予以扣除。关于飞翔公司、云端公司是否需承担赔偿责任的问题，本案在案证据均未显示飞翔公司、云端公司与张三丰之间存在雇佣关系，亦无法证明救护过程中飞翔公司、云端公司存在过错，故飞翔公司、云端公司不应承担损害赔偿责任，张小丰要求飞翔公司、云端公司承担连带赔偿责任的诉讼请求，本院不予支持。据此，原审法院判决陈自在给付张小丰经济补偿 28000 元，并驳回张小丰的其他诉讼请求。

原审法院判决后，陈自在不服，上诉至北京市第二中级人民法院，称张三丰是在工作完毕收拾工具时，自身突发疾病死亡，一审法院已认定陈自在对其死亡不存在过错，不应承担雇主赔偿责任，但按照公平原则判决陈自在给付张小丰经济补偿，该判决无任何法律依据，确定的数额无标准，陈自在与飞翔公司所签合同金额仅为 10000 元，一审判决对陈自在不公平。故请求撤回原判，依法改判驳回张小丰的诉讼请求或发回重审。

二审法院经审理认为，双方当事人争议焦点为：一审法院认定陈自在给付张小丰经济补偿款及数额是否适当。《民法总则》第 6 条（现为《民法典》第 6 条）规定，民事主体从事民事活动，应当遵循公平原则，合理确定各方的权利和义务。《侵权责任法》第 24 条（现为《民法典》第 1186 条："受害人和行为人对损害的发生都没有过错的，依照法律的规定由双方分担损失。"）规定，受害人和行为人对损害的发生都没有过错的，可以根据实际情况，由双方分担损失。本案中，张三丰于事发当天受雇于陈自在从事空调调试工作，张三丰在收工过程中在工作地点因自身疾病导致失血性休克死亡。

一审法院根据在案证据及法律规定，认定张三丰的死亡后果与其工作内容无法律上的因果关系，陈自在对此无过错，不应承担雇主赔偿责任是正确的。鉴于张三丰为陈自在提供劳务，一审法院依据公平原则，认定陈自在作为张三丰从事雇佣工作的受益方应适当给予张小丰经济补偿并无不妥，综合案件具体情况确定的补偿数额亦属适当。陈自在上诉主张一审法院认定其给付张小丰经济补偿有误且数额过高，事实及法律依据不足，本院不予支持。另，一审法院根据查明的事实及案件具体情况，依法对张小丰主张飞翔公司、云端公司承担连带赔偿责任的诉讼请求所作处理并无不当，各方当事人均无异议，本院予以确认。由此，二审法院维持了一审法院的判决结果。

法理分析

（一）三被告之间及其与张三丰之间是什么关系？张小丰应该向谁主张权利

首先，云端公司与飞翔公司之间是空调买卖合同法律关系，云端公司的义务是依照合同约定支付空调价款，飞翔公司的义务是依照合同约定交付空调（包括将空调安装调试完毕）。其次，飞翔公司与陈自在之间是承揽关系，不是雇佣关系。雇佣关系中，雇员与雇主之间具有从属性，在工作上受雇主指挥，须按照雇主要求提供劳务；承揽关系是指承揽人按照定作人的要求完成工作，交付劳动成果，定作人给付报酬的权利义务关系。承揽人以自己设备、技术和劳力完成主要工作，向定作人提供的是一种独立性劳动。再次，陈自在与张三丰之间是劳务关系（雇佣关系），张三丰提供劳务，陈自在为接受劳务一方。张小丰方没有权利要求云端公司及飞翔公司承担赔偿责任。最后，陈自在与张三丰之间是个人之间的劳务关系，不是劳动法律关系，不能适用《工伤保险条例》第 15 条[①]的规定，不能视同工伤处理。我国工伤赔

① 《工伤保险条例》第 15 条："职工有下列情形之一的，视同工伤：（一）在工作时间和工作岗位，突发疾病死亡或者在 48 小时之内经抢救无效死亡的 ......"

偿的立法原理是通过社会保险强制机制，通过国家、企业、个人三方共同缴纳社保费用，构建社会保障屏障，重在保护与用人单位相比处于弱势地位的劳动者的合法权益，因此我国劳动关系中工伤认定的尺度较宽。

（二）对于张三丰的死亡，陈自在是否存在侵权行为？是否需要承担责任

1.《民法典》第1192条第1款规定："个人之间形成劳务关系，提供劳务一方因劳务造成他人损害的，由接受劳务一方承担侵权责任。接受劳务一方承担侵权责任后，可以向有故意或者重大过失的提供劳务一方追偿。提供劳务一方因劳务受到损害的，根据双方各自的过错承担相应的责任。"依据该条规定，判断是否构成侵权行为需要具备四个要件：客观上的侵害行为、损害事实、因果关系和主观上的过错。

2. 本案中判断陈自在是否构成侵权行为最主要的一点就是张三丰的死亡与其所从事的劳务工作及陈自在的某些不作为是否有关系。

（1）张小丰方主张当天风很大，依照规定应该停止高空作业，但是陈自在还是让张三丰继续工作，这是属于违规行为。一方面，张小丰方并没有提供证据证明其主张；另一方面，如果当天确实存在风大需要停止高空作业的情形，陈自在并未制止张三丰施工，那么陈自在就存在侵害行为，这种行为体现为一种消极不作为形式。但是大风天停止高空作业的规定，是为了避免高空坠落风险增加，而本案中张三丰并非因为高空坠亡，也就是说即使陈自在存在侵害行为，但其侵害行为与张三丰的死亡之间不存在法律上的因果关系。

（2）张小丰方主张虽然张三丰是因自身疾病死亡，但是其本身身体健康，是因为工作原因诱发疾病的。就此问题，首先，张三丰的家人在张三丰去世后拒绝尸检，导致张三丰具体是因什么疾病死亡及该疾病与其所从事的工作之间是否存在因果关系，无从查证。其次，张小丰方认可张三丰身体健康，那也就不存在陈自在没有注意到张三丰身体状况而让其强行工作的问题。最后，张小丰方也没有证据证明陈自在存在超长时间用工、工作强度过大等导致张三丰过劳死的问题。

（3）综上，张三丰因自身疾病死亡，这种结果虽然也是损害，但此种损害事实完全是张三丰自身生理机能变化的结果，而不是接受劳务方、第三人或者其他外力加害所致，不属于侵权法意义上的损害后果，且张小丰方在拒绝尸检的情况下，无法确定张三丰的死因，也没有提供充分有效的证据证明张三丰的死亡与其所从事工作的劳动强度、劳动时间以及工作环境之间存在因果关系。张三丰在工作完毕收拾工具时因其自身疾病发作而死亡，是陈自在无法预见也无法避免的。故陈自在不存在侵权行为，不应该承担侵权赔偿责任。

知识拓展

实践中，提供劳务方因疾病死亡主要有以下两种情况：一种情况是，提供劳务方提供劳务活动中或提供劳务完毕，完全是因为自己疾病突然发作死亡，与其所从事的劳务活动没有直接因果关系，正如上述案例中所述的张三丰的死亡情形，这种情况是接受劳务方无法预见和无法避免，接受劳务一方自然不需要承担侵权赔偿责任。另一种情况是，虽然提供劳务方是因为自身疾病死亡的，但是能够证明其疾病的发作与所从事的劳务活动之间存在因果关系，是劳务活动诱发提供劳务者自身疾病的发作，接受劳务方对提供劳务方的劳务活动负有安全注意和安全保护的法定义务，其管理行为与提供劳务者的损害事实之间存在因果关系，此时接受劳务方对于提供劳务方的死亡具有过错，故接受劳务方应当承担民事赔偿责任。

情景一：王凤在菜市场开办菜站，薛蟠是其雇佣的员工。2017年9月6日，薛蟠酒后在为王凤卸菜时，因主动脉瘤破裂导致心脏压塞死亡。薛蟠之妻女将王凤诉至法院要求其承担侵权赔偿责任。一审法院认为，个人之间形成劳务关系，提供劳务一方因劳务自己受到损害的，根据双方各自的过错承担相应责任。本案中，死者薛蟠酒后从事卸菜工作，因主动脉瘤破裂导致心脏压塞死亡，是导致其死亡的主要原因，应承担主要责任；作为雇主的王凤应当在工作前核实雇员的身体情况是否可以从事劳务，但因疏忽未发现薛蟠饮酒，是导致其死亡的次要原因，应承担次要责任，酌定主次责任比例为6：4。

情景二：杜飞受雇于红楼物业公司，担任大观园小区保安。2017 年 12 月 2 日，杜飞在工作期间猝死，杜飞的母亲、妻子和女儿作为原告将红楼物业公司诉至法院要求其承担侵权赔偿责任。一审法院认为，公民的生命健康权受法律保护。杜飞受雇于红楼物业公司从事保安工作期间发生猝死。杜飞在从事雇佣活动中死亡，雇主应当承担赔偿责任。本案中，杜飞确系自身疾病猝死，一审法院认定杜飞承担 70% 的民事责任，红楼物业公司承担 30% 的民事责任。红楼物业公司上诉后，二审法院认为，红楼物业公司自认其雇员杜飞的工作性质系在大观园小区当保安，工作强度较大，在上岗之前并未对其组织过系统体检，并不知晓杜飞是否存在身体健康的隐患因素，杜飞猝死前曾跟一起上班的工友说过自己身体不舒服，但并未引起用工单位的相关注意，导致了其猝死悲剧的发生，故可以认定红楼物业公司在用工方面确实存在过错，虽然杜飞系因自身疾病因素猝死，但用人单位显然应承担次要的赔偿责任，一审法院认定其应承担 30% 的赔偿责任系在案件事实基础上依法认定，比例合理，本院予以支持。

上述两个情景中，虽然提供劳务方亦是因自身疾病死亡，但法院均认定接受劳务一方（雇主）需要承担侵权赔偿责任。情景一中，薛蟠虽然是因心脏病发死亡，但是其酒后提供劳务的行为是心脏病发的诱因，如果王凤在薛蟠卸菜之前能够仔细观察薛蟠的身体情况，是可以发现薛蟠饮酒并制止其工作的，也就在一定程度上避免悲剧的发生。因此，王凤的不作为与薛蟠的死亡之间存在因果关系。情景二中，杜飞因病猝死，但杜飞的小区保安工作，属于强度较大的工作，且杜飞在病发之前就提到过身体不适，但红楼物业公司没有尽到相关注意义务，如果其能够安排杜飞倒班休息，杜飞猝死的情况也就不一定会发生。所以，红楼物业公司的不作为与杜飞的猝死之间存在因果关系。

普法提示

我国劳动力市场尚不成熟，一方面，大量农村劳动力涌入用工市场，另一方面，随着我国相关劳动法律规范的完善和劳动用工制度的健全，企业以劳动关系雇佣职工的成本增加，也使用工门槛逐渐提高，这在一定程度上导致许多劳动者特别是无任何技能的农民无法进入正规的劳动关系市场，使其只能转而在二级劳务市场寻求生存机会。相比劳动关系而言，劳务关系中因雇员和雇主的安全意识均较为淡薄、法律意识也较差，导致雇员受害情况时有发生，且无法定强制保险制度来分担风险，雇主多为个人且流动性强，风险负担能力较弱，使得雇员的权利无法得到保障。结合上述案例，面对此类提供劳务者受害责任纠纷而言，雇主可以考虑以为雇员购买商业保险的方式来分散用工风险，相较于每年较高比例雇员受害案件所支出的赔偿或补偿成本，采用保险的方式更为经济合理；雇员在从事劳务过程中也需要时刻注意自身身体情况，如有不适及时与雇主沟通，停止工作；作为受损方需要及时固定证据，尤其是此类因自身疾病死亡的案件，一定要对死者的具体死因及其与所从事劳务之间的因果关系进行鉴定。

第三章

提供劳务者受害责任的承担

案例一

拆墙被砸谁之过

——提供劳务者受害责任纠纷的责任主体及归责原则分析

李扬[①] 廖晓丹[②]

案情回顾

生活实践中，普遍存在着个人之间提供与接受劳务的行为，尤其是在农村建房、装饰装修等领域。而个人之间劳务关系通常经口头约定达成，存在着安全保障措施欠缺、配套设施不完善、提供劳务者安全劳动意识不强、接受劳务者疏于管理等问题。这些问题导致提供劳务者在为他人提供劳务过程中受到伤害的事故多发。那么，提供劳务者在受伤后应该向谁主张赔偿责任，提供劳务者自身过错是否影响责任的承担呢？欲知后事如何，请看以下案例。

（一）经人介绍揽活做

杨过是智美家公司的员工，其与瑞晟源公司的法定代表人邢小宝是朋友。邢小宝知道杨过在装修公司工作，想请其帮忙介绍一名可靠的拆墙工人。杨过想起了其之前在工作中结识的朋友刘大喜，便介绍刘大喜到瑞晟源公司做墙体拆除及垃圾清运的工作，报酬为4000元，由瑞晟源公司向刘大喜支付，刘大喜负责提供施工所用工具。刘大喜心想同村的王强长期从事拆墙相关工作，应该经验丰富，便电话与王强联系，让其做墙体拆除的活。

（二）拆墙不慎被砸伤

刘大喜为王强提供了脚手架和其他工具。王强到现场后，便开始干活。

① 北京市平谷区人民法院执行局局长、员额法官。

② 北京市平谷区人民法院东高村法庭法官助理。

为提高工作进度，王强未按自上而下的顺序拆除，而是反方向进行拆除。王强在砸一面墙体下侧时，带动另外一面墙体上部倒塌，将其砸伤。刘大喜、杨过二人将王强送至医院救治，诊断伤情为“腰1、腰2椎体骨折，腰1、腰2椎体左侧横突骨折，左侧第6—8根肋骨骨折，右侧第9肋骨可疑骨折，右侧耻骨下支骨折，右侧坐骨支骨折，肺挫伤，肝假性脂肪瘤，贫血，一度房室传导阻滞，头皮裂伤”，共住院治疗16天，出院后复查五次，支付住院费77550.29元、门诊费用3828.73元，共计81379.02元。

（三）由谁负责引纠纷

王强本想着能靠这活赚点钱，没想到天降横祸，自己钱没挣着，反倒去了医院。为维护自身权益，王强将智美家公司、瑞晟源公司及刘大喜诉至法院，请求三者承担连带赔偿其住院伙食补助费1600元、医疗费67193.95元、交通费500元、营养费4500元、误工费36000元、护理费13500元、残疾赔偿金271960元、被扶养人生活费125916.27元、精神损害抚慰金20000元。

瑞晟源公司认为，王强受刘大喜雇佣，应由刘大喜承担赔偿责任。我公司只是将拆墙工作交由刘大喜承揽，与王强之间不存在法律关系。且拆墙工作，只是简单的劳务，并非建设工程，刘大喜作为长期从事建筑装修事务的包工头，可以承揽该工作。我公司将拆墙工作交由刘大喜实施，合法合规，不存在过错。王强作为成年人，又具有一定施工经验，在拆墙的过程中应当注意安全，按照合理的工序施工，采取必要的安全防护措施。王强从墙下部开始拆，明显是违规操作。王强自身的疏忽大意，是导致其被砸伤的原因，其在受伤的过程中存在过错，应当自负一定责任。

智美家公司认为其并未承包瑞晟源公司的装修工程，事实是其公司员工杨过与瑞晟源公司法定代表人邢小宝此前就为朋友关系，邢小宝知道杨过在装修公司工作，请其帮忙介绍拆墙工人，是杨过通过个人关系找刘大喜给瑞晟源公司干活，是其个人行为，智美家公司与本案无任何关联，因此对王强的损失不应承担任何赔偿责任。

刘大喜认可智美家公司所述的事实过程，称其雇佣王强为其干拆除墙体的活，确实也应当赔偿王强一定损失，但是这次拆墙是因为王强未按照自上向下顺序进行拆除，而导致墙体倒塌，致使自身受伤，所以王强也应承担相应责任。据此，王强主张的赔偿数额过高。

本案审理过程中，经王强申请，法院委托鉴定机构对王强的伤残等级、赔偿指数、护理期、误工期、营养期进行了司法鉴定，根据鉴定意见，王强因伤导致腰1、腰2椎体压缩性骨折，评定为九级伤残，伤残赔偿指数为20%；综合评定误工期为120—180日，护理期为60—90日，营养期为60—90日。

经法院审理判定：1. 刘大喜赔偿王强医疗费、住院伙食补助费、营养费、护理费、误工费、残疾赔偿金（被扶养人生活费）、精神损害抚慰金等各项损失共计133648.3元；2. 驳回王强的其他诉讼请求。

法理分析

本案的争议焦点主要有以下两个方面：责任主体的认定与归责原则的适用。

（一）责任主体的认定

责任主体的认定即王强应向谁主张赔偿责任。要厘清本案的责任主体，首先需要厘清本案中的法律关系。法律关系的认定是适用法律的前提。本案中，刘大喜是经杨过个人介绍承揽了瑞晟源公司的墙体拆除及垃圾清运工作，智美家公司与本案不存在关联性。因此，本案主要法律关系为刘大喜与瑞晟源公司之间的关系及刘大喜与王强之间的关系。认定和区分上述两组法律关系是确定责任主体的前提。

根据原《合同法》第251条[①]的规定，承揽合同是承揽人按照定作人的

① 现为《民法典》第770条第1款：承揽合同是承揽人按照定作人的要求完成工作，交付工作成果，定作人支付报酬的合同。

要求完成工作，交付工作成果，定作人给付报酬的合同。据此，承揽关系中，承揽人交付的是劳动成果。本案中，瑞晟源公司与刘大喜约定，将墙体拆除与清运工作交由刘大喜完成，瑞晟源公司向其支付4000元报酬，刘大喜与瑞晟源公司之间看似像雇佣关系，实则不然。因为工作过程与方式均是由刘大喜决定的，施工工具也是由刘大喜提供，最后刘大喜向瑞晟源公司交付工作成果后获取报酬，因此二者之间形成的是承揽关系，而非雇佣关系。

瑞晟源公司虽然是报酬的最终支付者，而且从表面上看也是拆墙工作的最终受益人，但其对刘大喜却不存在指示、控制、管理或者监督，其所获得的利益是刘大喜所交付的劳动成果，而并非直接享有王强提供劳务的工作成果。因此，王强和瑞晟源公司之间并不存在着直接的法律关系，其二者表面上看似联系颇为紧密的原因是，刘大喜与瑞晟源公司之间存在着承揽法律关系，而瑞晟源公司因为刘大喜交付王强参与劳动的工作成果而受有利益，但其受有利益的原因是刘大喜与其之间的承揽法律关系。因此，应当认定为刘大喜与王强之间存在雇佣关系，刘大喜与瑞晟源公司之间存在承揽关系。

王强以提供劳务者受害为由将刘大喜、瑞晟源公司、智美家公司起诉到法院。从案由来看，其主张请求权的基础为劳务合同关系。本案中，刘大喜是接受劳务者，瑞晟源公司是定作人。那么王强是否可以向瑞晟源公司主张权利呢？答案是否定的。雇佣关系与承揽关系是两个不同的法律关系，如果提供劳务者同时向接受劳务者及定作人主张权利，就会造成案由之间的交叉和案件审理中法律关系的混淆，而且允许提供劳务者向定作人行使权利也突破了合同的相对性原则，不具有合理性。定作人只对承揽人选任、监督行使权利，① 因此，《最高人民法院关于审理人身损害赔偿案件适用法律若干问题的解释》(以下简称《人身损害赔偿司法解释》)第9条也规定了定作人的相关责任，但定作人对于完成工作任务所需要的提供劳务者并没有选任、监督的权利。综上所述，本案的赔偿责任主体应是刘大喜。

---

① 现为《民法典》第1193条：承揽人在完成工作过程中造成第三人损害或者自己损害的，定作人不承担侵权责任。但是，定作人对定作、指示或者选任有过错的，应当承担相应的责任。

（二）归责原则的适用

根据原《人身损害赔偿司法解释》第 11 条（已经不是最新的司法解释，最新司法解释中没有此规定）[①] 的规定，雇员在从事雇佣活动中遭受人身损害，雇主应当承担赔偿责任。雇佣关系以外的第三人造成雇员人身损害的，赔偿权利人可以请求第三人承担赔偿责任，也可以请求雇主承担赔偿责任。雇主承担赔偿责任后，可以向第三人追偿。现实生活中，提供劳务者通常作为社会底层的弱势群体，他们在提供劳务过程中自身受到伤害的情形非常普遍，上述司法解释的规定也侧重于保护提供劳务者的权利。即雇员在从事雇主授权或者指示范围内的生产经营活动或者其他劳务活动的过程中遭受人身损害时，雇主承担无过错责任。也就是说，即使雇主没有过错，也要对雇员所受损害承担赔偿责任。

《侵权责任法》出台后，对上述归责原则作出了调整。根据原《侵权责任法》第 35 条[②] 的规定，个人之间形成劳务关系，提供劳务一方因劳务造成他人损害的，由接受劳务一方承担侵权责任。提供劳务一方因劳务自己受到损害的，根据双方各自的过错承担相应的责任。根据上述法律规定，提供或接受劳务一方是否承担责任，要看提供或接受劳务一方是否存在过错。即提供劳务者的过错减轻了接受劳务者的责任，加重了提供劳务者的安全注意义务，双方承担的是过错责任。

原《侵权责任法》的规定相较原《人身损害赔偿司法解释》的规定更加合理。因为劳务关系是提供劳务者与接受劳务者之间的关系，双方必然都应当履行各自的义务，若简单的适用无过错责任原则，显然有失公平。《民法典》出台后，《人身损害赔偿司法解释》中也删除了关于雇主责任承担的规

---

① 新的《人身损害赔偿司法解释》中已经删除该条规定。

② 现为《民法典》第 1192 条第 1 款：个人之间形成劳务关系，提供劳务一方因劳务造成他人损害的，由接受劳务一方承担侵权责任。接受劳务一方承担侵权责任后，可以向有故意或者重大过失的提供劳务一方追偿。提供劳务一方因劳务受到损害的，根据双方各自的过错承担相应的责任。

定，据此可以体现此规定无法与时代发展适应，无法客观合理地平衡提供劳务者与接受劳务者之间的利益关系，而过错责任原则平衡了提供劳务者与接受劳务者之间的利益关系，同时也有利于双方重视自身的义务，增强各自的安全意识。本案中，王强具有完全民事行为能力，且其长期从事拆墙相关工作，具有一定的经验，对于墙体拆除的正常工序、可能存在的风险应有认知，应在拆除过程中尽到相应的注意义务从而避免损失的发生，但其未尽到相应的义务，其自身对于损失的发生存在过错，应承担主要责任。

知识拓展

（一）提供劳务者受害责任纠纷案件的责任划分

1. 提供劳务者的责任

因为劳务合同关系是指提供劳务者在特定的工作环境下按照接受劳务者的指示通过一定的生产工具和自己提供的劳务为接受劳务者完成一定工作量或工作任务的合同关系。因此，提供劳务者首先是要熟悉自己的工作环境、对自己的工作环境中可能存在的潜在风险有一定的认知程度；其次是要按照接受劳务者的指示去完成工作任务，并掌握生产工具的使用方法和操作规范。如果提供劳务者在提供劳务过程中因其未尽到上述义务致使自己受到损害的，那么就可以认定其存在过错。

判定提供劳务者的注意义务时，必须充分考虑他们通常都来自农村，注意义务能力较弱等因素，同时也要考虑提供劳务者本身的工作性质。比如，本案中的王强，长期从事相关工作，对拆墙应遵循的工作方式应当熟知，但其在拆墙过程中，违反正常操作规程，导致自身受到损害，这时其本人应当承担主要责任。若让接受劳务者承担更多责任，则忽视了提供劳动者自身应尽的义务，容易激化社会矛盾。

2. 接受劳务者的责任

接受劳务者在劳务关系中作为劳务活动的组织者、指挥者、监督者和风险的防控者，对提供劳务者的活动应负有安全注意和劳动保护的义务，同时对提供劳务者的职业活动提供必需的保障也是接受劳务者的责任。

在劳务合同关系中，提供劳务一方仅向接受劳务一方提供的是自己的劳务，接受劳务者应当向提供劳务者提供工作场所、生产工具等为完成劳务所必需的条件。因此，接受劳务者需为提供劳务者提供一个安全的工作环境，为提供劳务者安全、顺利完成任务创造条件。同时，接受劳务者还要为提供劳务者提供符合安全生产规范的生产工具，并告知提供劳务者对生产工具的使用和操作方法，以便提供劳务者能够安全完成劳务任务。如果提供劳务者因接受劳务者没有尽到上述义务而受伤，可以认定接受劳务者具有过错。

在明确了提供劳务者与接受劳务者的相关责任义务后，要明确双方的过错程度，就应当首先考虑造成提供劳务者受到损害的原因是由于提供劳务者没有尽到相关义务还是接受劳务者没有尽到相关义务，如果受到损害的原因是由于一方没有尽到相关义务所造成的，那么就由没有尽到义务一方承担相应责任。如果受到损害的原因是由于双方均未尽到相关义务所造成的，那么就应根据双方未尽到义务的程度和导致受到损害的因果关系程度来综合确定双方的过错。

（二）合同相对性

合同相对性是指原则上合同项下的权利义务只能赋予合同当事人，合同只能对合同当事人产生拘束力，而非合同当事人不能诉请强制执行合同。合同相对性包括以下几个方面的内容。

1. 主体相对

合同关系只能发生在特定的主体之间，只有合同当事人一方能够向另一方当事人基于合同提起诉讼。具体地说，由于合同关系是仅在特定人之间发生的法律关系，非合同关系当事人不能依据合同向合同当事人提出请求或提出诉讼。本案中，刘大喜与瑞晟源公司之间形成承揽合同关系，王强作为合同外第三人则不能基于承揽关系向瑞晟源公司主张赔偿责任。

2. 内容相对

除法律、合同另有规定外，只有合同当事人才能享有合同规定的权利，并承担该合同规定的义务，当事人以外的任何第三人不能主张合同上的权利，更不负担合同中规定的义务。在双方合同中，还表现为一方的权利就是另一方的义务，权利义务相互对应，合同赋予当事人享有的权利，原则上并不及于第三人。法律的特殊规定即为合同的相对性原则的例外。

3. 责任相对

违反合同责任相对性的内容包含：第一，违约当事人应对因自己的过错造成的违约后果承担违约责任，而不能将责任推卸给他人。第二，在因第三人的行为造成债务不能履行的情况下，债务人仍应向债权人承担违约责任。债务人在承担违约责任后，有权向第三人追偿。

普法提示

提供劳务者受害责任纠纷案件在日常生活中比较常见，此类案件通常具有以下一些特点：

一是合同缔结率低权责不明。此类案件中，多数当事人间仅有口头约定，未签订书面劳务合同，有的甚至连口头协议也不具备。由于没有签订正式的劳务合同，一旦发生纠纷各方相互推诿，法院在审理时存在法律关系甄别难的问题。在司法实践中，有的是并无形成劳务关系的合意而最终的行为却形成了劳务关系，有的是有形成劳务关系的合意而最终行为却形成了承揽等其他法律关系，有的形式上类似雇佣关系实际上却属于松散型合伙组织。

二是用工不规范事故高发。建筑、装修装饰领域是劳务纠纷的高发领域，这些领域通常在室外或高空作业，具有工作强度大，风险系数高的特点。接受劳务方普遍未对提供劳务者进行身体状况检查，缺少基本的安全教育培训和安全保障措施，甚至有违规指挥的情形。这些领域工程常经多次转包，存在多层用工关系，对劳务提供者进行管理的往往并不是雇佣主体，实际用工主体不明也是用工管理不规范的重要原因。

三是证据意识不强事实还原难。劳务关系普遍存在临时性、非正规性、复杂性的特点，事故发生具有突发性。劳务提供者以农民工居多，多是相互介绍或者以班组形式参加到工程劳务中，法律意识和风险意识不强。事故发生后往往没有第一时间搜集、固定证据，起诉时缺乏现场照片、视频等直接证据，当事人仅能提供自身陈述、相关证人证言等言词证据，且证人往往会根据熟识程度进行选择性陈述，证据证明能力不强事实还原难。审理时争议焦点主要集中在受害人是否在提供劳务过程中或为提供劳务而受伤，以及受害人在受伤过程中自身是否存在过错。

四是风险承受能力不足矛盾尖锐。此类案件中，伤残或死亡的案件数量较多，赔偿额度较大。在接受劳务者为自然人的案件中，接受劳务一方既无法购买工伤保险，又没有意识和能力通过购买商业保险的方式分散用工风险。发生事故后，接受劳务一方经常无力承担相应的赔偿责任，而提供劳务者多是家庭主要经济支柱，发生事故易致提供劳务者及家庭陷入经济困境，提供劳务者赔偿期望普遍较高，且多要求一次性支付赔偿款。劳务纠纷案件当事人双方往往风险承受能力低，利益关系难以平衡。案件普遍缺乏调解基础，判后上诉率高，自动履行率低执行难。

对此，希望有关部门深入调研，健全相关制度规范，特别是对建筑施工等用工量大、事故多发的重点领域，应加强监督管理及安全检查。深入开展安全宣传和普法宣传，也有利于增强提供劳务和接受劳务方的证据留存意识和安全生产意识。建议制定推广个人用工示范合同，提高劳务合同签订率，避免纠纷发生后，双方因举证问题承担不利后果。同时可以加大政府劳动技能培训和用工方岗位技能培训的力度，提高提供劳务者从业技能和风险防范能力。

案例二

提供劳务被摔伤，自己却要担主责

朱政[①] 张卫[②]

案情回顾

胡浩浩是北京市胡庄村的村民，通过网店经营农村土特产品，致了富脱了贫。2019 年春天，胡浩浩翻建了自家的宅院，还需要封院，听说本村村民韩雷雷专门从事农村宅院封院工作，经验丰富，技术可靠。2019 年 9 月 1 日，胡浩浩就找到了韩雷雷，韩雷雷爽快地同意了。当即，韩雷雷就来到胡浩浩家，观看了现场，测量了尺寸。

9 月 2 日一大早，韩雷雷就带领着本村村民韩永正、韩永义、韩永富一起来到胡浩浩家，大伙儿先是搭建了脚手架，紧接着就开始施工。看着大伙儿忙活起来，胡浩浩心里十分高兴，然后就回到屋里上网忙生意去了。

下午 1 点半，韩雷雷等人准时来到胡浩浩家，按部就班地开始施工，胡浩浩打了声招呼，又回到屋里上网忙生意。没有想到的是，不大一会儿，胡浩浩就听到一声惨叫，赶忙出来一看，韩雷雷正躺在地上，韩永富正要赶过去。大伙儿一阵慌乱，急忙将韩雷雷送到医院医治。

韩雷雷住院治疗了 15 天。出院后，韩雷雷要求胡浩浩赔偿医疗费 98652.1 元、精神损害抚慰金 10000 元、住院伙食补助费 1500 元、护理费 11000 元、营养费 4500 元、交通费 220 元、鉴定费 4350 元、残疾赔偿金 52980 元、误工费 21600 元、被扶养人生活费 13463.3 元，以上合计 218265.4 元。胡浩浩拒绝支付。随即韩雷雷向法院起诉。

针对韩雷雷的起诉，胡浩浩答辩认为，不同意赔偿韩雷雷的各项损失。

---

① 北京市平谷区人民法院东高村法庭庭长、员额法官。

② 北京市平谷区人民法院民二庭员额法官。

韩雷雷多年从事封院工作，有熟练的工作经验，胡浩浩才放心大胆地将封院工作交给韩雷雷。韩雷雷也明确表示能够胜任封院工作，并让胡浩浩放心。韩雷雷当时是从石棉瓦棚上面坠落下来，但石棉瓦棚不在施工区域内，不知道韩雷雷为什么从石棉瓦棚上摔下来，韩雷雷对其坠落、受伤有重大过失。胡浩浩事后听说，韩雷雷之前在从事建筑相关工作时受过伤，住过院，韩雷雷更应该小心谨慎。胡浩浩对韩雷雷摔落受伤没有过错，不应该承担赔偿责任。但是考虑到同为本村村民，本着人道主义原则，胡浩浩已经支付了5000元医疗费。即便胡浩浩应该承担责任，韩雷雷主张的其妻子周小花的被扶养人生活费没有道理。周小花才54岁，能够参加劳动，不符合被扶养人的条件。

庭审中查明，2018年1月10日，韩雷雷因从高处坠落摔伤住院治疗。2019年3月15日，韩雷雷因从高处坠落摔伤住院治疗。

经现场勘查，法院确认胡浩浩家的石棉瓦棚距离脚手架1.2米，在封院施工区域外。

审理过程中，韩雷雷申请对伤残等级及误工期、护理期、营养期进行鉴定。经法院依法委托，北京正义司法鉴定所鉴定认为：韩雷雷腰椎1—3右侧横突骨折致、右侧骶骨撕脱骨折、多处软组织损伤，致残等级为十级（赔偿指数10%），护理期、营养期70—110日，误工期180天。韩雷雷为此支付鉴定费4350元。

另查明，韩雷雷于1965年1月1日出生，其妻周小花于1967年1月1日出生，周小花被诊断长期抑郁（强迫状态、抑郁状态）。韩雷雷、周小花育有一子一女，均已成年。韩雷雷、周小花均系胡庄村村民。

经核实，韩雷雷的合理经济损失为：医疗费98652.1元、精神损害抚慰金10000元、住院伙食补助费1500元、护理费11000元、营养费4500元、交通费220元、鉴定费4350元、残疾赔偿金52980元、误工费21600元、被扶养人生活费13463.3元。

法院经审理认为，本案中，胡浩浩雇佣韩雷雷等人为其封院，向韩雷雷支付劳务费，双方之间形成劳务雇佣法律关系。个人之间形成劳务雇佣关系，雇员因劳务受到损害的，应根据双方各自的过错承担相应的责任。在从事封院工作时，韩雷雷摔落受伤系其故意踩踏施工区域外的石棉瓦顶棚导致。并且此次受伤前，在从事相关建筑施工时，韩雷雷已两次因从高处坠落受伤住院，由此可以看出，韩雷雷自身的安全意识极为淡薄。因此，韩雷雷在此次受伤中应承担主要责任。胡浩浩作为雇主，没有尽到必要的管理、监督义务，对韩雷雷受伤承担次要责任。对韩雷雷的损失，法院综合上述因素，确定韩雷雷自行承担90%，胡浩浩承担10%。对于韩雷雷主张的各项损失而言，医疗费、鉴定费有相应票据佐证；住院伙食补助费、营养费、精神损害抚慰金、残疾赔偿金、误工费、交通费、护理费，于法有据，金额适当，法院均予以支持；对于被扶养人生活费，周小花虽未满55周岁，但长期抑郁，无法从事劳动生产，可视为无劳动能力，对于该部分被扶养人生活费依法予以支持。

最终，法院判决：胡浩浩赔偿韩雷雷16836.54元（扣除胡浩浩已支付5000元）。案件判决后，胡浩浩、韩雷雷均未上诉。

法理分析

本案的争议焦点是韩雷雷、胡浩浩各自有无过错？各自承担多大责任？韩雷雷主张的被扶养人生活费是否合理？

（一）法律关系的性质

本案中，胡浩浩雇佣韩雷雷等人为其封院，韩雷雷等人按照胡浩浩的要求提供劳动力、专业技能等劳动活动，胡浩浩因此而受益，按照每人每天200元的标准支付报酬。胡浩浩对韩雷雷等人负有指示、管理、监督的义务，双方之间形成劳务雇佣法律关系。其中，韩雷雷等人是提供劳务一方即雇员，胡浩浩是接受劳务一方即雇主。对于本案，简言之，就是雇员韩雷雷在从事雇佣劳务活动中受伤，现在向雇主胡浩浩索赔，双方均为个人。在我国目前的法律体系中，可以适用的实体法有《民法典》第1192条的规定。

根据该规定，个人之间形成劳务关系，提供劳务一方因劳务造成他人损害的，由接受劳务一方承担侵权责任，接受劳务一方承担侵权责任后，可以向有故意或者重大过失的提供劳务一方追偿。提供劳务一方因劳务受到损害的，根据双方各自的过错承担相应的责任。提供劳务期间，因第三人的行为造成提供劳务一方损害的，提供劳务一方有权请求第三人承担侵权责任，也有权请求接受劳务一方给予补偿。接受劳务一方补偿后，可以向第三人追偿。

（二）双方各自的过错

第一，在审理过程中，胡浩浩抗辩称事后听说，韩雷雷在此之前从事建筑施工活动时，曾经因为从高处摔落受过伤，住院治疗过。对此，韩雷雷不认可。

经胡浩浩申请，法院到相关医疗部门，调取了2018年1月10日、2019年3月15日韩雷雷在谷山区人民医院就医的病历。双方当事人对上述病历的真实性均无异议。其中，2018年1月10日的病历明确记载“患者约1小时前从高约4米处摔落，摔伤右胸部、右髋部”，2019年3月15日的病历明确记载“患者约5小时前干活时从高约3米处摔落，伤及头部、左肘、右膝”。

同时，韩雷雷提交的2019年9月2日在谷山区红十字医院的病历，明确记载“2019年9月2日下午15：00左右不慎从高约3米处坠落，伤后自觉头痛、头晕”。

从以上病历可以看出，韩雷雷在不到两年的时间里，先后三次从高处摔落受伤。作为从事封院等建筑施工的劳务人员，本应对自身及他人安全尽到较高的注意义务。韩雷雷自身的安全意识较为淡薄，对自身的人身安全，显然没有尽到相应的注意义务。

第二，韩雷雷自认，当时其踩踏胡浩浩家的石棉瓦顶棚，不料石棉瓦碎裂，以致坠落。经法院到施工现场勘验，韩雷雷等在封院部位四周搭建了脚手架，石棉瓦顶棚在脚手架外边约1.2米处。而且，经法院向其他施工人员韩永正、韩永义、韩永富了解，封院施工本身并不必需踩踏石棉瓦顶棚。韩雷雷对其为何踩踏石棉瓦顶棚也没有做出合理的、必要的解释说明。

第三，作为接受劳务一方，胡浩浩应当对韩雷雷等人进行监督、管理。韩雷雷、胡浩浩及其他施工人员一致认可，在施工时，胡浩浩并没有在现场，更没有对韩雷雷等人的施工活动进行监督、管理。在韩雷雷踩踏石棉瓦顶棚时，胡浩浩没有及时制止。因此，作为接受劳务一方，雇主胡浩浩也没有尽到监督、管理义务，存在一定的过错。

综合以上三个方面的分析，法院认定，韩雷雷对其受伤存在重大过失，应承担主要责任。胡浩浩未尽到监督、管理义务，应对韩雷雷受伤承担相应的过错责任。由此，法院认定，对韩雷雷因此次摔落受伤造成的损失，韩雷雷承担 90% 的责任，胡浩浩承担 10% 的责任。

（三）被扶养人生活费是否合理

根据《民法典》《最高人民法院关于审理人身损害赔偿案件适用法律若干问题的解释》（2020 年修正）的规定，因侵权受到人身损失的赔偿范围有医疗费、住院伙食补助费、营养费、后续治疗费、护理费、交通费、鉴定费、残疾赔偿金、残疾辅助器具费、丧葬费、误工费、被扶养人生活费、精神损害抚慰金。

本案中，韩雷雷因摔伤住院治疗，经鉴定构成十级伤残，对韩雷雷主张的各项损失中，双方争议较大的是周小花是否丧失劳动能力？应否支付其生活费？

《最高人民法院关于审理人身损害赔偿案件适用法律若干问题的解释》（2020 年修正）第 17 条规定，被扶养人是指受害人依法应当承担扶养义务的未成年人或者丧失劳动能力又无其他生活来源的成年近亲属，被扶养人还有其他扶养人的，赔偿义务人只赔偿受害人依法应当负担的部分。

庭审中，韩雷雷提交了周小花的诊断书、病历，该证据显示周小花自 2015 年 6 月 1 日被诊断患有精神强迫，后多次因此就医，并长期服药。法院经到胡庄村村民委员会调查，了解到周小花属该村村民，在村里有口粮田，没有其他收入来源，但很少出门，没有看见过周小花耕种土地、精神状态不好等。通过审查以上证据，法院认为周小花虽然年龄未满 60 周岁，但因患有抑郁，无法参加劳动生产活动，视为丧失劳动能力。周小花系韩雷雷之妻，与韩雷雷育有一子一女，子女均已成年。韩雷雷及其子女三人对周小花均有扶养义务。韩雷雷应当负担周小花三分之一的生活费。

知识拓展

在个人之间劳务关系中，雇员因劳务自己受到损害或者致使他人受到损害，应该由谁承担责任呢？

在此需要明确的是，相关损害的发生是因劳务而产生的，并不包含劳务关系中，雇员受到的所有的损害或者致使他人受到的所有损害。原《最高人民法院关于审理人身损害赔偿案件适用法律若干问题的解释》（法释〔2003〕20号）第9条第2款规定，“从事雇佣活动”是指从事雇主授权或者指示范围内的生产经营活动或者其他劳务活动，雇员的行为超出授权范围，但其表现形式是履行职务或者与履行职务有内在联系的，也应当认定为“从事雇佣活动”。借鉴上述规定，在判断损害是否为“因劳务”发生时，一般既要考虑雇员接受雇主授权或指示的主观意思，也要考虑雇员的行为客观表现形式上与雇佣行为具有内在联系。由此主客观相结合，合理地认定雇员行为是否属从事雇佣活动、属“因劳务”范畴。

（一）雇员自己受到损害

在个人之间劳务关系中，雇员在从事雇佣活动中遭受人身损害，根据《民法典》第1192条第1款的规定，根据双方各自的过错承担相应的责任。也就是说，在个人之间的劳务关系中，雇员自己受到人身损害的，雇主与雇员按照各自的过错承担相应的责任，即适用一般过错责任原则。对于雇员受到的损害，雇主、雇员只有在主观上有过错的情况下，才承担民事责任；没有过错，就不承担民事责任，无过错，即无责任。雇主、雇员各自的过错程度与所应承担责任的大小相一致，过错程度越大，那么承担的责任也越重，承担的责任比例也越大。根据《民法典》第1192条第2款规定，提供劳务期间，因第三人的行为造成雇员损害的，雇员有权请求第三人承担侵权责任，也有权请求雇主给予补偿。雇主补偿后，可以向第三人追偿。在此情况下，雇主对雇员所受到的损害，并无过错，并不应当承担侵权责任，但可给予适当的补偿。

比如，本案中，对韩雷雷受到的损失，提供劳务者韩雷雷自己存在重大过失，接受劳务者胡浩浩也存在一定的过错。综合考虑各自的过错程度，最终确定二者分别承担相应的责任，即韩雷雷承担 90% 的责任，胡浩浩承担 10% 的责任。

再如，张三新建二层楼房，雇佣李四搭建脚手架，雇佣王五粉刷墙壁。李四搭建脚手架后离开，张三将王五带到施工现场，交代完具体工作后离开。王五在施工时，就发现脚手架不够稳固，上下几次后，发现没事，就放松了警惕，后来王五粉刷第二遍油漆时，从脚手架上摔下受伤。治愈后，王五要求张三、李四赔偿其全部损失，因三人未能协商一致，王五起诉到法院。经过审理，法院确认，王五系专业油漆工，应具备必要的安全常识，在明知脚手架晃动不稳的情况下，仍继续使用，放任了损害的发生；李四搭建的脚手架不够稳固，不符合安全标准，是王五摔落受伤的原因之一；张三作为接受劳务一方，将不符合安全标准的脚手架投入使用，没有尽到安全保障义务。三人对损害均有过错。综合考虑后，法院认定，对王五受到的合理损失，张三、李四各承担 35% 的责任，王五自己承担 30% 的责任。①

（二）雇员致使他人受到损害

在个人之间劳务关系中，雇员在从事雇佣活动中致使他人受到损害，根据《民法典》第 1192 条第 1 款的规定，由接受劳务一方即雇主承担责任。雇主承担侵权责任后，可以向有故意或者重大过失的雇员追偿。不论雇主自身对损害有无过错，即适用无过错责任原则。

实质上，雇主承担的无过错责任，是一种替代责任，是替雇员承担责任。雇员是雇主手臂的延伸，雇员的行为是雇主权利的扩张，雇员的行为由此被

① 详见（2016）京 0117 民初 51 号民事判决书。

看作雇主自己的行为。[①] 同时，雇主是雇员劳务的受益者。按照利益、风险、责任相一致原则，雇员从事劳务活动产生的风险、责任也应由雇主承担。当然，此时雇主承担责任的前提是雇员对他人受到的损害依法应当承担侵权责任。需要注意的是，在内部关系中，如果雇员有故意、重大过失的，雇主承担责任后，可依法另行向雇员追偿。

例如，王大侠雇佣王小二作为司机，从事货运工作。王小二在开车过程中，与行人李小三相撞，发生交通事故，李小三受伤。经交通队认定，王小二对此次交通事故负全部责任。对于李小三的合理损失，应由王小二的雇主王大侠来承担。如果王小二对此次事故存在故意或重大过失，比如醉酒驾车，则雇员王小二应与雇主王大侠一起承担连带责任。

需要注意的是，《民法典》第1192条第1款的规定仅仅适用于个人之间的劳务关系，即自然人之间的劳务，雇主与雇员双方均为自然人。只有两个自然人之间形成的劳务关系中，提供劳务者造成他人损害或者提供劳务者自己受到损害发生的责任纠纷，才能适用该条款。如果任何一方是法人单位或其他组织，则不能适用《民法典》第1192条第1款的规定。如果雇主不是自然人，比如是合伙组织、有限公司等单位，则适用《民法典》第1191条关于用人单位责任的规定处理。

普法提示

随着市场经济的快速发展，劳动分工越来越细化，劳动用工的市场需求也越来越多样化，个人与个人之间提供劳务、接受劳务的活动也逐渐增多。特别是在农村地区，因翻建、改建、修缮、装修房屋及院落的需求增多，雇佣乡邻等闲置劳动力的需求也随之增多，因提供劳务者致害或受害的责任纠纷也大幅增多。

---

① 《中华人民共和国民法典侵权责任编理解与适用》，人民法院出版社2020年版，第248页。

在个人之间劳务关系中，虽然没有明确的行业规范，但是依据《民法典》相关规定，一般来说，雇主、雇员各自负有相应的义务，在劳务活动中，如果没有尽到这些义务，那么一旦发生安全事故，则应承担相应的过错责任。

雇主即接受劳务者，顾名思义，是劳务活动的需要者、发起者、受益者。雇员依照雇主的授权、指示从事生产经营劳动或其他劳动活动，雇员的劳动成果由雇主享有。通常，雇主组织、管理多位雇员一起从事劳务活动，并提供劳务活动场地、基础设施等必要的、合理的物质保障。由此，雇主在某种程度上应该、也能够控制、防范劳务安全事故的发生。从社会利益平衡原则来考虑，一般而言，雇员在从事劳务过程中，雇主应负有更多、更重的安全注意和劳动保护义务。

特别说明的是，雇主对雇员的选任一般掌握主动权，对雇员自身是否具备相应的专业技能、从业经验、业务资质等，也负有审查义务。比如，雇佣货车司机，雇主应该审查雇员是否具备相应的驾驶资格、驾龄等，并应提供符合安全驾驶标准的车辆。

对于雇员，首先，应具备与所从事劳务的相应专业技能、从业经验，在接受劳务者询问时，应实事求是，不可夸大其词。其次，在从事劳务活动过程中，对自己及他人的人身、财产安全也应尽到合理的注意义务，特别是从事建筑高空作业劳务时，做好佩戴安全帽、安全手套等防护措施。最后，雇员也有要求雇主提供安全保障的权利，如果雇主没有提供基本的安全保障，雇员有权利、有义务向雇主明确提出。例如，在驾驶过程中，雇员发现刹车失灵，应及时报告雇主，要求雇主维修。同时，雇员也应该采取积极措施避免发生事故，不能听之任之，放任事故或损失发生。

此外，对于从事建筑行业、其他高空作业等危险系数比较高的雇主或者雇员，在尽量避免出现事故的同时，最好考虑根据具体的风险程度、经济条件等因素购买保险，一旦发生安全事故，造成损害，可以在一定程度上分散风险。雇主可以给自己购买相关的责任保险，也可以给雇员购买人身意外伤害保险，雇员也可以为自己购买人身意外伤害保险。

案例三

第三者致劳务者受伤谁承担民事赔偿责任

——解析《民法典》第1192条

胡适兰[①]

案情回顾

（一）伐木工工作中被意外掉落树杈砸伤

光头史受雇于陈大大和魏晓晓，为二人提供伐木劳务。2021年1月初，光头史在树林伐木时，因吊车驾驶员朱朱碰掉树杈砸伤头部，后经医治无效死亡。光头史的子女史龙龙和史熊熊于2021年1月初以机动车交通事故责任纠纷为由将朱朱及保险公司诉至法院，要求朱朱及保险公司在保险范围内赔偿各项经济损失，法院经一、二审裁判后，现已生效。后2021年2月史龙龙和史熊熊又以提供劳务者受害责任纠纷为由将陈大大和魏晓晓诉至法院，要求二人承当相应的雇主责任。

（二）各方观点

史龙龙和史熊熊的诉讼请求为，要求陈大大和魏晓晓连带赔偿史龙龙和史熊熊处理丧葬事宜的丧葬费、死亡赔偿金、被扶养人生活费、精神损害抚慰金、误工费、交通费60余万元。

关于陈大大、魏晓晓与光头史之间的关系，陈大大称其与魏晓晓是合作关系，挣的钱二人平均分配，出了事二人共同负责，当时是光头史找的其和魏晓晓，为二人提供伐木的劳务；魏晓晓称其与陈大大只是短期合作，挣了钱二人按照约定分配，以前出了事是各管各的，光头史是陈大大的工人，光

① 北京市平谷区人民法院金海湖法庭法官助理。

头史的吃住和工资发放都归陈大大负责。史龙龙、史熊熊称陈大大和魏晓晓是合伙关系，二人共同雇佣的光头史。

一审法院认为，雇员在从事雇佣活动中遭受人身损害，雇主应当承担赔偿责任。雇佣关系以外的第三人造成雇员人身损害的，赔偿权利人可以请求第三人承担赔偿责任，也可以请求雇主承担补偿责任。雇主承担补偿责任后，可以向第三人追偿。侵害他人造成人身损害的，应当赔偿医疗费、护理费、交通费等为治疗和康复支出的合理费用，以及因误工减少的收入。造成死亡的，还应当赔偿丧葬费和死亡赔偿金。且个人之间形成劳务关系，提供劳务一方因劳务自己受到损害的，根据双方各自的过错承担相应的责任。本案中，根据双方的陈述，可以确定陈大大、魏晓晓均为受害人光头史的雇主，光头史在从事雇佣活动中因第三人的行为导致死亡，陈大大、魏晓晓作为雇主对光头史所遭受的人身损害负有赔偿责任；陈大大、魏晓晓在光头史提供劳务过程中未能提供安全防护措施，主观上存在重大过失，应当承担主要责任；同时，光头史本人在提供劳务过程中亦未能尽到合理的注意义务，主观上亦存在过失，应当承担次要责任。关于陈大大、魏晓晓的责任承担比例，法院根据双方的过错程度酌情确定为70%。

二审法院认为，雇员是受雇于雇主为雇主完成一定工作的，雇主应当为雇员提供适于服务的劳动条件，实行劳动保护，改善工作环境，因而雇主责任为无过错责任。雇佣关系以外的第三人侵权行为造成的雇员人身损害，直接侵权人固然应当承担侵权赔偿责任，但雇主基于对雇员的人身安全负有保护责任，雇员在为其工作中受到伤害，雇主亦应承担相应的补偿责任。

综上，本案的主要争议焦点为陈大大、魏晓晓应否对光头史所遭受的人身损害负有赔偿责任。准确地说，即在朱朱已经承担了其应负担的责任后，陈大大、魏晓晓是否还应承担民事责任？若需承担，如何承担？

法理分析

根据《民法典》第1192条的规定，雇员在从事雇佣活动中遭受人身损害，雇主和雇员应当根据双方的过错承担相应的责任。雇佣关系以外的第三人造成雇员人身损害的，赔偿权利人可以请求第三人承担赔偿责任，也可以请求雇主承担补偿责任。雇主承担补偿责任后，可以向第三人追偿。第 1175 条规定，损害是因第三人造成的，第三人应当承担侵权责任。第 1186 条规定，受害人和行为人对损害的发生均没有过错的，依照法律的规定由双方分担损失。雇员是受雇于雇主为雇主完成一定工作的，雇主应当为雇员提供适于服务的劳动条件，实行劳动保护，改善工作环境，因而雇主责任为过错责任。雇佣关系以外的第三人侵权行为造成的雇员人身损害，直接侵权人固然应当承担侵权赔偿责任，但雇主基于对雇员的人身安全负有保护责任，雇员在为其工作中受到伤害，雇主亦应依据其过错程度承担相应赔偿责任，若雇主及雇员均无过错，雇主应承担补偿责任，补偿后可以向第三人追偿。换句话说，雇主和第三人均应承担责任，但二者承担责任的原因、范围是不同的。受害人既可以基于第三人的侵权行为向其主张权利，也可以基于雇员同雇主之间的雇佣关系向雇主主张权利，并且这两个请求权是分别独立的。侵权第三人和雇主向受害人所负的赔偿责任，其内容均指向雇员所受损害，第三人作为直接的侵权行为人对其侵权行为承担最终的责任，雇主在履行了补偿责任后，可以向第三人追偿，而雇主此时追偿的系属于第三人的责任范围，雇主对雇员的人身安全负有保护责任部分除外。同样，在第三人向受害人承担赔偿责任后，在未能涵盖受害人损失的范围内，雇员亦能向雇主主张雇主所应承担的人身安全保护责任。

本案中，光头史受雇于陈大大、魏晓晓，为其提供伐木劳务。光头史在受雇伐木时，被朱朱驾驶的吊车碰掉的树杈砸伤头部后经医治无效死亡。法院的生效民事判决确认史龙龙、史熊熊因此事故造成的合理损失，并确认第三人承担 50% 的责任，第三人在其责任比例范围内赔偿。陈大大、魏晓晓在光头史提供劳务过程中未能提供安全防护措施，应当承担相应的赔偿责任。光头史本人在提供劳务过程中亦未能尽到合理的注意义务，一审法院、二审法院根据双方的过错程度酌定陈大大、魏晓晓承担的责任比例。

知识拓展

（一）相关法条拓展

《民法典》第 1192 条以雇主对提供劳务者在雇佣活动中遭受人身损害承担过错赔偿责任为前提，赋予提供劳务者在侵权的第三人和雇主之间进行赔偿请求的选择权，同时，也明确规定了雇主在承担补偿责任后，有向第三人进行追偿的权利。该规定一方面扩大了提供劳务者的救济途径，有利于让提供劳务者得到更充分的赔偿；另一方面也增加了雇主的安全注意义务，提醒雇主增强防范意识。该规定实务中在保障和维护受害提供劳务者权益方面产生了良好的效果。但是，在雇主尽到了应尽的安全保障义务且无其他过错的情况下，让雇主承担补偿后，雇主再向侵权第三人追偿的规定，无疑加重了雇主的负担。

《民法典》第 1175 条规定："损害是因第三人造成的，第三人应当承担侵权责任。"该规定是对第三人侵权的概括规定。内容与原《侵权责任法》第 28 条一致。《民法典》第 1186 条规定："受害人和行为人对损害的发生都没有过错的，依照法律的规定由双方分担损失。"本条系公平责任条款，将原先规定的"可以依据实际情况分担"修订为"依照法律规定分担"。第 1192 条规定："个人之间形成劳务关系，提供劳务一方因劳务造成他人损害的，由接受劳务一方承担侵权责任。接受劳务一方承担侵权责任后，可以向有故意或者重大过失的提供劳务一方追偿。提供劳务一方因劳务受到损害的，根据双方各自的过错承担相应的责任。提供劳务期间，因第三人的行为造成提供劳务一方损害的，提供劳务一方有权请求第三人承担侵权责任，也有权请求接受劳务一方给予补偿。接受劳务一方补偿后，可以向第三人追偿。"该条明确了提供劳务一方致人损害的，接受劳务一方承担责任后，可以向有故意或重大过失的提供劳务一方追偿；明确提供劳务一方因劳务受到损害的，根据双方各自的过错承担相应责任；将提供劳务期间，因第三人行为造成提供劳务一方损害时，提供劳务一方请求接受劳务一方承担侵权责任改成给予补偿，由原本的侵权责任改成了公平责任。

（二）本案涉及的其他法律问题

本案中光头史及陈大大、魏晓晓分别为光头史投保了相关保险，就此产生本案中的第三个争议焦点：保险理赔款应否在赔偿数额内予以扣除。针对第三个争议焦点，二审法院的观点为：本案中，关于四份保险理赔金额，结合史龙龙、史熊熊在一审的陈述，本院确认四份保险均为 10 万元。陈大大主张人寿保险以及一份太平洋保险是其给光头史投保的，史龙龙、史熊熊虽对此不予认可，但从双方《协议书》约定的内容可以确认陈大大、魏晓晓曾为光头史投保，史龙龙、史熊熊从保险公司获得的理赔款 40 万元中所包含的陈大大为光头史投保部分所获得理赔款 20 万元，应当在陈大大、魏晓晓的赔偿款中予以扣除。

理由如下：投保人与保险人签订保险合同的目的在于分散和转移风险，故保险自其产生之初就与损失赔偿密切相关。《保险法》第 12 条第 1 款规定："人身保险的投保人在保险合同订立时，对被保险人应当具有保险利益。"雇主对雇员的生命和身体具有保险利益，当雇员发生死亡、残疾等情况时，雇主可能要承担部分责任并赔偿损失，雇主为分散或转移风险作为投保人，以雇员为被保险人，同保险人订立人身保险合同，保险费由雇主负担或由雇主和雇员共同负担，在保险事故发生时，保险金由雇员或其家庭成员受领，雇主所应承担的损失赔偿数额应相应扣除。

可见，适当地为雇员投保相关的保险可以有效地减少雇主与雇员的风险，值得提倡。

普法提示

提供劳务者在所从事的具体劳务活动过程中人身权益被侵害时，接受劳务者承担的是法定的赔偿责任，其要件应当包括：首先，接受劳务者因为提供劳务者的劳务活动获得了利益，并向提供劳务者支付了相应的报酬，双方形成了劳务关系。基于劳务关系，提供劳务者的履职行为被接受劳务者直接控制和影响。接受劳务者既然从中受益，并对提供劳务者的具体活动进行管理和控制，那么就劳务活动中可能存在的风险，应该承担对应的责任。其次，第三人的侵权行为致使提供劳务者在劳务活动当中人身权益受到损害。最后，接受劳务者的责任来源于法律作出的特别规定，并且法律规定其承担的责任是过错责任。基于对劳动者的保护，接受劳务者对提供劳务者应当承担最低限度的安全保障义务，包括提供必要的安全保护设施和基本的安全管理措施，应承担因未能履行安全保障义务所产生的法律后果。接受劳务者未履行安全保障义务，是其行为存在过错的最低要求。法律明确规定接受劳务者在发生提供劳务者人身权益受侵害时应依据其过错程度承担相应责任，这是其承担责任的法律基础。认定提供劳务者在所从事的具体劳务活动过程中人身权益被第三人侵害时，提供劳务者应当是在劳务活动中受到人身损害，且第三人的行为应当构成侵权，接受劳务者此时承担的是法定的赔偿责任，并且法律将这种责任规定为过错责任。

也就是说，雇员在雇佣活动中因雇佣关系以外的第三人遭受人身损害，赔偿权利人基于雇佣关系和侵权行为分别对雇主和第三人享有赔偿请求权，但如何主张权利要根据第三人责任大小有所区分。如第三人应负全部责任，赔偿权利人可以请求第三人赔偿，也可以请求雇主补偿；如第三人仅需承担部分责任，赔偿权利人请求第三人承担相应赔偿责任后，仍可基于雇佣关系依据雇主与雇员双方之间的过错行使诉权，请求雇主进行相应赔偿，若雇主存在过错，雇主应承担相应的赔偿责任。

那么雇员及雇主在伤害发生前能做什么更好地保护自己呢？

（一）雇员在雇佣活动中应保护好自己

1. 及时与雇主签订合同，要求雇主按规定为自己缴纳相应的保险，提供必要的安全保障设施，并保障工作环境不存在安全隐患。

2. 工作前做好安全检查，检查雇主提供相应的安全保障设施，检查工作环境中是否存在安全隐患等。

3. 工作中时刻保持注意力集中。

（二）雇主在雇佣关系中应保护好自己

1. 及时与雇员签订相关劳务关系合同，明确劳动中的安全措施及规定，积极为雇员投保相关保险。

2. 提供必要的安全保护设施及用具，督促提醒雇员做好防护措施并进行检查，要求雇员签字确认，尽最大可能避免意外事件及损害的发生。

3. 工作中监督雇员工作状态，当雇员身体不适、注意力不集中、疲劳时，应及时提醒雇员休息。

案例四

提供劳务者因自身原因受伤的责任认定

——提供劳务者工作时因自身原因意外受伤且最终身亡，劳务关系双方各自承担责任的原则和依据

宁昀[①]

《民法典》第 1192 条规定了提供劳务者受害责任纠纷相关案件处理的基本规则，但在具体实践中，不乏提供劳务者在工作中因自身原因造成意外受伤的情况，此时接受劳务一方是否需要承担责任？怎么判断双方各自责任的大小？对此，我们选取典型案例，来讨论一下这种情况下应当如何分析事实、厘清责任、划分赔偿，以提示接受劳务方和提供劳务者应各尽其责、安全为上。

案情回顾

（一）人有旦夕祸福，刘阿荣早起出工却不慎摔伤

刘老大是一名在农村从事房屋建造工作的建筑工人，几年前与其他老乡组建了一支建筑队。按照当地惯例，刘老大任工头，负责提供建房所需的模板，负责接工程、谈价钱、收工程款和支付工资等。长期以来，在收到房主支付的工程款后，先由刘老大把模板的折旧费用扣除，然后将剩余的工程款按照建筑队内部约定和统计的工作量来给建筑队的成员分发工资。

这段时间，刘老大代表建筑队承接了给房主曾亮增建房屋第二层的工程，并安排建筑队的工人前去干活。前期工作开展很顺利，但在 2017 年 4 月 5 日这天不幸发生了一起事故。这天，刘老大安排建筑队的队员刘阿荣去拆除二楼的模板。刘阿荣 8 点左右到了曾亮家中，打算开始工作，但在走到

① 北京市平谷区人民法院民二庭员额法官。

一层楼梯处要向上走时，却不慎摔倒在楼梯上，当时就倒地不起。一起工作的小孙发现了，马上通知房主曾亮，曾亮又电话通知了当时未在工地的刘老大。刘老大匆忙从其他工地赶到现场，立刻呼叫了救护车。刘阿荣被送至当地红十字会医院检查后，又被救护车转送至罗定市人民医院抢救治疗。

（二）天有不测风云，刘阿荣未愈出院家中去世

刘阿荣伤情严重，住院期间进行了左额颞部开颅血肿清除止血及视神经管减压手术，诊断为左侧额颞部硬膜外血肿、双侧顶部硬膜下血肿、双侧额叶脑挫裂伤、继发性脑梗死、额骨开放性凹陷性骨折、颅骨、颌面骨多发骨折、颈髓损伤、肺挫伤并感染等，以及 2 型糖尿病、低蛋白血症、营养性贫血。因为各方面原因，治疗 46 天后刘阿荣虽未痊愈，但仍选择了出院，期间支出检查、治疗费用等共计 113553.38 元。出院病历记载，刘阿荣出院时存在神志模糊、停留胃管进食、停留尿管引尿、思维等检查不配合、直接间接对光反射均消失、痛触觉检查不配合等情况。出院医嘱要求其继续颈围制动 2 个月，避免剧烈运动，定期复查等。

刘阿荣出院后卧床在家不能自理，于 2017 年 9 月 13 日在家中死亡。死亡推断证明记载，推断刘阿荣的死亡原因为颅脑损伤、左侧额颞部硬膜外血肿，其遗体于去世次日在殡仪馆火化。

（三）月有阴晴圆缺，亲人要求赔偿诉至法院

刘阿荣去世后，其妻子李芳和三个孩子刘晓一、刘晓二、刘晓三将刘老大和房东曾亮诉至法院。原告方认为，曾亮聘请无建筑施工资质的刘老大等人施工，刘阿荣受雇为刘老大、曾亮提供劳务，在提供劳务期间受伤并导致最终死亡，刘阿荣自身虽有过错，但不应自负全部责任，二被告应承担 40% 的连带赔偿责任，故要求二被告连带赔偿医疗费、住院伙食补助费、死亡赔偿金、精神损害抚慰金、丧葬费等各项经济损失共计 172572.2 元。

刘老大辩称：刘阿荣是在一楼的楼梯上受伤，而不是在二楼施工现场受伤，且刘阿荣是出院后于家中去世。故刘老大对刘阿荣的死亡没有责任，不

同意赔偿。

曾亮未答辩。

（四）岂能尽如人意，法院判决亡者自负主责

法院经审理认为，刘阿荣前往工作场所准备开展的工作是拆卸模板，而这些模板是由刘老大提供用于建房，且刘老大单独就提供模板计算费用，故刘阿荣当时准备提供劳务的直接受益者是刘老大。此外，刘老大是其组合建筑队的工头，刘阿荣开展工作受到刘老大的安排、支配，其工资也由刘老大发放，故刘老大即为接受劳务的一方。

本案中，刘阿荣在前往工作场所的过程中跌倒，没有证据显示存在第三人加害的情形，故属于提供劳务一方因劳务自己受到损害的情形，依法由其与接受劳务一方根据各自的过错承担相应的责任。根据最先发现刘阿荣摔倒的工人小孙的陈述，刘阿荣是在一楼上楼梯的第一级跌倒、面向下、身体直线、两手向前直扑在楼梯、头部在第四个楼梯级上，故可推定刘阿荣是在上楼梯过程中不慎失足自行跌倒，尚未进入工作场所开展工作。此外，结合刘阿荣自身患有 2 型糖尿病、低蛋白血症、营养性贫血疾病的情况，法院认定刘阿荣对自身跌倒受伤并不治身亡的后果承担 80% 的主要责任。而刘阿荣从事的农村建房工作系重体力劳动，甚至涉及高空作业，作为接受劳务一方的刘老大理应对提供劳务的人员是否适宜开展工作进行必要的审查。刘阿荣本身患有疾病，刘老大未予审查就接受其提供劳务，并在工作过程中安排、支配刘阿荣开展工作，故刘老大应对刘阿荣跌倒受伤并不治身亡的后果承担 20% 的次要责任。此外，刘老大的建筑队并不具备承建建筑的资质，作为发包人、定作人的曾亮没有对建筑队的资质进行审查，系在选任上存在过错，故应对刘阿荣受伤以及最终死亡的后果与刘老大承担连带责任。综上，法院判决刘老大于判决生效后 10 日内赔偿四原告各项经济损失共计 86086.1 元，曾亮对上述款项承担连带赔偿责任。

判决后，双方当事人均未上诉。

那么，法院判决认定建筑队的刘阿荣与刘老大之间系提供劳务者与接受

劳务者的依据是什么呢？为什么刘阿荣自己摔倒乃至死亡后刘老大需要承担赔偿责任呢？这后面有何法律依据？

法理分析

（一）首先应确认劳务关系的双方当事人

要确定谁承担责任、怎么承担责任，首先要解决关于刘阿荣是向谁提供劳务的问题。

劳务关系的一般意义上理解，就是指当事人之间通过口头或书面形式订立雇佣合同，而形成的一方提供劳动，另一方支付报酬的法律关系。在法律实务中，判断双方之间是否构成提供劳务与接受劳务的关系，通常可参考如下几点：1. 双方在提供劳务过程中是否存在指挥与被指挥、监督与被监督的关系；2. 劳务活动所需的工作环境、工作条件、工具等的提供方；3. 有关工作报酬的商谈、支付方及确定方式等。

故而，根据刘老大在工程队中作为工头、指挥者、结账人等身份角色和事务内容，以及刘阿荣接受刘老大指派完成工作、领取报酬等实际情况，可认定双方之间存在劳务关系。

（二）“提供劳务一方因劳务受到损害的”归责原则

刘阿荣与刘老大属于个人之间形成的劳务关系。《民法典》第 1192 条第 1 款规定：“个人之间形成劳务关系，提供劳务一方因劳务造成他人损害的，由接受劳务一方承担侵权责任。接受劳务一方承担侵权责任后，可以向有故意或者重大过失的提供劳务一方追偿。提供劳务一方因劳务受到损害的，根据双方各自的过错承担相应的责任。”

显然，上文所述的刘阿荣的案例属于法条中所指“提供劳务一方因劳务受到损害的，根据双方各自的过错承担相应的责任”的情形。该条款系针对个人因劳务导致自己受到伤害时的责任主体的规定，有两层含义：一是提供劳务者系因从事劳务工作而受损，故接受劳务方应当对提供劳务者所受损害承担赔偿责任；二是提供劳务者在从事劳务工作时自身存在过错，且过错与损害后果的发生具有关联性，此时应适用过失相抵原则。故此，在提供劳务一方自身存在过错的情况下，应当综合考量提供劳务者与接受劳务者双方各自的情况，确保承担的责任大小与当事人的行为后果相统一，以保障公平正义。

一般而言，如果提供劳务一方因故意或重大过失致使自己受到伤害，那么可以免除或减轻接受劳务一方的赔偿责任；如果提供劳务一方只是存在一般过失，则不减轻接受劳务一方的赔偿责任。但为防止利益失衡，提供劳务一方的过失不能与接受劳务一方过失全部相抵，除非有确凿证据证明系提供劳务一方故意自伤自杀行为，接受劳务一方不得免责。①

在刘阿荣的案例中，法院首先通过分析刘阿荣摔伤的时间、地点、摔倒方式和具体伤情等因素，排除了刘阿荣的摔伤系第三人导致的可能性，认定刘阿荣系在前往二楼工作场所的过程中，自行在一楼楼梯上跌倒，故可明确本案应适用的法律为《民法典》第 1192 条第 1 款。随后，通过具体分析刘阿荣一方与刘老大一方各自存在的过错，结合过错的大小、过错与损害后果的关联性密切程度等因素，可以分别确定劳务关系双方各自应负担的责任比例。

（三）关于发包人、定作人的连带责任

本案例中，法院认为房主曾亮作为二层房屋建设工程的发包人、定作人，选择不具备施工资质的刘老大建筑队施工，存在选任过失，故应与刘老大承担连带赔偿责任，其主要法律依据为《民法典》第 1193 条。该条规定："承揽人在完成工作过程中造成第三人损害或者自己损害的，定作人不承担侵权责任。但是，定作人对定作、指示或者选任有过错的，应当承担相应的责任。"

① 《〈中华人民共和国侵权责任法〉条文理解与适用》，人民法院出版社 2010 年版，第 259 页。

但应指出，法院在该判决中未明确说明认定房主曾亮为定作人的理由和事实依据。关于农村建房问题，在《最高人民法院关于审理人身损害赔偿案件适用法律若干问题的解释》2020 年修改前，实务中也会适用该解释第 11 条第 2 款规定[①]，以房主作为发包人，以建筑施工方为承包人（经常为个人承包），同时结合该施工建筑的实际情况（如楼层数、建筑物高度、建设标准等）和当地司法实践中的认定标准等因素，从而对发包人是否对承包人的必要施工资质或必要的安全生产条件进行审查；如确未尽到必要审查义务，则房主应承担连带责任。2020 年 12 月 23 日最高人民法院审判委员通过了对上述司法解释进行修改的决定，原司法解释第 11 条已被删除。故此，应依照主体和法律关系的具体情形，从现行的《民法典》第 793 条、第 1191 条、第 1192 条、第 1193 条中选择符合情况的法条加以适用。

知识拓展

通过上面的说明，现在我们对刘阿荣案例中法院判决的依据以及各方承担责任的原因有了一个大概的认识。相信大家也注意到了，本案中原告方在起诉时主张被告方承担 40% 的赔偿责任，最终法院通过分析各方当事人存在的过错，认定刘阿荣自身具有重大和主要的过错，应减轻刘老大一方的责任，最终判决刘老大承担 20% 的赔偿责任，这又是为什么呢？那么，接下来就让我们进一步了解一下过失相抵规则，结合案情探讨责任比例划分问题。

所谓过失相抵，是指当受害人对于损害的发生或者损害结果的扩大具有过错时，依法减轻或者免除赔偿义务人的损害赔偿责任，从而公平合理地分配损害的一种制度。[②]

---

① 《最高人民法院关于审理人身损害赔偿案件适用法律若干问题的解释》（法释〔2003〕20 号）第 11 条第 2 款：雇员在从事雇佣活动中因安全生产事故遭受人身损害，发包人、分包人知道或者应当知道接受发包或者分包业务的雇主没有相应资质或者安全生产条件的，应当与雇主承担连带赔偿责任。

② 史尚宽：《债法总论》，中国政法大学出版社 2000 年版，第 303 页。

过失相抵规则在古罗马法时期已初具雏形，在欧洲法典化时期正式确立了相关制度，在现代侵权法中则体现了公平正义、司法衡平和诚实信用的理念。作为一项损害赔偿法上的重要制度，过失相抵规则的效力主要体现在三个层面：第一，对侵权人/赔偿义务人而言，其损害赔偿责任的减轻或者免除；第二，对被侵权人/请求赔偿人而言，其损害赔偿请求权在实体上受到了一定限制，丧失了一部分甚至于全部的损害赔偿请求权；第三，对法院而言，法官作为裁判者应当依据特定的标准在当事人之间公平分配损害结果，确定责任的承担。[①]

适用过失相抵规则时应当满足一定的条件，主要有：

第一，被侵权人（本案例中指提供劳务者刘阿荣）有过失。此处的过失，是指民法上所指的行为人对被侵权人应负的注意义务的疏忽或懈怠。也就是说，被侵权人违反了对自己权益的注意义务，故而基于法律公平的精神与诚实信用原则的要求，使侵权人或赔偿义务人（本案例中的接受劳务者刘老大）不去承担那部分因被侵权人自身原因造成损害的责任。比如本案中，刘阿荣的摔倒并非他人推搡所致，而是其本人在行走过程中未施以注意进而不慎摔倒，这就属于刘阿荣自身的过失。

第二，被侵权人过失的认定标准一般采用客观标准，也就是说，过失系对“注意义务”的违反。具体而言，是指一个行为人具备符合社会大众所通常认知的与其年龄、职业、社会活动相符的知识能力，在合理、谨慎的状态下能够对其自身利益尽合理注意义务，从而避免可预见的损害结果发生。未能做到，则存在过失。本案中，刘阿荣系一个具有正常认知能力和一定劳动能力的成年人，且具有从事农村建筑工作的经验，在提供劳务的过程中，应对自身工作的特点和风险点有所了解，尽量避免因本人的疏忽大意造成损伤。

第三，被侵权人的行为是损害发生或扩大的共同原因。这要求行为与损

---

① 《〈中华人民共和国侵权责任法〉条文理解与适用》，人民法院出版社 2010 年版，第 196 页。

害后果的发生之间具有因果关系，且要求判断赔偿义务人的责任的损害与被侵权人过失造成的损害具有同一性。本案例中，刘阿荣自身患有糖尿病、低蛋白血症、营养性贫血等基础性疾病且在工作中未尽到注意自身的安全义务，刘老大作为接受劳务的一方未对刘阿荣身体健康状况进行审查而直接指派其从事农村建房相关工作，最终，刘阿荣自身疏忽大意的过错与刘老大接受劳务和指派工作中存在瑕疵等因素相结合，共同导致了刘阿荣受伤乃至最终死亡的损害后果。

整体而言，如何在法律实务中对当事人过失进行判断是一个具体的、动态的过程，没有直接依据的格式标准或指向的具体参照量化数据，而是由审理实际案件的法官根据具体情况，考虑各项相关因素作出综合判断。故而，法院应居中考量各方过错情况，当事人之间公平分配损害结果，以实现法律的衡平与实质的公平正义。

普法提示

受经济发展情况所限，目前在农村地区，提供劳务受害者责任纠纷案件的数量较多。大量劳务活动系通过同乡、亲友互相介绍进行，多为小包工头与自己相熟或他人推荐的工人共同组成临时施工队，存在劳务承包规模小而分散，人员流动性大，准入门槛低，安全措施少，风险意识不强等问题。对此，为保障劳务工作顺利进行，尽量降低法律风险，我们从以下几个方面提出建议：

（一）提供劳务者要明确雇佣主体，提高安全意识

在农村地区存在大量短期劳务活动，个案中还存在转包、帮工、承揽等情况。因此，建议提供劳务者应首先了解自己提供劳务对象的基本情况，比如姓名、身份、常住地址、联系方式等，尽量签订书面的雇佣协议，明确工作内容、报酬和双方权利义务，并在工作中注意保留用工证据。同时，提供劳务者要对自己的身体健康状况和劳动能力有一个清醒的认识，工作中量力

而行，尤其对可能存在风险的工作要遵守安全纪律、学习安全知识、做到规范操作。

（二）接受个人劳务者要提高风险防范和安全保障意识

在雇佣个人劳务者时，应对劳务者的身体健康情况、工作经验、职业技能等方面进行岗位适配评估，签订书面合同明确各方权利义务，做好安全培训，健全完善安全保障措施，并通过为购买商业保险如意外险等方法来分散风险、减小损失。

（三）加强教育引导，强化法律支持

相关行政主管部门可定期开展安全教育和安全检查，引导用工者和提供劳务人员通过商业保险机制防范风险。法律援助机构可在人民调解、社会调解以及诉讼过程中提供法律咨询。法院可通过调查研究典型案例、宣传调研成果等方式，为接受劳务者和提供劳务者提供案例指引和法律指导。

案例五

雇员提供劳务受伤后擅自扩大的损失谁担责

——解析受害人故意扩大损失的责任负担

张琳琳[①]

雇佣用工在现实生活中被广泛运用，雇主责任案件也因此大量涌现出来，其中不少案件属于雇员在从事雇佣活动中遭受人身损害的类型。根据我国现行法律规定，在该种法律关系调整下，提供劳务一方受伤时是可以要求接受劳务的一方予以赔偿的，即雇员可要求雇主赔偿。那么，雇主在雇员受伤后多大范围内承担赔偿责任呢？如果雇员受伤后擅自扩大既有损失，这部分责任，雇主是否有义务承担赔偿责任呢？本文的案例就围绕这一问题展开探讨。

案情回顾

2019 年 5 月 22 日 14 时 30 分许，受张强雇佣，周伟驾驶金刚农用运输车到北京市平谷区美丽村废旧工厂拉废料，其装好废料行驶一段路程后，周伟发现自己的车后斗围挡没有关上，即自行下车去关车后斗围挡，此时从车上掉下一块废料石头砸在周伟右脚上，后周伟被送到北京市红十字会急诊抢救中心治疗，被诊断为：右足第 3、4、5 足趾末节开放性骨折，住院 6 天，做脚趾截肢手术后，周伟又在该院的康复科住院治疗 18 天。因双方对周伟出院后的医疗费及其他费用未达成协议，故周伟诉至本院，要求张强赔偿医疗费、护理费、营养费、住院伙食补助费、误工费、交通费、残疾赔偿金、精神损害抚慰金及鉴定费共计 298730.54 元。

张强称，事故发生时，是周伟自己忘记关车后斗围挡，在停车关围挡时自己不小心砸到了脚，所以周伟对事故发生应承担主要责任；周伟在医院治

① 北京市平谷区人民法院民事审判二庭法官助理。

疗 14 天后，2019 年 6 月 4 日，医生建议周伟可以出院，但其强烈要求继续住院治疗，其又在医院继续住院 10 天，故对该部分医疗费用，不同意承担赔偿责任。张强提供了周伟的病历予以证明（载有 2019 年 6 月 4 日，医生建议周伟出院，周伟强烈要求继续住院观察的内容）。

一审法院在查明事实基础上认为，根据法律规定，雇员在从事雇佣活动中遭受人身损害，雇主应当承担赔偿责任。但提供劳务一方因劳务自己受到损害的，根据双方各自的过错承担相应的责任。从发生事故的责任分析，周伟作为完全行为能力人，其发现自己的车后斗围挡没有关上时，下车去关车后斗围挡，该过程中，由于自己的疏忽导致车内废料石块掉下将周伟砸伤，周伟没有注意自身安全，亦应承担次要责任，结合其过错程度，周伟承担 10% 的民事责任，张强承担 90% 的民事赔偿责任。

关于周伟主张的医疗费、住院伙食补助费、营养费、精神损害抚慰金及鉴定费，与事实相符，且数额并无不当，法院认可了上述数额。关于周伟主张的误工费、护理费、交通费，张强对此否认，且周伟未提供相应的行业标准。这部分费用法院根据周伟的鉴定文书的三期日期、住院治疗的情况及北京市农村居民收支情况等因素进行了酌定，并核实了残疾赔偿金。

根据我国法律规定，受害人对同一损害的发生或者扩大有故意、过失的，可以减轻或者免除赔偿义务人的赔偿责任。2019 年 6 月 4 日，医院建议周伟出院，但周伟强烈要求继续住院观察，属于故意扩大既有损失，应免除张强对该部分损失的赔偿责任。故对于 2019 年 6 月 4 日之后，周伟住院 10 天的医疗费、住院伙食补助费、营养费、误工费、交通费部分，由周伟自行负担。

一审法院依照原《侵权责任法》第 27 条、第 35 条，《最高人民法院关于审理人身损害赔偿案件适用法律若干问题的解释》（以下简称《人身损害赔偿解释》）第 2 条、第 9 条、第 11 条、第 17 条的规定，判决张强赔偿周伟医疗费、误工费、护理费、营养费、住院伙食补助费、交通费、残疾赔偿金、精神损害抚慰金共计 184833 元。

一审判决作出后，周伟不服，提出上诉。二审法院判决驳回上诉，维持一审判决。

法理分析

（一）双方当事人之间的法律关系分析

本案中，周伟受张强雇佣从事一定劳动，属于提供劳务的一方，即雇员。张强雇佣周伟进行劳动，属于接受劳务的一方，即雇主。双方之间形成的是雇佣法律关系。

判断雇佣关系是否存在，应从形式要件和实质要件两个方面来看。从形式要件方面，要看双方是否签订了雇佣合同，看劳动力与报酬是否成为交易对价。但日常生活中，当事人之间签订雇佣合同的极少，如本案中周伟与张强就未签订书面雇佣合同，所以需要结合实质要件来判断。首先，要看双方的权利义务内容是否为一方提供劳务，另一方支付报酬。其次，要看雇员与雇主之间是否存在隶属关系。雇员在完成工作时听命于雇主，服从雇主的监督指导。最后，雇员应为雇主所选任。若受雇人未经授权选任次受雇人，则雇主不负赔偿责任，由受雇人自行负责。

（二）雇主责任的归责原则

雇佣关系主要受民法调整，包括《民法典》及相应的司法解释规定。根据上述法律规定，雇佣关系中的侵权行为主要分为以下三种类型：一是雇员在从事雇佣活动中致人损害，主要适用《民法典》第 1191 条、第 1192 条；二是雇员在从事雇佣活动中遭受人身损害，主要适用《民法典》第 1192 条；三是雇佣关系以外的第三人造成雇员人身损害，主要适用《民法典》第 1192 条。本案属于第二种类型，按照法律规定，雇员在从事雇佣活动中遭受人身损害，雇主应当承担赔偿责任，也就是雇主责任。该条款对雇主责任采用无过错责任原则。

无过错责任原则，是不把加害人的过错作为民事责任的构成要件，只要法律规定应该承担责任，就应对损害结果承担责任。该原则主要体现在《民法典》第 1166 条。无过错责任原则和其免责事由的适用需有法律的明文规定，不得任意扩大或缩小适用范围。

2003 年 12 月最高人民法院公布的《人身损害赔偿解释》第 11 条规定，“雇员在从事雇佣活动中遭受人身损害，雇主应当承担责任”，首次以司法解释的形式规定了雇主的无过错责任，为雇主对雇员在雇佣活动中所受的伤害赔偿提供了法律依据。该原则的确立，有利于加强雇主的风险意识，最大限度地减少损害的发生。此外，当雇员为雇主带来效益后，雇主应当承担雇佣活动中产生的风险，除非雇员存在故意或者重大过失，该风险不得转移到雇员身上，否则有悖平衡弱势群体利益的制度设计初衷。

在本案中，周伟受张强的雇佣，在为张强提供劳务过程中受伤，无论张强是否有过错，周伟均可向张强主张赔偿责任。

（三）雇员擅自扩大的损失负担

虽然雇主责任中一般采取无过错责任原则，张强无论是否存在过错，都应对周伟受伤的损失承担赔偿责任。但该责任不是没有限度的，对于周伟擅自扩大的无必要损失，张强可以依据法律规定主张免责。

关于当事人擅自扩大的损失负担，我国法律中已有明确规定。例如，《民法典》第 591 条第 1 款规定：“当事人一方违约后，对方应当采取适当措施防止损失的扩大；没有采取适当措施致使损失扩大的，不得就扩大的损失请求赔偿。”

以上规定以合同法律关系的违约责任负担为基础。侵权法上对当事人擅自扩大损失的责任负担主要体现在《民法典》第 1174 条中，即“损害是因受害人故意造成的，行为人不承担责任”。因为无论是从法律、情理还是道德角度来说，防止损失扩大都应当是一般正常人应有的常识和义务，无论是“希望其发生”的故意还是“放任其发生”的故意，由此故意扩大的损失，都不是法律支持和保护的行为。

本案中，周伟作为完全行为能力人，受伤住院接受治疗 14 天后，医院建议其出院。但周伟无理由地强烈要求继续住院观察，导致损失扩大，属于受害人故意扩大损失，故法院判决对于周伟擅自扩大部分的损失，张强免责，由周伟自己负担。

知识拓展

本案中，周伟受伤后住院接受治疗，当医院建议周伟出院时，周伟执意要求继续住院观察，实为没有必要地擅自扩大损失，对这部分损失，周伟存在过错。法院判决周伟擅自扩大的损失部分由自己负担，符合我国侵权法中受害人过错制度的规定。同时这也体现了违反诚实信用原则的行为得不到法律保护。下面我们就一起认识一下侵权法中的受害人过错制度和诚实信用原则。

（一）受害人过错制度

受害人过错，是指损害的发生或者扩大不是由于行为人的过错，而是由于受害人的过错发生的。在程度上受害人过错可以分为故意、重大过失、一般过失三类，在判断受害人过错时应采取客观标准，即采用一个合理、谨慎的人对于自己人身或财产利益所应有的注意程度这一客观标准来判断行为人的过错及其程度。

1. 受害人过错的判断标准

（1）受害人故意

受害人故意，是指受害人明知自己的行为会发生损害自己的后果，而希望或者放任此种结果发生。受害人故意作为免责事由，通常都是指排除了行为人本身具有故意或重大过失的情形。否则，不能完全作为一种免责事由。受害人故意构成要件包括：a. 受害人存在故意；b. 受害人基于故意实施了不当的行为；c. 受害人实施的不当行为与受损之间存在因果关系（由行为人举证）；d. 受害人主张损害赔偿。

（2）受害人重大过失

受害人重大过失，是指受害人对于自己的人身和财产安全极其不注意，以至于造成了自身损害。

（3）受害人过失

受害人过失，是指在行为人致受害人损害中或者造成损害后，受害人对损害的发生与扩大具有过失。

2. 受害人过错情形下行为人的责任减免

（1）行为人免责的情形：a. 受害人故意引起损害，行为人没有过错的，行为人当然不承担责任（免责）；b. 受害人故意引起损害，行为人有重大过失或者过失的，应当免除责任（免责）。

（2）行为人不免责的情形：a. 受害人故意引起损害，行为人也有故意的，应当适用过失相抵规则（不免责）；b. 受害人具有过失时，如果过失是损害发生的唯一原因且适用过错责任原则（过错推定原则）的，构成免责事由，否则构成与有过失，适用过失相抵规则。

例如，《民法典》第1243条规定，未经许可进入高度危险活动区域或者高度危险物存放区域受到损害，管理人能够证明已经采取足够安全措施并尽到充分警示义务的，可以减轻或者不承担责任。《民法典》第1245条规定，饲养的动物造成他人损害的，动物饲养人或者管理人应当承担侵权责任；但是，能够证明损害是因被侵权人故意或者重大过失造成的，可以不承担或者减轻责任。这些规定都体现了在受害人有过错情形下，对行为人责任的减免。

3. 我国侵权法领域关于受害人过错制度的主要规定

《民法典》第1173条：被侵权人对同一损害的发生或者扩大有过错的，可以减轻侵权人的责任。

《民法典》第1174条：损害是因受害人故意造成的，行为人不承担责任。

《民法典》第1192条：提供劳务一方因劳务自己受到损害的，根据双方各自的过错承担相应的责任。

（二）诚实信用原则

1. 民法中的诚实信用原则

（1）诚实信用原则概述

诚信是中华民族的传统美德，中国人从古至今都本着继承优秀传统文化的原则做人做事，也正因此中国被称为礼仪之邦。诚实信用原则要求行为人在民事活动中秉持诚实，恪守承诺，该原则被称为民法最高指导原则，以其衡平性实现了成文法国家法律稳定性与灵活性的相对统一。

（2）诚实信用原则在民法中的作用

第一，诚信原则在民法中有利于指导当事人从事正当的民事活动。民法中的关于诚信原则的相关规定，清晰地向人们展示了什么是正规的活动，什么是违反诚信原则的活动，并且还告诫人们只有正确行使自己的权利才能够保护自己的利益，从而对人们的活动有一定的规范作用。

第二，诚信原则有解释、评价和补充法律行为的功能。诚实信用原则作为民法中的一项基本原则，对当事人的法律行为的评判有很重要的作用，同时有利于当事人改正以及规范自身的行为。

第三，诚信原则有利于追求个别正义和社会公正。众所周知，法律不可能穷尽不断变化着的社会方方面面，特别是在当今社会主义市场经济的条件下，各种突发情况均有可能出现，法律不能够及时予以解决，这时民法的重要性就凸显出来。一方面可以指导市场主体诚实信用地行使权利、履行义务；另一方面通过予以司法者一定的解释、补充和修正法律的自由裁量权，弥补法律的不足，可为日后法律的改进积累经验。

（3）诚实信用原则在我国民法中的规定

以前，我国原《民法通则》第 4 条规定“民事活动应当循守自愿、公平、等价有偿、诚实信用原则”，这一规定使我国成为世界上第一个将诚实信用原则写进法律的国家。从中可见我国对诚信原则的重视程度。《民法典》第 7 条规定：“民事主体从事民事活动，应当遵循诚信原则，秉持诚实，恪守承诺。”《民事诉讼法》第 13 条第 1 款规定：“民事诉讼应当遵循诚实信用原则。”另外，诚信原则在民法中还有其他的体现，如民事主体在民事活动中要诚实，不弄虚作假、不欺诈，进行正当竞争；民事主体应信守诺言，不擅自毁约，严格按法律规定和当事人的约定履行义务，兼顾各方利益；在当事人约定不明确或者订约后客观情形发生重大改变时，应依诚实信用的要求确定当事人的权利义务和责任，等等。

2. 侵权法领域的诚实信用原则

在我国的民法规定中，有许多涉及诚信原则的法律条文。在侵权法领域，当事人也应信守诚实信用原则。侵权法的正义观是矫正正义和分配正义的统一体，矫正正义指根据此种正义观，原告有权利向无正当理由导致他们遭受损害的被告请求赔偿。分配正义指在原被告之间公平分配承担侵权损害责任的风险。在追求这两种正义过程中，必然蕴涵着道德评价标准。侵权法对诚信原则的具体化，主要是通过以注意义务为核心的过错侵权责任来实现。现代侵权法进一步深化对"理性人"标准的理解，采纳了以违反对他人的注意义务为标准的过错侵权责任作为诚信原则的具体体现，从而限制个人权利的滥用和保持社会各方利益平衡。[①]

在侵权法领域，诚实信用原则可分为主观诚信、客观诚信。主观诚信强调行为人确信自己未侵害他人合法权益的心理状态；客观诚信则强调行为人忠实地履行自己的义务。两者结合为行为人提供了反映社会共同接受的道德规范和行为标准。这就要求侵权法律关系的双方当事人均要有一定注意义务，注意义务的核心要素在于要求行为人在行事时达到一般理性人的注意程度。

注意义务的理性人标准早在罗马法上就已有相关规定。"善良家父"是谨慎之人的别称。在古罗马，家父享有处理家族事务的全权，因而要求他具有较高的责任心。因此，善良家父之注意就是一个谨慎之人所能够达到的注意程度。所以，实践中应秉承诚实信用原则，做一个谨慎的诚信人，不侵害他人的合法权益，当被侵权时，也应不擅自扩大损失，理性妥善解决与他人之间的纠纷。

普法提示

提供劳务者受害责任纠纷是日常生活中常见的法律问题，法院判定责任

---

① 参见〔德〕迪特尔·梅迪库斯：《德国民法总论》，邵建东译，法律出版社 2001 年版，第 114 页。

承担时既要有力，也要有度。对于按照法律规定应保护的合法权益，法律一定会维护，所以雇员在提供劳务过程中受伤，可以依法要求雇主承担赔偿责任。但受害人故意扩大部分的损失，也必然得不到法律的依法保护，最后还需自吞苦果，自己埋单。

这就提醒大家在提供劳务过程中，要增强防范意识，避免不必要的伤害，同时也要恪守诚信，不擅自扩大既有损失。做民法生活中的善意人，才会得到法律应有的保护。

第四章

劳务关系与其他法律关系竞合时的处理规则

案例一 退休出租车司机负交通事故全责其人身损害如何赔偿

原婷婷[①]

出租车司机与出租车公司签订《劳动合同》和《承包协议》后，公司为司机上工伤等保险，司机按约定向出租车公司交纳承包金（俗称“份钱”），司机驾驶公司车辆进行营运，符合出租车行业的一般性操作。现实生活中，出租车司机驾驶出租车发生交通事故的事件屡见不鲜，如出租车司机负交通事故全部责任，其个人遭受人身损害时，多可通过工伤保险解决其损失赔偿问题。但是如果出租车司机已经过了退休年龄，“超期”驾驶发生了交通事故，且负事故全部责任，没有了工伤保险的保障，其个人遭受的人身损害，谁来承担赔偿责任呢？出租车公司需承担100%的赔偿责任吗？通过下面的案例，我们来分析一下此类纠纷可能涉及的法律问题。

案情回顾

张大爷开了一辈子车，是位人人夸赞的好司机。近几年，张大爷去了一家出租车公司开车，工作兢兢业业，事故率、违章率、乘客投诉率一直保持着“0”记录。可是最近张大爷遇上了烦心事。一天下午张大爷拉一位乘客去机场，开车过程中一不小心就追尾了前面一个车，前面那个车接着又追尾了前面一个车。因为碰撞力量大，张大爷的车的安全气囊一下子就弹了出来，所幸，张大爷没有皮外伤。前面车的司机报警，交警很快就到了事故现场。交警看了现场情况，认定张大爷负事故全部责任，张大爷对此没有意见。交警问有无人员受伤，张大爷说他有些不舒服，所以张大爷在事故责任认定书上受伤人员处签名了。出租车因为事故受损，被送往修理厂修理。前方两个

---

① 北京市平谷区人民法院执行局员额法官。

车辆受损，出租车公司后来也都出面进行了处理。

事故发生几天后，张大爷就将出租车公司诉至仲裁委员会，请求仲裁委员会终止其与出租车公司之间的劳动合同，且要求出租车公司返还其保证金2万元，并支付其他各项费用。仲裁委员会认定张大爷刚过了退休年龄，所以在其达到法定退休年龄时，其与出租车公司之间的劳动关系已自然终止，并裁决出租车公司返还张大爷保证金2万元。在张大爷申请仲裁后，仲裁裁决作出前，出租车公司曾向张大爷发了一份通知函，要求张大爷交纳事故发生次月的承包金，并配合公司处理交通事故后续事宜，否则就解除与张大爷的劳动合同，且张大爷需赔偿公司相关损失。张大爷对这份通知函未予理睬，双方的沟通一度陷入僵局。

事故发生20多天后，张大爷才去医院看病，医院的诊断意见是张大爷“头部外伤、头晕、脑外伤后神经反应”，张大爷的头颅CT诊断报告单显示其头颅CT平扫未见明显异常。自此，张大爷总是认为自己头晕、嗜睡，多次去医院看病、拿药，花了数千元医疗费。张大爷还称因为自己的病情，根本无法工作，交通事故还造成了其误工费的损失。所以，张大爷找人写了一纸诉状，以“机动车交通事故责任纠纷”为案由，起诉要求出租车公司赔偿其已发生的医疗费、预计要发生的医疗费以及误工费损失。

出租车公司当然不同意张大爷的诉讼请求，理由在于：第一，交通事故发生后那么长时间张大爷才去看病，无法证明其伤情和交通事故有关。而且在公司长期与张大爷的沟通过程中，张大爷均未表示也未表现出病症，所以对张大爷医疗费的主张不认可。第二，交通事故发生前不久，张大爷就已经到了法定退休年龄，公司已经在为其办理退休手续。但张大爷主动要求继续上班，所以公司才让其继续开车。交通事故发生当月，张大爷交了5000多元的承包金，公司已经给其发了1000多元的工资。交通事故发生后，张大爷也没有伤情，所以张大爷也没有误工费的损失。而且张大爷负交通事故全部责任，无论损失有没有，都不应该由公司赔偿。第三，因为张大爷的过错，公司的出租车和交通事故中其他两方车辆受损，车辆修理费都是公司垫付的。而且张大爷拒不交回服务监督卡，公司无法将该卡交到交管局换卡，导致张大爷开的那辆出租车4个月无法正常营运，造成公司巨大损失，公司保留对张大爷诉讼的权利。

听到出租车公司这么说，张大爷更不乐意了。张大爷说，不是我要开你的车，而是你非让我开！是你不给我办理退休手续，所以我才继续开车营运的！事故发生时，我是没有明显外伤，但是我头疼、胳膊疼，我揉了七八天，后来嗜睡，最后担心有问题了才去看病的，医院的诊断证明就能证明我的病情。我的病情就是因为交通事故导致的，没有其他原因，而且我到现在还一直头晕、嗜睡，我还需要治疗。虽然我是事故全责，但我是出租车公司的员工，我出了事公司就应该管。公司说有损失，公司该诉我就诉我，但是我的损失公司应该赔偿。

庭审中，张大爷和出租车公司各持己见，寸步不让，丝毫没有调解的可能。虽然案子争议不大，但是双方矛盾不小，如何处理能更好地平衡双方权益，最大程度地缓解双方矛盾，又达到良好的普法效果，是法官一直思量的问题。最终法院如何处理的呢？且听后续分解。

法理分析

（一）机动车交通事故责任纠纷和提供劳务者受害责任纠纷的区别

一个案子的案由是双方法律关系的集中体现。张大爷以“机动车交通事故责任纠纷”为案由起诉出租车公司主张赔偿，这个案由对吗？“机动车交通事故责任纠纷”是指机动车的所有人或者使用人在机动车发生交通事故造成他人人身伤害或者财产损失时所应承担的侵权损害赔偿责任。所以该案由处理的是交通事故侵权人与被侵权人之间的损害赔偿纠纷。而本案张大爷与出租车公司之间显然不是侵权人与被侵权人之间的关系。交通事故发生时，张大爷与出租车公司之间已经不存在劳动合同关系，所以本案也不属于劳动争议。张大爷过了法定退休年龄继续为出租车公司提供劳务，二者之间形成了劳务关系，故本案案由应为“提供劳务者受害责任纠纷”，法院对案由予以了更正。

（二）张大爷的医疗费和误工费损失能否被支持

出租车公司对张大爷医疗费的意见主要是与交通事故的关联性无法证明，故不认可。本案中，张大爷在事故发生 20 多日后才去看病，其被诊断伤情与交通事故的关联性确实存疑。一般医疗费求偿的案件中，很少有如此长的时间才去看病还主张医疗费的情形。所以，就本案来说，在出租车公司不认可的情况下，对于伤情及医疗费与交通事故的关联性，张大爷应负进一步的举证责任。如何举证呢？只能求助于第三方司法鉴定了。但是经过法院咨询鉴定机构，此种缺乏事故当时伤情诊断材料的案件，鉴定关联性也是困难的，而且考虑鉴定成本，启动鉴定没有必要。在给张大爷释法析理后，张大爷表示对方不认可，应该对方申请鉴定，反正自己不申请鉴定，并且坚持诉讼请求。法院综合考虑事故发生时安全气囊弹出的情况、事故认定书上张大爷作为受伤人员签字的情况，以及医院诊断的情况，认为张大爷有存在轻微头部损伤的可能性，需要治疗和休息，但该期限不应是无止境的。故考虑张大爷于事故发生后一个月内的就医费用，以及一个月的误工期，误工费标准参照行业月收入水平进行酌定。张大爷主张未发生的医疗费，更是缺乏依据，法院不予支持。

（三）出租车公司是否应承担 100% 的赔偿责任

本案例发生在《民法典》出台以前。案例发生时，按照当时《最高人民法院关于审理人身损害赔偿案件适用法律若干问题的解释》（以下简称原《人身损害赔偿司法解释》）第 2 条规定，受害人对同一损害的发生或者扩大有故意、过失的，可以减轻或者免除赔偿义务人的赔偿责任。第 11 条规定，雇员在从事雇佣活动中遭受人身损害，雇主应当承担赔偿责任。属于《工伤保险条例》调整的劳动关系和工伤保险范围的，不适用本条规定。原《侵权责任法》第 35 条规定，个人之间形成劳务关系，提供劳务一方因劳务自己受到损害的，根据双方各自的过错承担相应的责任。[①]

对比原《人身损害赔偿司法解释》和原《侵权责任法》的上述规定，二者似乎不同。原《人身损害赔偿司法解释》第 2 条指出了因受害人自身过错导致的赔偿义务人赔偿责任减轻或免除的情形；第 11 条区分了非劳动关系和劳动关系两种情况，非劳动关系时适用雇主无过错责任原则，劳动关系时则适用《工伤保险条例》等特殊规定。原《侵权责任法》第 35 条则明确了个人之间存在劳务关系时，提供劳务的一方和接受劳务的一方根据双方各自的过错承担相应责任的原则，即雇主承担的是过错责任。对于上述规定的理解与适用，笔者认为，二者并不矛盾和冲突，实质规定了三种情况下的法律适用：第一，属于《工伤保险条例》调整的劳动关系和工伤保险范围的，适用特别规定。第二，属于用人单位与个人之间的劳务关系的，适用《人身损害赔偿司法解释》第 11 条规定的无过错赔偿原则，赔偿义务人是用人单位。但基于原《人身损害赔偿司法解释》第 2 条的规定，在一定条件下可减轻或免除用人单位的赔偿责任。第三，属于个人之间的劳务关系的，适用原《侵权责任法》第 35 条规定的双方过错赔偿原则。综上，本案基于用人单位即出租车公司与个人即出租车司机之间的劳务关系而产生的损害赔偿责任纠纷，出租车公司应承担的是无过错责任，是法定的赔偿义务主体，但因为张大爷负事故全部责任，其作为专业的出租车司机驾驶员，未确保安全导致了事故的发生和自身损害的造成，应减轻出租车公司的赔偿责任，法院酌定出租车公司承担赔偿责任的比例为 50%。

知识拓展

通过以上分析可知，雇员受害赔偿存在着不同法律理解与适用的问题。与此同时，雇员致人损害后，谁来承担赔偿责任，也面临着不同法律的理解

① 《民法典》第 1192 条第 1 款规定，个人之间形成劳务关系……提供劳务一方因劳务受到损害的，根据双方各自的过错承担相应的责任。

与适用。本案中，张大爷负交通事故全部责任，其追尾其他车辆，造成其他车辆损坏，其作为侵权人，是否要承担相应赔偿责任呢？

原《人身损害赔偿司法解释》第 8 条规定，法人或者其他组织的法定代表人、负责人以及工作人员，在执行职务中致人损害的，依照原《民法通则》第 121 条的规定，由该法人或者其他组织承担民事责任。第 9 条规定，雇员在从事雇佣活动中致人损害的，雇主应当承担赔偿责任；雇员因故意或者重大过失致人损害的，应当与雇主承担连带赔偿责任。雇主承担连带赔偿责任的，可以向雇员追偿。原《侵权责任法》第 34 条规定，用人单位的工作人员因执行工作任务造成他人损害的，由用人单位承担侵权责任。劳务派遣期间，被派遣的工作人员因执行工作任务造成他人损害的，由接受劳务派遣的用工出租车公司承担侵权责任；劳务派遣出租车公司有过错的，承担相应的补充责任。原《侵权责任法》第 35 条规定，个人之间形成劳务关系，提供劳务一方因劳务造成他人损害的，由接受劳务一方承担侵权责任。

对比上述规定，原《人身损害赔偿司法解释》区分了用人单位和工作人员之间、雇主和雇员之间两种情况，对于工作人员和雇员因工作或提供劳务致人损害的，均由用人单位和雇主承担赔偿责任，但在雇员存在故意或者重大过失致人损害的情况下，雇员应当与雇主承担连带赔偿责任，且雇主承担连带赔偿责任后，有权向雇员追偿。原《侵权责任法》则区分了用人单位和工作人员之间、个人之间两种情况，对于工作人员和提供劳务的一方因工作或提供劳务致人损害的，均由用人单位和接受劳务的一方承担侵权责任，而未明确责任追偿的问题。司法实践中，对于什么情况下认定雇员存在故意或重大过失致人损害，以及雇员要不要因此承担侵权责任的问题始终存在争议。今后，法院要进一步加强类案的研判，统一裁判尺度，规范和引导不同主体的行为。

普法提示

（一）规范用工：用工主体要提高安全和风险意识

通过以上案例分析和法律规定可以看出，以获取经济利益为目的的劳动关系或劳务关系中，用人单位或接受劳务的个人作为用工主体，对其工作人员或提供劳务者的行为负首要责任。用工主体应加强对劳动者的业务培训，加强安全指导、完善保险保障、完善用人管理，以保证人员的生命财产安全，确保生产经营及其他劳务活动的正常开展。从本案出发，出租车公司应进一步加强对出租车司机退休制度的落实。出租车公司与张大爷签订的《劳动合同》和《承包协议》中约定的合同截止日期本身就超出了张大爷的退休年龄，实属不妥。在张大爷退休年龄达到时，出租车公司未及时为其办理退休手续，还准许张大爷营运拉客，客观上增加了交通事故发生的风险。张大爷过了退休年龄还驾驶出租车，亦已违反了《北京市出租汽车管理条例》关于出租车驾驶员应在男60岁以下的规定。因此，本案中的出租车公司存在明显管理瑕疵，其承担相应赔偿责任理所应当。

（二）小心谨慎：劳动者要提高安全和责任意识

劳动者在为用工主体提供劳动或劳务的过程中，遭受人身损害或致人损害，用工主体原则上虽应承担侵权责任，但并非绝对的100%责任。因劳动者自身过错导致的损害，其均有可能自担损失。因此，所有的劳动者要切记，时刻注意自身安全，保障他人安全。本身为他人付出劳动就是为了获得一定的经济利益，如果因为自身行为的不当导致了自身或他人损害的产生，其还要自担一部分损失，得不偿失。

（三）高度重视：应诉双方均应积极履行举证义务

《最高人民法院关于适用〈中华人民共和国民事诉讼法〉的解释》（2020年修正）第90条规定，当事人对自己提出的诉讼请求所依据的事实或者反驳对方诉讼请求所依据的事实，应当提供证据加以证明，但法律另有规定的除外。在作出判决前，当事人未能提供证据或者证据不足以证明其事实主张的，由负有举证证明责任的当事人承担不利的后果。本案中，张大爷说其因交通事故遭受了人身损害，但是其在事故发生时未及时去医院就诊，导致案件在审理过程中，其伤情及医疗费遭到了对方的质疑，对此其负有举证不足的责任。因此，在工作过程中受害的劳动者，在发生损害的第一时间，就应固定事故现场并及时就医，整理、收集证据，便于后续维权。如果张大爷于事故发生后就去了医院就医，出租车公司再对医疗费及伤情与交通事故的关联性提出质疑，出租车公司负举证责任，如出租车公司既不申请鉴定，也不认可，则由其承担不利的法律后果。

（四）擦亮双眼：交通事故责任不等于赔偿责任

在涉及交通事故的案件中，很多当事人对于交通事故责任和赔偿责任之间的关系存在认识误区。误区一，交通事故责任主体就是赔偿责任主体。在本案中，张大爷追尾其他车辆，其负事故全部责任。如果其他车辆的车主将张大爷和出租车公司诉至法院，要求损失赔偿，张大爷虽然是侵权人即事故责任主体，但其不是赔偿责任主体即不是赔偿义务人，根据法律规定，张大爷的雇主即出租车公司才是赔偿义务人，其对其他车辆的损失负法定赔偿责任。误区二，交通事故责任比例就是赔偿责任比例。一起交通事故中，甲乘坐乙驾驶的电动车碰撞了丙的大货车，乙飞出电动车又与丁的大货车相撞，乙当场死亡，甲受伤，事故责任认定乙负主要责任，丙、丁负次要责任。对于乙的损失，其继承人诉至法院，法院判决乙一方承担赔偿责任的比例是60%，丙、丁各自承担赔偿责任的比例为20%。对于甲的损失，丙坚持只承担20%的赔偿责任，丁表示其未与甲接触故不应承担甲的赔偿责任。法院认为，丁的辩称意见成立，因为丁对甲损害的发生和结果均无过错，故其虽负事故次要责任，虽在另案中承担了20%的赔偿责任，不代表其对甲的损失也要承担责任。误区三，被告负事故次要责任，法院认定其承担责任比例为30%，则被告仅需承担原告合理损失的30%即可。交通事故中还涉及一个非常重要的主体即保险公司。为车辆投保交强险是车辆所有人或管理人的基本义务，如其未投保交强险，发生交通事故，车辆所有人或管理人应在交强险限额内先行承担赔偿责任，之后的损失才依据责任比例进行计算和赔偿。总之，交通事故事不小，发生之后纠纷少不了，希望广大车辆所有者、管理者、驾驶员小心驾驶、依法维权、共促和谐。

案例二

农民工提供劳务受害，违法分包单位、包工头、侵权第三人谁来赔

——劳务关系下工伤保险赔偿与民事损害赔偿竞合时的维权路径

万里宏[①]

案情回顾

（一）农民工高速路上被撞飞瞬间殒命

王海，1999年出生，是王福、杨立华的独生子。2017年7月，刚刚高中毕业，他就外出打工。2018年3月21日，经人介绍，王海受包工头王利民的雇佣来到京藏高速某路段改扩建工程工地做小工。该工程的承包单位是路桥公司，路桥公司又将其中的劳务部分分包给了王利民。没想到，2018年5月11日11时左右，王海正在该高速路施工段从事摇旗警示工作时，被一辆汽车突然撞飞，当即死亡。交通管理部门认定在这次交通事故中王海和肇事车辆司机何小强负同等责任。王海的父母王福、杨立华得知王海的死讯后痛不欲生，最后在亲戚和朋友的帮助下就赔偿问题与何小强达成了协议，按照50%的责任比例，何小强一次性赔偿王福、杨立华经济损失共计37万余元。

（二）包工头、违法分包单位相互推诿维权难

在与何小强协商的同时，王福、杨立华也一直在找王海的雇主谈赔偿事宜，但包工头王利民和违法分包单位路桥公司均相互推诿。王利民称，工程是路桥公司承包的，其招用的人员必须服从路桥公司管理，事发当天也是路

---

① 北京市平谷区人民法院民一庭副庭长、员额法官。

桥公司的员工对王海进行的管理，所以王福、杨立华应该去找路桥公司。而路桥公司称，他们已将劳务工程分包给了王利民，王海是王利民雇佣的，工资由王利民给付，他们公司跟王海之间没有任何关系。此外，在得知王福、杨立华获得何小强赔偿后，王利民和路桥公司均称王海是死于交通事故，损失已经由肇事车辆司机赔偿了，不应再让他们重复赔偿。

（三）重复主张权利还是合法诉求法院一锤定音

与王利民和路桥公司几经协商未果后，2019 年 1 月，王福、杨立华申请了劳动仲裁，要求确认 2018 年 3 月 21 日至 2018 年 5 月 11 日，王海与路桥公司存在劳动关系。该诉求经过仲裁和诉讼最终均未获得支持。2019 年 11 月，王福、杨立华申请了工伤认定，劳动行政部门最后认定王海属于因工死亡。此后，王福、杨立华再次申请劳动仲裁，要求路桥公司承担工伤保险责任，给付其一次性工亡补助金、丧葬补助费共计 51 万余元。该申请未获仲裁支持，王福、杨立华起诉至法院。

法院经审理认为，具备用工主体资格的承包单位违反法律、法规规定，将承包业务转包、分包给不具备用工主体资格的组织或者自然人，该组织或者自然人招用的劳动者从事承包业务时因工伤亡的，由该具备用工主体资格的承包单位承担用人单位依法应承担的工伤保险责任。因第三人原因造成工伤，雇员有权在除医疗费外获得工伤保险和第三人侵权双重赔偿。应当参加工伤保险而未参加工伤保险的用人单位职工发生工伤的，由该用人单位按照工伤保险待遇支付费用。

具体到本案，根据查明的事实，路桥公司将其承包的京藏高速某路段改扩建工程中的劳务部分，违法分包给不具备用工主体资格的包工头王利民，王海受王利民雇佣，在从事王利民承包的路桥公司项目工作中因工死亡，符合上述规定，故路桥公司应承担王海工伤保险责任，王福、杨立华有权在医疗费外获得工伤保险和第三人侵权的双重赔偿。因路桥公司未为王海缴纳工伤保险，王福、杨立华未从工伤保险基金获得工伤保险待遇，故王福、杨立华要求由路桥公司依据工伤保险待遇给付其一次性工亡补助金和丧葬补助金符合法律规定，法院应予支持。庭审中，路桥公司认可王福、杨立华主张的一次性工亡补助金和丧葬补助金计算基数及数额，对此法院不持异议。综上，法院支持了王福、杨立华的全部诉讼请求。

本案争议焦点问题一是劳务关系下因第三人造成损害雇员能否获得双重赔偿？二是如何平衡承担工伤保险责任的非法转包、违法分包单位与不具备用工主体资格的组织或自然人之间的责任承担？

法理分析

（一）劳务关系下因第三人造成损害雇员能否获得双重赔偿

《最高人民法院关于审理人身损害赔偿案件适用法律若干问题的解释》（以下简称《人身损害赔偿司法解释》）（法释〔2003〕20号）第11条第1款、第3款规定，雇佣关系以外的第三人造成雇员人身损害的，赔偿权利人可以请求第三人承担赔偿责任，也可以请求雇主承担赔偿责任。雇主承担赔偿责任后，可以向第三人追偿。属于《工伤保险条例》调整的劳动关系和工伤保险范围的，不适用本条规定。[①]

《人身损害赔偿司法解释》第12条规定，依法应当参加工伤保险统筹的用人单位的劳动者，因工伤事故遭受人身损害，劳动者或者其近亲属向人民法院起诉请求用人单位承担民事赔偿责任的，告知其按《工伤保险条例》的规定处理。因用人单位以外的第三人侵权造成劳动者人身损害，赔

---

① 因被民法典吸收，现《最高人民法院关于审理人身损害赔偿案件适用法律若干问题的解释》（2020年修正）已将该条款删除，具体吸收在《民法典》第1192条第2款，内容为，提供劳务期间，因第三人的行为造成提供劳务一方损害的，提供劳务一方有权请求第三人承担侵权责任，也有权请求接受劳务一方给予补偿。接受劳务一方补偿后，可以向第三人追偿。该条款将雇主赔偿责任改为补偿责任，并进一步明确，仅适用劳务关系。本文以下涉及的《人身损害赔偿司法解释》第11条均指修正前。

偿权利人请求第三人承担民事赔偿责任的，人民法院应予支持。[①]《最高人民法院关于审理工伤保险行政案件若干问题的规定》（以下简称《工伤保险司法解释》）（法释〔2014〕9号）第8条第3款规定，职工因第三人的原因导致工伤，社会保险经办机构以职工或者其近亲属已经对第三人提起民事诉讼为由，拒绝支付工伤保险待遇的，人民法院不予支持，但第三人已经支付的医疗费用除外。

通过以上规定可知，判断第三人造成损害雇员可否获得双重赔偿的标准在于是否属于应参加工伤保险统筹的范围。属于该范围就适用《人身损害赔偿司法解释》第12条，可以获得除医疗费外双重赔偿，不属于该范围就适用《人身损害赔偿司法解释》第11条，雇主和第三人承担不真正连带责任，只能择一主张权利。《工伤保险条例》中规定的依法应当参加工伤保险统筹的用人单位范围与劳动关系中用人单位范围完全一致，只有劳动关系属于工伤保险范围。故长期以来，简单地以是否存在劳动关系作为适用《人身损害赔偿司法解释》第11条还是第12条的标准，存在劳动关系可以获得双重赔偿，不存在劳动关系，即劳务关系只能择一索赔。

但近年来，法律法规对此进行了突破，存在没有劳动关系也应该参加工伤保险统筹的情形。如《人力资源和社会保障部关于执行〈工伤保险条例〉若干问题的意见》（以下简称《执行工伤保险条例意见》）（人社部发〔2013〕34号）第7条规定，具备用工主体资格的承包单位违反法律、法规规定，将承包业务转包、分包给不具备用工主体资格的组织或者自然人，该组织或者自然人招用的劳动者从事承包业务时因工伤亡的，由该具备用工主体资格的承包单位承担用人单位依法应承担的工伤保险责任。《工伤保险司法解释》第3条第1款第4项规定，用工单位违反法律、法规规定将承包业务转包给不具备用工主体资格的组织或者自然人，该组织或者自然人聘用的职工从事承

① 《最高人民法院关于审理人身损害赔偿案件适用法律若干问题的解释》（2020年修正），已将该条款变更为第3条，内容未变，本文以下涉及的《人身损害赔偿司法解释》第12条均指修正前。

包业务时因工伤亡的，用工单位为承担工伤保险责任的单位。当然此种情况下，承担工伤保险责任的主体是非法转包、违法分包单位，而非受害人的直接雇主。

据此，法律、法规已经突破了只有劳动关系才应该参加工伤保险的限制，劳务关系在一定情况下也应该参加工伤保险。故就不能再单纯地以是否存在劳动关系作为判断第三人造成损害雇员是否可获得双重赔偿的标准，而应该以是否属于应参加工伤保险范围作为标准。具体到本案，虽然王海受雇于包工头王利民，与王利民是劳务关系，与违法分包单位路桥公司既不存在劳动关系，也不存在劳务关系，但因路桥公司要承担王海的工伤保险责任，王海属于应参加工伤保险范围，故王福、杨立华仍可在除医疗费以外获得双重赔偿。

（二）如何平衡承担工伤保险责任的非法转包、违法分包单位与不具备用工主体资格的组织或自然人之间的责任承担

《工伤保险条例》第62条第2款规定，依照本条例规定应当参加工伤保险而未参加工伤保险的用人单位职工发生工伤的，由该用人单位按照本条例规定的工伤保险待遇项目和标准支付费用。根据我国现实，即便存在劳动关系，很多用人单位都不为劳动者缴纳工伤保险，更何况，非法转包、违法分包单位与不具备用工主体资格的组织或自然人雇佣的人员之间既不存在劳动关系，也不存在劳务关系，所以大部分情况下都是由非法转包、违法分包单位实际支付工伤保险待遇。

但非法转包、违法分包单位承担工伤保险责任只是基于法律对雇员的一种特殊保护，是其与不具备用工主体资格的受转包、分包组织或自然人对外承担责任的一种形式。根据《工伤保险司法解释》第3条第2款之规定，前款第4项、第5项明确的承担工伤保险责任的单位承担赔偿责任或者社会保险经办机构从工伤保险基金支付工伤保险待遇后，有权向相关组织、单位和个人追偿。故非法转包、违法分包单位承担了工伤保险责任后有权依法向不具备用工主体资格的组织或个人追偿，不存在让真正雇主逃脱责任承担的问

题。本案中路桥公司所持必须追加王利民为共同被告，否则将导致利益严重失衡的抗辩意见没有法律依据，法院未予采信。

知识拓展

（一）非法转包、违法分包单位与不具备用工主体资格的组织或自然人雇佣的人员之间的关系及责任范围

现实中，尤其在建筑施工、矿山领域，存在大量非法转包、违法分包情形，受转包、分包方往往是不具备用工主体资格的包工头，这些包工头雇佣的人员与非法转包、违法分包单位到底是什么关系，应该承担什么责任，一度存在较大争议。原劳动和社会保障部下发的《关于确立劳动关系有关事项的通知》（劳社部发〔2005〕12号）规定，建筑施工、矿山企业等用人单位工程（业务）或经营权发包给不具备用工主体资格的组织或自然人，对该组织或自然人招用的劳动者，由具备用工主体资格的发包方承担用工主体责任。这一规定不但没有终结之前的争议，反而产生了更大的分歧。比如，如何理解用工主体责任，责任范围是什么？

有人认为，用工主体责任应等同于劳动关系中用人单位的责任，据此主张双方存在劳动关系，发包单位不但要进行工伤赔偿，还应按照劳动关系给付未签订书面劳动合同二倍工资、未休年休假工资，缴纳社会保险等。也有人反对，认为无论是劳动关系，还是劳务关系，双方必须具有建立关系的合意，非法转包、违法分包单位与不具备用工主体资格的组织或自然人雇佣的人员，既无建立劳动关系的合意，也无建立劳务关系的合意，故双方不存在劳动关系，也不存在劳务关系。为了回应此争议，最高人民法院此后相继以会议纪要、答复等形式支持了上述第二种观点。

随着《执行工伤保险条例意见》和《工伤保险司法解释》相继出台，明确了非法转包、违法分包单位承担工伤保险责任后，用工主体责任包括工伤保险责任这一事实得以确认。同时，依据《劳动合同法》第94条，个人

承包经营违反《劳动合同法》规定招用劳动者，给劳动者造成损害的，发包的组织与个人承包经营者承担连带责任，以及原劳动和社会保障部、建设部《建设领域农民工工资支付管理暂行办法》第12条，工程总承包单位不得将工程违反规定发包、分包给不具备用工主体资格的组织或个人，否则应当承担清偿拖欠工资的连带责任之规定，在实践中，用工主体责任包括工资清偿责任也得到了广泛共识。

（二）由非法转包、违法分包单位承担工伤保险责任的制度价值

由非法转包、违法分包单位承担工伤保险责任，一方面体现了国家对非法转包、违法分包行为的惩戒，另一方面也体现了对劳动者进行及时救治和经济补偿的核心价值。其根本目的就在于保障劳动者不因用工行为和用工责任违法转移而丧失相应的工伤保险待遇，避免用工单位通过非法转包、违法分包的方式逃避其所应承担的工伤保险责任，保障劳动者受到伤害时能够及时得到救济。

该规定对劳动者而言还具有两大益处。一是虽然因细则问题各地执行不一，但在理论上，未缴纳工伤保险，工伤保险责任单位又不支付工伤保险待遇的，可从工伤保险基金中先行支付。有了工伤保险基金做后盾，保障了劳动者的损失可以得到赔偿。二是在第三人侵权情况下，除医疗费外，劳动者可以获得工伤保险和第三人双重赔偿，而不再是只能向雇主或第三人择一索赔，可获得赔偿金增加。

（三）非法转包、违法分包单位的工伤保险责任与安全生产事故中的民事损害赔偿责任之间的关系

《人身损害赔偿司法解释》及其2020年修正版制定时，均未采纳工伤保险赔偿和民事损害赔偿“择一选择”模式，而是规定对于因工伤事故遭受人身损害的，劳动者或者其近亲属起诉到法院，要求用人单位承担民事损害赔偿责任的，应告知其按《工伤保险条例》的规定处理。但对于工伤保险赔偿和民事赔偿的协调机制鉴于有关部门和学者尚有分歧，一时难以统一，故在

该司法解释中未作规定。截至目前，实践中仍旧做法不一，争议较大。

争议主要集中在未缴纳工伤保险，劳动者无法享受工伤保险待遇时如何处理。涉及非法转包、违法分包和安全生产事故时，实践中有的案例采用工伤保险待遇赔偿和民事损害赔偿“择一选择”模式，劳动者向非法转包、违法分包单位主张工伤保险待遇赔偿和根据安全生产事故主张民事损害赔偿均可予支持，有的案例采用“取代模式”，只支持工伤保险责任单位进行工伤保险待遇赔偿。还有的案例还支持非法转包、违法分包单位和受转包、分包的组织或自然人就工伤保险待遇承担连带赔偿责任。①

普法提示

劳动者工伤赔偿是一个复杂的系统，无论是劳动者还是用人单位，都需要多研读相关法律、法规，以便更好地维护自己的权利，规范自己的行为。借此机会，本文提出以下几点建议：

（一）劳动者维权路径选择要审慎

工伤保险赔偿和民事损害赔偿在程序上和赔偿内容上均有不同。根据法律规定，有些案件劳动者无法选择维权路径，有些案件劳动者具有一定的选择权。不同的赔偿路径不但影响效率，也会影响到劳动者获得赔偿的数额。所以劳动者应该根据自身情况，审慎地进行维权路径选择，以取得利益最大化。

（二）用人单位要加强安全管理，杜绝非法转包、违法分包

为劳动者提供劳动保护和安全生产条件是用人单位的法定义务。用人单位应该放弃侥幸心理，加强劳动保护和安全管理，变被动为主动，自觉杜绝非法转包、违法分包等违反法律禁止性规定的情形，对工程负责，对劳动者负责。

① 北京市法院《2014 年部分劳动争议法律适用疑难问题研讨会会议纪要》。

（三）重视非法转包、违法分包情况下工伤保险的缴纳

工伤保险是分散用人单位经营风险的有力措施。用人单位要有风险意识、责任意识，主动为劳动者缴纳工伤保险。不要忽略非法转包、违法分包时的工伤保险责任，在非法转包、违法分包时，更要加强安全管理，并主动为这些劳动者缴纳工伤保险。根据法律规定，受转包、分包的组织和自然人为最终责任人，非法转包、违法分包单位承担工伤保险待遇赔偿后，有权向其追偿，故受转包、分包的组织和自然人更要重视工伤保险事宜，与非法转包、违法分包单位协调好，确保劳动者工伤保险的缴纳。

案例三

因执行工作任务受害，侵权人不同之工伤保险赔偿范围浅析

——吴某等诉天河电业公司对因企业班车交通事故死亡负担劳动保险待遇后再负损害赔偿责任案

韩庆娜[①]

案情回顾

如今，一些企业为方便职工通勤之需，设置企业班车，接送职工上下班。如果企业班车发生交通事故致企业员工在上下班途中遭受人身损害，公司是否应该承担赔偿责任？此种情况受害人除了获得工伤保险赔偿，是否可以要求用人单位承担侵权责任？是否会因单位班车驾驶人责任比例不同而致所获赔偿有所区别？请看以下案例。

被告天河电业公司派司机张某驾驶江北双排座小货车接该公司职工于某下班，途中与案外人李某驾驶的另一辆小客车相撞，张某驾驶的小货车翻车，原告吴某之妻、原告吴某之母于某不幸身亡。公安交警大队认定系“小货车司机张某驾车时雨天雾大、视线不良，小客车驾驶员李某未在恶劣天气减速慢行；小货车司机张某判断失误，将车驶出公路外，造成翻车致多人伤亡，张某、李某负事故同等责任，车上乘员无责任”。原告吴某在“道路交通事故损害赔偿调解书”中签名，除安葬费已实际支出外，原告吴某已领取死亡补偿费（又称一次性抚恤金）及其子供养费。另，该市工业办公室、劳动就业管理局证明死者于某系被告职工，在此次交通事故中身亡是因工作原因造成。

① 北京市平谷区人民法院民一庭法官助理。

法理分析

（一）工伤的认定及工伤制度的价值取向

关于本案，工伤的范围该如何认定？受害人于某在下班途中因交通事故死亡，加害人有用人单位司机张某，有第三人李某，于某是否是工伤？《工伤保险条例》第14条规定："职工有下列情形之一的，应当认定为工伤：（一）在工作时间和工作场所内，因工作原因受到事故伤害的；（二）工作时间前后在工作场所内，从事与工作有关的预备性或者收尾性工作受到事故伤害的；（三）在工作时间和工作场所内，因履行工作职责受到暴力等意外伤害的；（四）患职业病的；（五）因工外出期间，由于工作原因受到伤害或者发生事故下落不明的；（六）在上下班途中，受到非本人主要责任的交通事故或者城市轨道交通、客运轮渡、火车事故伤害的；（七）法律、行政法规规定应当认定为工伤的其他情形。"该规定明确了应当认定为工伤的法定情形，只要符合上述法定情形，职工所受伤害无论是否由第三人侵权引起，都应当认定为工伤。换言之，是否存在第三人侵权不影响工伤的认定。

首先，基于工伤事故的发生，劳动者与用人单位之间形成工伤保险赔偿关系。国家设置工伤保险制度，目的是保障因工作遭受事故伤害或者患职业病的职工获得医疗救治和经济补偿。根据《工伤保险条例》的规定，用人单位应当为本单位全体职工缴纳工伤保险费，因工伤事故受到人身损害的职工有权获得工伤保险赔偿、享受工伤待遇。因此，只要客观上存在工伤事故，就会在受伤职工和用人单位之间产生工伤保险赔偿关系，确认该法律关系成立与否，无须考查工伤事故发生的原因，即使工伤事故系因用人单位以外的第三人侵权所致，或者是由于受伤职工本人的过失所致，都不影响受伤职工向用人单位主张工伤保险赔偿。其次，基于侵权事实的存在，受伤职工作为被侵权人，与侵权人之间形成侵权之债的法律关系，有权向侵权人主张人身损害赔偿。侵权之债成立与否，与被侵权人是否获得工伤保险赔偿无关，即使用人单位已经给予受伤职工工伤保险赔偿，也不能免除侵权人的赔偿责任。本案受害人在下班途中受到机动车事故伤害，其中加害人包括本单位其他工作人员，也包括本单位之外的人员，不影响工伤的认定，但需要明确的焦点详见下文论述。

（二）工作人员因执行公务遭受的侵害来自本单位其他工作人员情形赔偿原则

当受害人与加害人皆为用人单位人员，损害因执行工作任务而发生，此时工伤保险与用人单位责任并存，根据《民法典》第 1191 条第 1 款规定，用人单位的工作人员因执行工作任务造成他人损害的，由用人单位承担侵权责任。用人单位承担侵权责任后，可以向有故意或者重大过失的工作人员追偿。本案中，加害人之一张某是用人单位司机，受害人于某是单位职工，所以本案在法律适用上存在工伤保险给付与侵权损害赔偿适用选择问题。此种情况，受害人是工伤保险与侵权损害赔偿选择其一适用还是受害人既可以要求工伤保险又可以起诉要求用人单位赔偿？审判实务中，尽管《民法典》中没有明确规定适用问题，但是《工伤保险条例》总则已经说明，为了保障因工作遭受事故伤害或者患职业病的职工获得医疗救治和经济补偿，促进工伤预防和职业康复，分散用人单位的工伤风险，制定本条例。所以，用人单位员工在工作中造成其他员工受损，属于用人单位的工伤风险，故不适用《民法典》第 1191 条第 1 款规定的用人单位承担责任的情形。

（三）工作人员因执行工作任务遭受用人单位之外人员侵害赔偿原则

第三人侵权造成他人身体伤害的应当承担赔偿责任，被侵害人依法享有获得赔偿的权利。因用人单位以外的第三人侵权造成劳动者人身损害，构成工伤的，劳动者具有双重主体身份——工伤事故中的受伤职工和人身侵权的受害人。基于双重主体身份，劳动者有权向用人单位主张工伤保险赔偿，同时还有权向侵权人主张人身损害赔偿，即有权获得双重赔偿。在这种情形下，用人单位和侵权人应当依法承担各自所负的赔偿责任，不因受伤职工（受害人）先行获得一方赔偿、实际损失已得到全部或部分补偿而免除或减轻另一方的责任。

《最高人民法院关于审理人身损害赔偿案件适用法律若干问题的解释》（2020年修正）第3条第1款规定："依法应当参加工伤保险统筹的用人单位的劳动者，因工伤事故遭受人身损害，劳动者或者其近亲属向人民法院起诉请求用人单位承担民事赔偿责任的，告知其按《工伤保险条例》的规定处理。"该条第2款规定："因用人单位以外的第三人侵权造成劳动者人身损害，赔偿权利人请求第三人承担民事赔偿责任的，人民法院应予支持。"根据该规定，劳动者因工伤事故受到人身损害，有权向用人单位主张工伤保险赔偿，如果所受人身损害系因用人单位以外的第三人侵权所致，劳动者同时还有权向第三人主张人身损害赔偿。因用人单位以外的第三人侵权造成劳动者人身损害，构成工伤的，劳动者因工伤事故享有工伤保险赔偿请求权，因第三人侵权享有人身损害赔偿请求权。二者虽然基于同一损害事实，但存在于两个不同的法律关系之中，互不排斥。

1. 因用人单位以外的第三人侵权造成劳动者人身损害，构成工伤的，该劳动者既是工伤事故中的受伤职工，又是侵权行为的受害人，有权同时获得工伤保险赔偿和人身侵权赔偿；用人单位和侵权人均应当依法承担各自所负赔偿责任，即使该劳动者已从其中一方先行获得赔偿，亦不能免除或者减轻另一方的赔偿责任。《最高人民法院关于因第三人造成工伤的职工或其亲属在获得民事赔偿后是否还可以获得工伤保险补偿问题的答复》（〔2006〕行他字第12号）也进一步说明了该原则。故，本案中小客车的司机李某属于第三人侵权，受害人从事故方李某处获得民事赔偿后，还可以按照《工伤保险条例》第37条规定，向工伤保险机构申请工伤保险待遇补偿，体现了保护受害人利益的立法精神。

2. 因用人单位以外的第三人侵权造成劳动者人身损害，构成工伤的，劳动者在获得用人单位工伤保险赔偿后，又向侵权人提起人身损害赔偿诉讼，请求判令侵权人承担民事赔偿责任的，是否应当予以支持？

结合本案的实际情况，受害人于某家属在获得工伤保险赔偿后，并不因此而减免第三人李某的侵权损害赔偿责任。李某作为本案事故的侵权行为人必须依法承担相应的侵权赔偿责任。于某家属作为工伤事故中的受伤职工和侵权行为的受害人，有权获得双重赔偿，李某的侵权赔偿责任并未因此而有所加重。

（四）工伤赔偿和侵权损害赔偿的赔偿范围是否一致

根据《社会保险法》第42条的规定，由于第三人的原因造成工伤，第三人不支付工伤医疗费用或者无法确定第三人的，由工伤保险基金先行支付。工伤保险基金先行支付后，有权向第三人追偿。这一条规定明确了就医疗费而言，如果受害人已经从工伤保险赔偿金中获得了赔偿，就不能再要求第三人承担医疗费用赔偿责任，同理，如果要求第三人承担了医疗费用，也不能再要求从工伤保险金中获得医疗费赔偿。关于医疗费的规定，立法者主要考虑医疗费数额明确且计算凭据只有一份，受害人不可兼得。关于其他项目如残疾赔偿金、死亡赔偿金等是否可以获得双重赔偿，《社会保险法》并未作出具体规定，所以司法实践中存在不同的做法。

知识拓展

（一）司法实践中关于工伤保险赔偿案件与第三人侵权损害赔偿案件竞合的处理原则

2010年7月1日，《上海市高级人民法院民事审判第一庭关于审理工伤保险赔偿与第三人侵权损害赔偿竞合案件若干问题的解答》曾对该问题作出明确解答。在第三人侵权引起工伤事故的情形下，会产生两种赔偿请求权，一是工伤职工的工伤保险赔偿请求权，二是工伤职工向第三人提起的侵权损害赔偿请求权。两种请求权的权利基础和归责原则不同，工伤赔偿请求权基础是劳动者因发生工伤事故获得的一种社会保险利益，工伤保险损害赔偿实行无过错责任原则，有社会保险性质；而第三人侵权损害赔偿请求权的基础是劳动者因第三人侵权致害而取得，侵权损害赔偿实行的是民法的填平原则、过错原则和过失相抵原则，侵权损害赔偿的损失包括财产性损失及非财产性损失，其性质属于私法领域的赔偿。故在劳动者人身权受到第三人侵害的同时又被劳动行政部门认定为工伤的，如劳动者分别提起侵权损害赔偿之诉及申请工伤保险赔偿仲裁的，对于侵权损害赔偿的请求和不服工伤保险赔偿仲裁裁决提出的请求，法院应分别依法作出判决。同时，用人单位或工伤保险经办机构在履行了相应赔偿义务之后，可就劳动者已实际获得的重复的赔偿部分取得追偿权。此外，法院应在判决书中明确用人单位或工伤保险经办机构享有的追偿权和侵权损害赔偿或工伤保险赔偿各重复赔偿项目的具体数额。

（二）工伤保险赔偿和侵权损害赔偿竞合案件中具体赔偿项目如何认定

对于工伤保险赔偿和侵权损害赔偿竞合案件中具体赔偿项目的确定，目前审判实践存在不同的认识和处理方式。对于工伤保险赔偿和侵权损害赔偿竞合的案件，还是应当考虑工伤和侵权案件两种不同赔偿制度的特点和功能。工伤保险赔偿和侵权损害赔偿中相同并存在重复的项目主要有：工伤保险赔偿中的原工资福利待遇（侵权损害赔偿中的误工费）、医疗费、停工留薪期间的护理费和生活护理费（侵权损害赔偿中的护理费）、住院伙食补助费、交通费、外省市就医食宿费（侵权损害赔偿中的外省市就医住宿费和伙食费）、康复治疗费（侵权损害赔偿中的康复费、康复护理费、适当的整容费、后续治疗费等）、辅助器具费（侵权损害赔偿中的残疾辅助器具费）、供养亲属抚恤金（侵权损害赔偿中的被扶养人生活费）、丧葬补助金（侵权损害赔偿中的丧葬费）等费用，这些项目如果重复赔偿，则违反了民法的填平原则和实际赔偿原则。故对上述项目，采取同一赔偿项目按照就高原则进行认定的方式来处理比较合理。“就高原则”是指上述侵权损害和工伤保险相同并重复的赔偿项目，按照各自的计算标准，确定两者之中数额较高的作为劳动者应获得的赔偿数额的计算原则。法院在审理工伤保险赔偿案件中，如查明劳动者在侵权损害赔偿案件中已就相同并重复的赔偿项目按照就高原则获得足额赔偿，按照民法的填平原则，劳动者仍在工伤保险赔偿中主张赔偿的，法院不予支持。2015 年全国民事审判工作会议纪要采取了该做法，不再重复赔偿，而是将第三人已经支付的“医疗费、护理费、营养费、交通费住院伙食补助费、残疾器具费和丧葬费等实际发生的费用”扣除。也就是说，如果劳动者所在的用人单位参加了工伤保险，因第三人造成的侵权造成人身损害，劳动者获得第三人支付的损害赔偿后，仍有权请求工伤保险基金机构支付工伤保险待遇，但是对于第三人已经支付的医疗费、护理费、营养费、交通费、住院伙食补助费、残疾辅助器具费和丧葬费等实际发生的费用，工伤保险基金可以拒绝支付。如果劳动者所在的用人单位未参加工伤保险，因第三人侵权造成劳动者人身损害，同时构成工伤的，倘若劳动者已经获得侵权赔偿，用人单位应当承担工伤保险责任中扣除第三人已经支付的医疗费、护理费、营养费、交通费、住院伙食补助费、残疾辅助器具费和丧葬费等实际发生的费用。用人单位先行支付工伤保险赔偿的，可以在第三人应当支付的赔偿范围内向第三人追偿。

（三）因用人单位的原因致使工作人员在执行工作任务中遭受损害

如果工作人员因执行工作任务所受的损害不是来源于第三人，而是单位所致，如操作高速运转设备的工作人员身体被设备所伤，或工作环境有对身体有害的病毒或者气体，工作人员受到侵害后，用人单位是否应该承担侵权责任呢？有人认为，应该区分用人单位过错情形。如果用人单位对工作人员的损害发生没有过错，损害因受害人自身原因所致，那么受害者只能请求工伤保险赔偿；如果用人单位存在过错，如管理和配套设施出现质量问题等，则受害者既有请求工伤保险赔偿的权利，也不免除用人单位的侵权责任。但是该做法与工伤保险的价值相悖，工作人员因用人单位的原因遭受损害的属于工伤，自然应适用工伤保险而非侵权责任。

普法提示

（一）如果受害人或者其近亲属未在法定期限内提出工伤认定申请而无法获得工伤保险赔偿，能否以侵权为由将用人单位起诉到法院

司法实践中，只要侵权的诉讼时效还没有届满，受害人或者其近亲属就有权提起民事侵权赔偿之诉，如果受害人不能向法院提起侵权之诉，则相当于其获得工伤事故赔偿的权利被剥夺。而且，提起工伤认定是用人单位的义务，如果用人单位可以因不履行该义务而无须承担赔偿责任，将会诱发道德风险。

（二）在校大学生在校外工厂实习受伤，是否适用工伤保险

大学实习生在校外工厂学习过程中因执行工作任务遭受损害，不适用工伤保险，因为工伤保险的前提是劳动关系，而大学实习生与用人单位并无劳动关系，无法获得工伤事故赔偿。但是工厂有告知、安全教育等义务，如果疏于管理和教育，应该承担相应的赔偿责任。

（三）企业未达到法定退休年龄的内退人员与新单位建立劳动关系，工伤保险如何处理

企业未达到法定退休年龄的内退人员与新用人单位之间的关系为劳动关系。即使内退职工的原用人单位为其缴纳了工伤保险费，新用人单位亦应自用工之日起为职工办理工伤保险的转移手续并续缴工伤保险费，从而实现分散企业用工风险和保护工伤职工合法权益的立法宗旨。新用人单位未履行该法律义务，劳动者在该单位工作期间发生工伤事故的，依法应当由实际用人单位承担工伤待遇赔偿的法律义务。

（四）受害人获得用人单位为其购买的商业性意外伤害保险赔付后，能否再向用人单位主张工伤保险待遇

《工伤保险条例》第 2 条第 1 款规定：“中华人民共和国境内的企业、事

业单位、社会团体、民办非企业单位、基金会、律师事务所、会计师事务所等组织和有雇工的个体工商户（以下称用人单位）应当依照本条例规定参加工伤保险，为本单位全部职工或者雇工（以下称职工）缴纳工伤保险费。”根据该规定，为职工缴纳工伤保险费是用人单位的法定义务，该法定义务不得通过任何形式予以免除或变相免除。《工伤保险条例》第 62 条第 2 款又进一步规定：“依照本条例规定应当参加工伤保险而未参加工伤保险的用人单位职工发生工伤的，由该用人单位按照本条例规定的工伤保险待遇项目和标准支付费用。”用人单位未为受害人缴纳工伤保险费的情况下，用人单位应向受害人支付工伤保险待遇。用人单位为受害人购买的商业性意外伤害保险，性质上是用人单位为受害人提供的一种福利待遇，不能免除用人单位作为用人单位负有的法定的缴纳工伤保险费的义务或支付工伤保险待遇的义务。

案例四

工作中受伤如何救济

——非因劳动者原因致其无法认定工伤可否主张提供劳务者受害责任

徐婷[①]

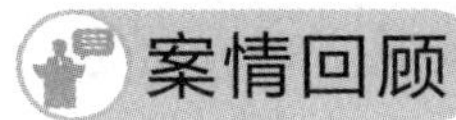

北京作为首都，每年有大量外地务工人员进京就业。这些人中文化程度较低或者年龄较大的一部分人，缺少法律常识，不了解何为劳务关系和劳动关系，找工作往往只对月收入有要求，对其他福利待遇、社会保险不甚了解。这些人从事的行业又往往是门槛较低，劳动强度大，换句话说，就是人身高风险行业。如果不幸在工作中受伤，在与单位不能协商解决之后，他们往往会迷茫，究竟如何保障自己的权利，是该去劳动仲裁还是直接诉讼呢？本案就是一个典型。

彭大山自 2018 年 6 月起在信诚忠族公司从事钣金工工作。2018 年 7 月 26 日 17 时许，信诚忠族公司另一员工邵虎启动了放置有待维修车辆的升降机，升起过程中，在该车内进行维修工作的彭大山自升降机上摔下，并跌入地沟内，造成其身体损伤。

当日，彭大山被送至怀柔区第一医院救治。次日，彭大山即前往北京积水潭医院治疗，其伤被该院诊断为“腰椎骨折（L2）”。北京积水潭医院因无床位而又将彭大山转至北京水利医院治疗。后彭大山在北京水利医院住院治疗 17 天，其间有陪护一人，其所发生的住院费用 41000.28 元系信诚忠族公司支付。2018 年 8 月 13 日，北京水利医院出具出院诊断证明书，其上载明：出院诊断为“腰 2 椎体爆裂骨折、左小腿皮肤裂伤、高血压 3 级”；出院

① 北京市平谷区人民法院立案庭（诉讼服务中心）员额法官。

情况为“患者一般情况好，切口愈合良好，按期拆线。骨折尚未愈合，需继续佩戴腰椎过伸支具”；出院回院复查，医嘱为“休息一个月，一月后继续佩戴支具下地活动，禁止弯腰，严禁上身负重”。后北京水利医院又分别于2018年9月25日、11月22日、12月26日及2019年1月26日出具病假证明书，均建议彭大山休息一个月。经伤残等级鉴定，彭大山腰2椎体爆裂骨折椎弓根内固定术后构成九级伤残；受伤后的误工期为150日，营养期为90日，护理期为90日。2019年5月，彭大山持诉称理由诉至原审法院，请求判令信诚忠族公司赔偿医疗费、住院伙食补助费、营养费、护理费、误工费、鉴定费、伤残赔偿金、精神损害抚慰金、交通费及二次手术费等各项损失共计147048元。

被告信诚忠族公司辩称：彭大山所诉与事实不符，涉案升降机最高升起高度为1.5米，且专为修车所用，噪声非常大。当时，彭大山穿着拖鞋在车内修车，通过噪声就能知道升降机已经启动。启动后，彭大山从升降机上跳下来，落地不稳摔伤。事实上，我公司与彭大山之间为劳动合同关系，本案系劳动争议纠纷。依据相关法律规定，彭大山应先申请工伤认定，通过劳动争议仲裁程序处理赔偿事宜。对劳动仲裁不服的，才可以向人民法院提起诉讼，而不应当按照提供劳务者受害责任纠纷处理。因此，我公司不同意彭大山的诉讼请求。

原审法院经审理认为：本案争议焦点在于彭大山提起人身损害赔偿之诉是否于法有据。信诚忠族公司辩称其与彭大山之间存在劳动关系，应当通过劳动争议仲裁程序处理工伤赔偿事宜，而不应按照人身损害赔偿纠纷处理。一方面，信诚忠族公司与彭大山未签订书面劳动合同，亦未为其缴纳在职期间的工伤保险；另一方面，信诚忠族公司在事发后仍未参加工伤保险并补缴应当缴纳的工伤保险费，亦未在《工伤保险条例》规定的法定期限内提出工伤认定申请。因此，在非归责于彭大山本人的原因导致其无法进行工伤认定的情况下，彭大山以人身损害赔偿之诉寻求救济，符合法律规定。因信诚忠族公司对其员工未尽到安全教育、监督及管理义务，操作不当，致使彭大山自升降机上摔伤，信诚忠族公司对此存在一定的过错，应对因此给彭大山造成的损失承担相应责任。彭大山作为完全民事行为能力人，对潜在危险未尽到合理注意义务，对事故的发生亦存在一定过错。具体责任比例，综合考虑双方过错程度及承受能力等因素，酌情合理予以判定。根据已查明的事实和现有证据，医疗费、住院伙食补助费、误工费、鉴定费于法有据，且主张数额合理，予以支持。护理费一节，彭大山住院 17 日，参照鉴定意见出具的护理期限 90 日，结合彭大山伤情，其主张数额合理，予以支持。营养费一节，参照鉴定意见评定的营养期限，其请求标准过高，法院考虑彭大山伤情酌情以每日 30 元的标准，支持 2700 元；交通费，结合彭大山伤情及就医复查次数、距离酌情确定为 800 元；精神损害抚慰金，考虑到彭大山伤残给其造成的精神伤害程度，结合当地生活水平及审判实践，该项请求尚属合理，予以支持。二次手术费待实际发生后，当事人可另行解决。信诚忠族公司为彭大山先行支付的费用，应从其赔偿范围内予以扣除。据此法院于 2019 年 10 月判决：1. 北京信诚忠族汽车用品有限公司于本判决生效后 7 日内赔偿彭大山残疾赔偿金、护理费、误工费、交通费、精神损害赔偿金、医疗费、住院伙食补助费、营养费共计人民币 87735 元（已扣除北京信诚忠族汽车用品有限公司先行给付的 43317.77 元）。2. 驳回彭大山的其他诉讼请求。如果未按本判决指定的期间履行给付金钱义务，应当依照《民事诉讼法》第 253 条之规定，加倍支付迟延履行期间的债务利息。

原审法院判决后，信诚忠族公司不服，上诉至北京市第三中级人民法院，仍持原审抗辩意见上诉至本院，请求撤销原判，改判驳回彭大山的原审全部诉讼请求。

二审法院经审理认为，雇员在从事雇佣活动中遭受人身损害，雇主应当承担赔偿责任。本案中，彭大山在为信诚忠族公司从事钣金工工作中受伤。信诚忠族公司在事故发生前既未与彭大山签订书面劳动合同，亦未为其缴纳在职期间的工伤保险；在事故发生后仍未参加工伤保险并补缴应当缴纳的工伤保险费，亦未在《工伤保险条例》规定的法定期限内提出工伤认定申请。综观本案，信诚忠族公司在事先和事后均未按照劳动法的相关规定给予彭大山劳动者待遇，仅在诉讼中主张其与彭大山之间存在劳动关系，本院亦鼓励用人单位与劳动者建立劳动关系。但彭大山以侵权之诉寻求法律救济，并不违反法律规定。原审法院综合考虑双方过错程度及承受能力等因素，酌情确定的责任比例并无不妥。据已查明的事实和现有证据，各项费用的计算亦无不当。彭大山的二次手术费可待实际发生后，另行解决。信诚忠族公司为彭大山先行支付的费用，应从其赔偿范围内予以扣除。由此，二审法院维持了一审法院的判决结果。

彭大山的诉讼请求是否于法有据？工作中受伤是否一定先经劳动仲裁？如果没有工伤认定结果是否无法得到赔偿？

法理分析

（一）自然人在具有用人资格的单位工作，双方是否一定建立劳动关系

这要从劳动关系和劳务关系的概念说起。劳动关系，是指劳动者与用人单位在实现劳动过程中发生的社会关系，确认是否存在劳动关系，关键是审核用人单位与劳动者之间是否符合下列情形：1. 用人单位和劳动者符合法律、法规规定的主体资格；2. 用人单位依法制定的各项劳动规章制度适用于劳动者，劳动者受用人单位的劳动管理，从事用人单位安排的有报酬的劳动；3. 劳动者提供的劳动是用人单位业务的组成部分。劳务关系是接受劳务一方支付劳务报酬，提供劳务一方提供劳动力以获取劳务报酬，接受劳务者需要承担提供劳务者所受人身损害的赔偿责任。根据上述概念，自然人在企业工作既可能建立劳动关系，也可能建立劳务关系。

既然如此，如果自然人在工作中受伤，如何主张权利会容易让人产生困惑？因为不同法律关系对于权利救济程序要求并不同。

（二）工伤赔偿流程

如果在劳动关系中受伤，即工伤赔偿，劳动者在受伤后，首先由用人单

位或者工伤职工或者其近亲属、工会组织向社会保险行政部门申请工伤认定，再由用人单位、工伤职工或者其近亲属向设区的市级劳动能力鉴定委员会申请劳动能力鉴定，按鉴定结论主张工伤保险待遇，如果与用人单位就此发生纠纷申请劳动争议仲裁（向用人单位所在地或者劳动合同履行地劳动人事争议仲裁委员会申请劳动争议仲裁）。双方对于仲裁裁决结果不服，可以诉至法院（劳动争议属于民事案件，由用人单位所在地或者劳动合同履行地的基层人民法院管辖，适用两审终审制度）。如果经仲裁裁决，裁决书发生法律效力，用人单位不履行裁决书规定的义务，劳动者可以申请人民法院执行。

如果劳动者与用人单位就是否存在劳动关系有争议，可以先申请劳动仲裁确认劳动者与用人单位之间存在劳动关系。经过劳动仲裁确认存在劳动关系后，再按照上述流程申请工伤认定等。司法实践中，如果将上述程序全部走完，历时可能长达 2 年至 3 年。

（三）提供劳务者受害责任赔偿流程

如果是劳务关系，则根据法律规定直接以提供劳务者受害责任纠纷起诉到法院，如果伤情较重，可以在诉讼阶段申请伤残等级鉴定，无须另行启动鉴定程序，此后经过开庭审理，法院可以作出裁判。通过上述比较，显然是受伤后通过提供劳务者受害责任纠纷诉讼能尽快得到赔偿。因为工伤救济程序烦琐，耗时长，不仅造成当事人的诉累，也往往成为用人单位拖延赔偿的手段。

（四）员工受伤后可否自行选择按照工伤救济或者提供劳务者受害责任纠纷解决

《民法典》第 1192 条第 2 款规定："提供劳务期间，因第三人的行为造成提供劳务一方损害的，提供劳务一方有权请求第三人承担侵权责任，也有权请求接受劳务一方给予补偿。接受劳务一方补偿后，可以向第三人追偿。"《最高人民法院关于审理人身损害赔偿案件适用法律若干问题的解释》（2020 年修正）第 3 条第 1 款规定："依法应当参加工伤保险统筹的用人单位的劳动者，因工伤事故遭受人身损害，劳动者或者其近亲属向人民法院起诉请求用人单位承担民事赔偿责任的，告知其按《工伤保险条例》的规定处理。”

根据上述规定，彭大山工作的单位认可双方存在劳动关系，但为什么法院却支持了彭大山的诉讼请求呢？本案中，信诚忠族公司在事故发生前既未与彭大山签订书面劳动合同，亦未为其缴纳在职期间的工伤保险；在事故发生后仍未参加工伤保险并补缴应当缴纳的工伤保险费，亦未在《工伤保险条例》规定的法定期限内提出工伤认定申请。综观本案，信诚忠族公司在事先和事后均未按照劳动法的相关规定给予彭大山劳动者待遇，仅在诉讼中主张其与彭大山之间存在劳动关系。工伤保险制度的重要目的之一是分散用人单位的工伤风险，部分替代用人单位的赔偿责任，这种责任是劳动关系项下广义的雇主责任，与劳务关系中的雇主责任性质相同，因此，劳动者在向用人单位主张劳动关系项下责任的同时，不得重复主张劳务关系项下的责任。工伤认定是劳动者获得工伤保险待遇的前提，可彭大山未能被认定工伤责任并不在其自身，在此种情况下，如果不能以侵权纠纷对彭大山予以救济，则彭大山面临的将是烦琐的工伤救济程序，其求偿之路更加漫长，显然由彭大山承担此后果是显失公平的。故而在此种情况下，允许彭大山通过提供劳务者受害之诉解决赔偿问题，是不违反法律规定的。

知识拓展

既然法律对劳务关系还是劳动关系中工作求偿进行了不同的规定，那各自的赔偿标准有何差别呢。

如果是提供劳务者受害责任重，根据法律规定，侵害他人造成人身损害的，应当赔偿医疗费、护理费、交通费等为治疗和康复支出的合理费用，以及因误工减少的收入。造成残疾的，还应当赔偿残疾生活辅助具费和残疾赔偿金。造成死亡的，还应当赔偿丧葬费和死亡赔偿金。

关于工伤保险待遇，根据法律规定，工伤赔偿项目包括治疗工伤费用，伙食补助费，交通、食宿费，康复的费用，安装假肢、矫形器、假眼、假牙和配置轮椅等辅助器具费用，停工留薪期工资，生活护理费，一次性伤残补助金，伤残津贴，一次性工伤医疗补助金，一次性伤残就业补助金。职工因工死亡，其近亲属按照规定从工伤保险基金领取丧葬补助金、供养亲属抚恤金和一次性工亡补助金。依照《工伤保险条例》规定应当参加工伤保险而未参加工伤保险的用人单位职工发生工伤的，由该用人单位按照《工作保险条例》规定的工伤保险待遇项目和标准支付费用。

通常情况下，如果工伤等级与伤残等级相同的情况下，通过工伤赔偿的金额会高于提供劳务者受害赔偿金额。

普法提示

每一个社会人，在工作中受伤并不罕见。但受了伤后如果需要花费大量时间和金钱最终才能得到应得的赔偿，恐会让人伤了身后又伤心。如何才能避免上述情况呢，笔者有以下几点小建议。

（一）员工受伤后常用法律法规推荐

现代社会媒体发达，普法渠道广泛，无论是电视上还是手机上或是其他多媒体，都能看到普法宣传，只需多留心，就能了解不少法律知识。尽管工作时我们小心谨慎，避免不幸发生，却不能讳疾忌医。如果对受伤后的救济流程了解一二，也许会多一些保障，少走一些弯路。作为一名民事法官，着重推荐大家学习了解《民法典》《劳动法》《工伤保险条例》等法律法规，这些法律法规与我们每一个人都息息相关。了解这些规定，你可以知道受伤后能够得到赔偿的项目和赔偿金额如何计算。个人在入职之初与单位就双方建立的法律关系书面约定，并要求对方按照法律规定履行各自义务，则可以在很大程度上避免日后纠纷的产生。需要额外注意，在已经发生事故后，一定要注意保留用工证据。

（二）如何找到免费律师

通过上文介绍，可见受伤后按照劳动关系寻求救济虽然可能得到的赔偿金额更高，但是程序却复杂且费时，在无财力聘请专业律师时，有的人往往放弃这条路而选择按照侵权之诉赔偿，虽然法律上是行得通，却是以牺牲自己合法权益为代价。在此，为大家介绍一下我国的法律援助政策，即公民对请求给予社会保险待遇的事项，因经济困难没有委托代理人的，可以向法律援助机构申请法律援助。关于具体申请所需材料，可以咨询当地司法局或者法律援助中心。

（三）通过购买商业保险和社会保险分散风险

如果自然人与单位建立劳务关系，提供劳务一方一定要将自身情况与工作岗位性质匹配度进行充分评估，明确约定具体的工作期限、地点、内容、报酬、劳动保护及劳动纪律等内容；主动接受安全教育培训，确保安全保障措施到位，绝不可为赶工疲劳工作；接受劳务一方要增强安全监督意识，避免使用不具备相关安全生产资质、条件的个人施工，避免安全生产事故的发生。必要时接受劳务一方和提供劳务一方均可购买商业保险预防风险、分担损失。司法实务中，买一份人身意外险在受伤后及时得到理赔，缓解就医后的经济压力，其购买金额并不高，且商业保险理赔与侵权或者工伤赔偿并非二选一，你都可以拥有。如果建立劳动关系，不管是劳动者还是用人单位，一定要对社会保险有正确的认识，缴纳社会保险不仅是法律对用人单位的要求，社会保险中的工伤保险制度本质是为了分散用人单位的用工风险。不管用人单位还是劳动者都不能存在侥幸心理，司法实践中如果企业为员工缴纳了社会保险，一般很少会产生劳动争议。

案例五

劳务合同中约定接受劳务一方仅在意外伤害保险赔偿金范围内承担责任是否有效

——解析接受劳务者一方责任承担与意外伤害保险赔偿之间的关系问题

张虹雨[①]

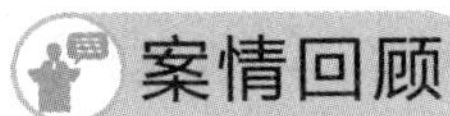

案情回顾

（一）案情简介

现在找工作很难，有些人好不容易在劳务市场找到了工作，还被迫签一些权利义务明显不对等的协议。不签就不雇你，怎么办，管他什么协议呢，先签了有活干再说吧。下面要讲的刘老汉就是这么一位。

李铁柱是个包工头，在村里承建一些农村建房工程。刘老汉没有工作，在工地上做小工。这年，刘老汉经人介绍到李铁柱工地干活，双方约定工资按日结算。为了让干活的人有个保障，李铁柱主动为包括刘老汉在内的施工人员上了为期一年的团体人身意外伤害保险，用于刘老汉在为施工队提供劳务过程中发生的意外伤害的补偿，但是双方同时口头约定李铁柱对于刘老汉在提供劳务过程中发生意外伤害的补偿仅限于保险赔偿金。刘老汉考虑现在找工作也很困难，自己也不至于这么倒霉真的会受伤，于是在李铁柱的要求下写了一份《声明》，保证在干活中如不慎受伤，除保险赔偿金外，自行承担一切损失，与李铁柱无关。后，李铁柱为刘老汉买了一份保险金额为10000元的意外伤害保险。

不料想，这天，刘老汉在施工过程中突然从梯子上跌落摔伤，当时就被

① 北京市平谷区人民法院金海湖法庭副庭长、员额法官。

送到医院，经诊断为肋骨骨折、闭合性胸部外伤、右侧胸腔积液、多发软组织损伤等，住院 47 天，共支付了医疗费 34408.83 元，住院期间由其老伴一直护理。出院时，医院在诊断证明书中写明刘老汉需要休息一周，加强营养，暂时需专人护理。

刘老汉认为他跌落摔伤是因为干活的时候梯子松动导致的，李铁柱应当赔偿其全部损失。李铁柱则认为自己只在保险赔偿金范围内补偿，剩下的责任应该刘老汉自负，并且拿出了刘老汉自己写的声明。双方协商不下，刘老汉一纸诉状把李铁柱告至法院，诉讼中李老汉申请进行伤残鉴定，经鉴定构成十级伤残，故要求李铁柱赔偿住院伙食补助费、残疾赔偿金、被扶养人生活费、精神损害赔偿金、营养费、护理费、鉴定费等各项损失共计 116107.28 元。

（二）法院观点

法院经审理认为:《声明》中免除李铁柱责任的条款无效。《民法典》第 506 条第 1 项规定，合同中造成对方人身损害的免责条款无效。第 1192 条规定，提供劳务一方因劳务受到损害的，根据双方各自的过错承担相应的责任。双方签订的《声明》约定李铁柱对于刘老汉在提供劳务过程中发生意外伤害的补偿仅限于保险赔偿金。该约定是在利用合同约定的方式，使得在提供劳务一方自己受到伤害时，对接受劳务一方的李铁柱应当承担法律责任的一种限定，实为变相免除了根据《民法典》的规定李铁柱应当承担的部分法律责任。结合《民法典》的上述规定，本案刘老汉出具的《声明》属于无效条款。

综上，法院判决：李铁柱赔偿刘老汉住院伙食补助费、营养费、护理费、残疾赔偿金、鉴定费、精神损害抚慰金合计 98537.28 元。

法理分析

（一）双方之间关于接受劳务者一方仅在保险限额内承担责任的约定为什么无效

《民法典》第1192条第1款规定："个人之间形成劳务关系，提供劳务一方因劳务造成他人损害的，由接受劳务一方承担侵权责任。接受劳务一方承担侵权责任后，可以向有故意或重大过失的提供劳务一方追偿。提供劳务一方因劳务受到损害的，根据双方各自的过错承担相应的责任。"该条是关于个人因劳务造成他人损害或者自己受到伤害产生的责任主体的规定。本文的案例仅涉及该条文的后半部分，该部分明确规定了提供劳务一方因劳务受伤，接受劳务一方承担的是过错责任，这是法定责任，不能根据双方的约定免除。另外，《民法典》第506条第1项明确规定，合同中造成对方人身伤害的免责条款无效。本案中，双方约定劳务者在提供劳务过程中发生意外伤害时，接受劳务一方的补偿仅限于保险赔偿金，免除了在这种情况下李铁柱应承担的法律责任，属于免责条款，故为无效。

（二）法律规定接受劳务一方承担过错责任的立法沿革

针对现实生活中因雇保姆、家庭装修等在个人之间形成劳务关系中可能产生的侵权问题，《民法典》第1192条规定作出了上面的具体规定。根据该条规定，提供劳务一方因劳务致使自己受到伤害的，适用过错责任，即根据提供劳务一方和接受劳务一方各自的过错承担相应的责任。这是因为，提供劳务一方在提供劳务过程中遭受人身损害也有自身存在过错的情况，对此提供劳务一方也应担负一定的责任，完全由接受劳务一方承担责任也显失公平。[①]

《民法典》从2021年1月1日起施行，该规定最早规定2010年7月1

① 最高人民法院侵权责任法研究小组编著：《〈中华人民共和国侵权责任法〉条文理解与适用》，人民法院出版社2010年版，第259页。

日起施行的《侵权责任法》中，原《侵权责任法》第一次在正式立法中采用了“劳务”“劳务关系”等术语，在此之前，相关的问题规定在 2004 年 5 月 1 日开始实施的《最高人民法院关于审理人身损害赔偿案件适用法律若干问题的解释》（以下简称《人身损害赔偿司法解释》）中，该司法解释第 11 条规定，“雇员在从事雇佣活动中遭受人身损害，雇主应当承担赔偿责任”。根据该条规定，雇主承担的责任是无过错责任，也就是不论雇员有没有过错，雇主都应就雇员的损害承担全部赔偿责任。这与《民法典》规定的接受劳务一方承担过错责任不同。该司法解释中虽然使用了“雇员”“雇主”“雇佣”等术语，但与《民法典》第 1192 条中的“提供劳务一方”“接受劳务一方”“劳务”等术语实质上并无差别。

随着《民法典》的颁布实施，《人身损害赔偿司法解释》于 2020 年修正，于 2021 年 1 月 1 日起实施，该司法解释中已删除了相关责任条款。在遇到此类问题时，直接适用《民法典》第 1192 条规定的过错责任原则，即个人之间形成劳务关系，提供劳务一方因劳务造成他人损害的，由接受劳务一方承担侵权责任。接受劳务一方承担侵权责任后，可以向有故意或者重大过失的提供劳务一方追偿。提供劳务一方因劳务受到损害的，根据双方各自的过错承担相应的责任。

（三）法律规定接受劳务一方承担过错责任的理论辨析

根据《民法典》第 1192 条的规定，提供劳务者因劳务导致自己受伤，接受劳务一方需根据自身过错承担责任。该条规定的是接受劳务一方的法定责任，不论当事人在协议中如何约定，都不能减轻或免除接受劳务一方的法定责任，否则约定无效，出现纠纷时仍应按照法律规定承担责任。结合本案情况，双方虽就刘老汉在提供劳务过程中发生意外伤害的补偿问题进行了约定，但该约定明确李铁柱只在保险赔偿金限额内承担责任，违反了上述规定，应属无效。

另外，合同是平等主体的自然人、法人、其他组织之间设立、变更、终止民事权利义务关系的协议。合同当事人的法律地位平等，一方不得将自己的意志强加给另一方。一般情况下，合同成立后，对双方均有约束力，双方均应按照合同约定履行，但前提是该约定没有法律规定的无效情形和可撤销情形。关于合同的无效情形和可撤销情形，《民法典》总则编和合同编中均有明确规定。

本案中，刘老汉出具了《声明》，其与李铁柱之间形成了劳务合同关系，故可以适用《民法典》合同编的相关规定。《民法典》第506条明确规定："合同中的下列免责条款无效：（一）造成对方人身损害的；（二）因故意或者重大过失造成对方财产损失的。"该规定沿用了原《合同法》第53条的规定，只是将"人身伤害"的表述变成了"人身损害"。

本案中，双方的约定是关于劳务过程中造成提供劳务者一方人身伤害时的赔偿问题，免除了在这种情况下李铁柱应承担的法律责任，属于免责条款，因此是无效的。

知识拓展

通过前述分析，我们对接受劳务一方应承担的法律责任已经有了初步认识，再深入了解一下有关意外伤害保险赔偿与接受劳务一方责任之间的关系问题吧。

（一）保险的广泛适用

意外伤害保险是人身保险业务的一种，是指保险公司对被保险人遭受的意外伤害或者因意外伤害致残、死亡承担给付保险金责任的保险业务。

保险的存在是因危险的存在。在各种社会生产和社会生活中，人们始终面临着各种各样的危险。其中，既有诸多的自然灾害，也有人为原因导致的各种意外事故。这些危险的存在和发生是必然的，不以人的意志为转移，为了减少或者避免风险发生造成的经济损失，期望以相应的成本支出（保费）为代价，将相应的风险转移、分散而实施，保险作为意外风险的保障手段应运而生，并取得极大发展，成为现代社会生活的必要组成部分。[①]

保险合同是投保人与保险人约定保险权利义务关系的协议。[②] 保险合同成立后，投保人按照约定交付保险费，保险人按照约定的时间开始承担保险责任。一旦出现保险合同约定的保险事故，保险人就应当按照约定赔偿，而不论对方是否有过错。保险责任分担了风险，将着眼点集中于受害人的保护上，体现的是投保人与保险人之间的意思自治，与是否有过错无关。

（二）接受劳务一方应承担的责任是否应该扣除保险赔偿金

随着现实生活中个人之间形成的劳务关系越来越多，以及保险的理念越来越广泛的被接受，接受劳务一方在雇佣个人从事劳务过程中，为避免工作中出现意外造成提供劳务者一方损害而需承担责任，一般都会为提供劳务者一方投保一定金额的意外伤害保险，一旦发生意外伤害保险事故，被保险人也就是提供劳务者一方可以向保险公司先行申请理赔，这样能在一定程度上分担接受劳务一方的责任，同时对提供劳务者一方来说也多一层保障。

结合本案情况看，李铁柱作为投保人为刘老汉投保了团体意外伤害保险，保费是李铁柱交纳，其投保之目的就在于防范风险与减少损失，也就是说是为了转嫁自身风险而为被保险人投的保险，故对于提供劳务者一方受伤的损失应首先由保险进行赔付，对于保险不足赔偿的部分，再根据双方的过错进行分责。如保险赔偿金额超过实际受损失金额，保险金亦应全额支付给被保险人也就是提供劳务者一方，而不是仅就损失数额索赔，意外伤害保险不适用损失填平原则。

这里需要特别说明的是：如果提供劳务一方同时给自己也上了意外伤害保险，可同时获赔，而且此种情况下，从保险公司获得的保险赔偿是额外的，这部分赔偿不能从接受劳务一方应赔偿的金额中扣除。因此意外伤害保险上

① 贾林青著：《保险法》（第五版），中国人民大学出版社 2014 年版，第 9 页。

② 投保人是指与保险人订立保险合同，并按照合同约定负有支付保险费义务的人。保险人是指与投保人订立保险合同，并按照合同约定承担赔偿或者给付保险金责任的保险公司。被保险人是指其财产或者人身受保险合同保障，享有保险金请求权的人。投保人可以为被保险人。

的越多，赔付越多，但这也意味着需交纳更多的保费，不过不怕一万就怕万一，相比较赔偿款而言保费还是比较低的，所以对于从事的工作属于危险系数比较高的个人劳务者，还是很有必要上此保险的。

（三）对于保险金部分是否应当分责呢？是否应当“先扣除过错部分，后赔付保险金”

不应当。根据前面的分析，因为保险是接受劳务一方为提供劳务一方上的，其之所以上此保险主要是为了能转移其存在的风险，在需要自己承担赔偿责任时优先从保险赔偿款中支付，按此理解，好像“先扣除过错部分，后赔付保险金”这种观点符合接受劳务一方上保险时的初衷。但仔细想想，这种想法混淆了侵权与合同两种法律关系。保险从法律性质来看，是一种合同，不同于侵权之债。合同讲究当事人意思自治，主要看双方的约定，而不考虑过错。

接受劳务一方为提供劳务一方上意外伤害保险的操作流程是，接受劳务一方作为投保人与保险公司（保险人）签订保险合同，交纳保费，同时指定提供劳务一方为被保险人，约定保险金额及保险事故等。一旦提供劳务一方发生意外伤害，提供劳务一方作为被保险人就可以直接请求保险公司按照保险合同约定进行赔付，不论提供劳务一方是否有过错，保险公司的责任均不能免除。

比如说，甲为乙投了 2 万元的意外伤害保险，乙在为甲提供劳务过程中受伤，遭受各项损失共计 1 万元，乙受伤完全系其自身原因导致，甲无责任，在此情况下，乙作为被保险人仍可以依据保险合同要求保险公司赔偿 2 万元，因为保险赔偿款就是全额支付给被保险人的，不能因被保险人的过错而扣除。另外，只有被保险人有权向保险公司主张赔偿，甲作为投保人在发生保险事故后并不能向保险公司索赔。因此，“先扣除过错部分，后赔付保险金”这种想法，并不符合保险法的立法目的。

综上，只要符合《保险法》规定的保险责任范围，保险公司就应当先行赔付，在赔付金额不足以弥补损失的范围内，再由接受劳务一方根据其过错程度分摊损失。

普法提示

（一）辨明是非，依法维护自己的合法权利

提供劳务一方在与接受劳务一方签订劳务协议时，从表面上看，双方是平等主体，但实际上，在现在劳务市场并不景气的情况下，提供劳务一方可能处于劣势。为了找到工作，提供劳务一方可能被迫签订一些“不平等”的协议，放弃自己的一些权利。基于老百姓的朴素观念，如果不懂法，在遇到问题时可能就自认倒霉了。通过这个案例就是要告诉大家，有的时候虽然签订了协议，但协议的内容可能因违法本身就是无效的，因此也无须遵守，在遇到问题的时候还是要拿起法律的武器保护好自己的利益。

（二）防患未然，提供劳务一方需尽到安全保障义务

风险无处不在，为减少风险，接受劳务一方在雇佣劳务人员时，应为其上意外伤害保险，这既是对自己的保护，也是对提供劳务者利益的保证；同时也不可以认为有保险就万事大吉，在选择劳务者时应尽量选择身体健康，业务熟练的人，不可贪图便宜，需尽到谨慎选择义务；另外，应提供安全的工作场所、条件和设施，督促劳务者按照安全规程操作，将危险系数降到最低，确保自己尽到安全保障义务。

（三）谨慎操作，提供劳务一方应确保自己无故意或重大过失

提供劳务一方在劳务过程中需特别注意安全，按相关安全操作规程操作，保护好自己。因为如果因自身存在故意或重大过失导致受伤，自己受罪不说，还要承担相应的责任。此外，提供劳务者一方如果从事的是比较危险的行业，比如经常需登高作业的，给自己上份意外伤害保险很有必要，而且上的意外伤害保险多多益善。多一份保险，就多一份保障。如不幸出现事故，应积极配合保险理赔，否则有可能因超过理赔期限被保险公司拒赔，双方因此再发生纠纷。

案例六

提供劳务者上班途中发生非因本人主要责任导致交通事故的法律责任竞合

——提供劳务者上班途中发生非因本人主要责任导致交通事故时赔偿问题的法律分析

吴心[①]

近年来，随着社会经济的快速发展，提供劳务者受害责任纠纷案件日益增多，案件类型也越趋复杂多样，并且该类案件与人民群众的日常生活和自身利益息息相关、密不可分。本篇我们就一起劳务关系中提供劳务者上班途中发生非因本人主要责任导致交通事故并产生赔偿竞合问题的案例进行分析，请看以下案例。

案情回顾

原告平平、被告林林系同村村民，被告林林系个体包工头，原告跟随被告在村附近做工。某日，原告驾驶三轮轻便摩托车后乘其妻子花花行至某路口时，与佳佳驾驶的小客车发生交通事故，导致两车损坏、原告和乘车人花花受伤。事故发生后，原告被送往北京市某医院救治，主要伤情诊断为：闭合性颅脑损伤、硬膜下血肿、左侧气胸等，并为此住院治疗 30 天。经鉴定，原告所受损伤构成八级伤残，累计伤残赔偿指数为 35%，误工期为 180—240 日，护理期、营养期均为 60—90 日。事故经公安交通管理部门处理，认定佳佳负事故主要责任，原告负次要责任。后原告将佳佳及其驾驶的肇事车辆所投保的保险公司起诉至法院，请求赔偿各项损失 260000 元。经审理，法院作出民事判决书，确定原告的总损失数额为 250000 元，并判决佳佳和其驾驶车辆的承保保险公司赔偿原告损失共计 200000 元。现判决已发生法

① 北京市平谷区人民法院立案庭（诉讼服务中心）法官助理。

律效力，原告以剩余损失未解决为由，将其接受劳务一方林林诉至法院。原告平平认为其是在上班途中出的事故，被告林林应当承担剩余损失，故起诉请求被告林林赔偿各项损失 40000 元。

被告林林则称：平平虽然是我雇佣的工人，但是事发当天上午下班时他跟我请了假，下午发生事故时原告不是在上班途中，因此不同意承担赔偿责任。

诉讼中，原告称事发当天下午发生交通事故时，正驾驶电动三轮车（后乘花花）前往被告承包的某工地上班途中，为此，原告申请证人娟娟、婷婷出庭作证，两位证人均称事发前看见平平驾驶电动三轮车后乘花花从家中出发，在与花花的聊天中得知二人当时是去某工地上班。被告对证人证言不予认可，但未提供任何证据佐证其辩解意见。

一审法院经审理认为，双方争议的焦点为事故发生时原告是否在上班途中。诉讼中，原告就其事实主张提供了相应的证据，根据原告提供的证人证言的内容，以及本案交通事故发生的时间和原告当天上午正常上班的事实，法院认为，原告所述较为真实。相反，被告主张的原告请假的事实无任何证据支持。据此，法院认定涉案交通事故发生于原告上班途中。《工伤保险条例》规定，职工在上下班途中，受到非本人主要责任的交通事故的，应当认定为工伤。涉案双方之间为劳务关系，参照上述规定，原告因上班发生事故遭受损害，在其损失未能得到全额赔偿的情况下，请求作为接受劳务一方和提供劳务受益人的被告给予适当补偿，并不为过，本着公平合理的原则，法院对原告的请求酌情予以支持，但原告要求被告承担剩余全部损失依据不足，法院不予采纳，判决如下：被告林林于判决生效后 7 日内赔偿原告平平经济损失 1 万元；驳回原告平平的其他诉讼请求。

一审宣判后，被告林林不服一审判决并上诉。二审期间，林林提交了如下证据：（1）证人丹丹的证人证言，用以证明事发当日平平向林林请假、并未提供劳务，且一审平平提供的证人与林林有矛盾、证言存在倾向性。平平质证意见为：不认可。（2）证人晨晨的证人证言，用以证明事发当日平平并未在固定时间集合并一同前往工地。平平质证意见为：不认可。

二审经审查认为，该证人证言无其他证据佐证，不能证明林林所述之证明目的。二审查明事实与一审法院查明事实一致。二审经审理认为，依据案件审理查明的事实，平平为证明其系赶赴林林处上班时遭遇车祸提供了相应的证据，且陈述的上班时间与交通事故发生时间相互印证，可以形成完整证据链证明其主张。林林虽不予认可，并提供丹丹、晨晨的证人证言证明事故发生时平平并非在前往林林处上班途中，但该证人证言无其他证据予以佐证，不能合理推断出林林所述之意见，故对其陈述，法院不予采信。一审法院在查明事实的基础上，综合考虑双方的劳务关系，依据公平原则认定林林给予平平适当的补偿，处理正确，酌定数额适当。

二审最终判决结果，驳回上诉，维持原判。

法理分析

关于本案，主要涉及劳务关系中提供劳务者在上班途中发生非因本人主要责任导致交通事故，因而产生的赔偿责任竞合问题。在此，笔者认为有以下三点需要进一步分析与讨论：

（一）上班途中是否可以认定为从事提供劳务活动

关于上班途中是否可以认定为从事提供劳务活动，目前司法实践中存在两种观点。一种观点认为，上班途中应当认定从事提供劳务活动，上班途中虽然没有直接从事提供劳务活动，但是系与履行提供劳务职务行为有内在联系的必然环节，是顺利履行提供劳务职务行为的必须阶段，故应该予以认定。另一种观点认为，上班途中不属于履行职务从事提供劳务活动的行为，与提供劳务活动无密切联系，并没有从事接受劳务一方或者提供劳务受益人指定或授权的工作，故不应由接受劳务一方或者提供劳务受益人承担赔偿责任。在此，笔者更倾向于认同第一种观点，如无更加充分及相反证据证明提供劳务者不是去上班途中，那么提供劳务者在上班途中应该认定为从事提供劳务活动的必须环节。本案中，显然提供劳务者平平提供的证据较接受劳务一方林林提供的证据更加充分，故此可以认定平平发生涉案交通事故系上班途中。

（二）提供劳务者上班途中发生交通事故是否属于工伤

首先，我们需要了解劳务关系与劳动关系是两种性质的关系，并不相同。劳动关系，是指用人单位与劳动者依法签订劳动合同，确立劳动过程中权利与义务的法律关系。劳务关系指提供劳务一方与接收劳务一方口头约定或者书面约定，为接受劳务一方提供一次性的或者特定的劳务服务，由接受劳务一方按照约定向提供劳务者支付报酬，从而建立一种有偿服务的法律关系，双方建立的是一种民事权利义务关系。

其次，劳动关系和劳务关系存在以下区别：（1）用工主体不同。劳动关系中用工主体是与劳动者建立劳动权利义务关系的法人企业、个体经济组织、国家机关、事业单位等；劳务关系中用工主体范围则更为广泛，可以是自然人、法人或其他组织。（2）双方地位不同。劳动关系中，用人单位和劳动者签订劳动合同后，双方形成一种管理与被管理的关系；劳务关系中，双方是平等的民事主体，不具有身份上的依附性，适用的法律主要是《民法典》。（3）法律强制性不同。劳动者和用人单位的权利义务除由劳动合同约定外，劳动法还强制规定诸如辞退的法定情形、用人单位强制性缴纳社会保险等。劳务关系的双方主要是意思自治，双方口头协商或者书面约定，法律对此并没有强制性规定。（4）救济途径不同。劳动关系产生的劳动争议适用和解、调解、仲裁、诉讼，必须先经过劳动争议仲裁委员会的仲裁，劳动仲裁是前置程序，未经仲裁不得提起诉讼。劳务关系产生的纠纷为一般普通民事纠纷，可以直接起诉到法院，并不需要经过仲裁前置程序。（5）赔偿救济途径不同。在劳动关系中，用人单位必须为劳动者办理社会保险，单位职工在工作过程中受到损害时可以进行工伤认定。劳务关系中接收劳务一方不负有为提供劳务一方办理社会保险的法定义务，如果提供劳务一方在工作过程中受伤，虽然不走工伤程序，但可以向侵权者主张人身损害赔偿。《民法典》第1192条规定："个人之间形成劳务关系，提供劳务一方因劳务造成他人损害的，由接受劳务一方承担侵权责任。接受劳务一方承担侵权责任后，可以向有故意或者重大过失的提供劳务一方追偿。提供劳务一方因劳务受到损害的，根据双方各自的过错承担相应的责任。提供劳务期间，因第三人的行为造成提供劳务一方损害的，提供劳务一方有权请求第三人承担侵权责任，也有权请求接受劳务一方给予补偿。接受劳务一方补偿后，可以向第三人追偿。”

本案中，平平在上班途中发生交通事故，经过交通事故管理部门认定平平对涉案交通事故负次要责任。平平可以依据责任认定情况向侵权者提起人身损害赔偿。但因平平与接受劳务一方林林之间系劳务关系，故不能主张工伤保险待遇。

（三）上班途中发生非因本人主要责任的交通事故引起的赔偿竞合问题

上班途中发生非因本人主要责任的交通事故，首先要区分双方之间是劳动关系还是劳务关系。《工伤保险条例》第 14 条规定，职工在上下班途中，受到非本人主要责任的交通事故或者城市轨道交通、客运轮渡、火车事故伤害的，应当认定为工伤。

如果双方之间是劳动关系，则涉及交通事故责任赔偿与工伤保险赔偿的竞合问题。一方面，交通事故与工伤保险的部分赔偿项目并不完全相同，且计算方法与计算标准亦存有很大差异。针对交通事故责任赔偿与工伤保险赔偿赔付重合部分是否需要扣除，《最高人民法院关于审理工伤保险行政案件若干问题的规定》中已经做了相关明确规定。《最高人民法院关于审理工伤保险行政案件若干问题的规定》第 8 条第 3 款规定：“职工因第三人的原因导致工伤，社会保险经办机构以职工或者其近亲属已经对第三人提起民事诉讼为由，拒绝支付工伤保险待遇的，人民法院不予支持，但第三人已经支付的医疗费用除外。”据此可以看出，当交通事故责任赔偿与工伤保险赔偿产生竞合时，除医疗费用以外，其余部分可以获得双重赔偿。另一方面，根据《最高人民法院关于因第三人造成工伤的职工或其亲属在获得民事赔偿后是否还可以获得工伤保险补偿问题的答复》的规定，当交通事故赔偿与工伤保险赔偿发生竞合，职工可以依照不同的法律规定分别获得救济。事实上，交通事故责任赔偿与工伤保险赔偿的性质属于不同法律关系。交通事故责任赔偿系受害者与第三人之间存在侵权责任关系，而工伤保险赔偿系职工与雇主或用人单位之间存在雇佣劳动关系。交通事故中的侵权责任关系受《民法典》《道路交通安全法》以及《最高人民法院关于审理人身损害赔偿案件适用法律若干问题的解释》的调整，劳动关系中发生工伤保险赔偿则受《劳动法》和《工伤保险条例》调整，故如果在发生交通事故的同时又被认定为工伤的，工伤人员在依据相关法律规定享受工伤保险待遇的同时，还可以向侵权方主张侵权损害责任赔偿。

如果双方之间是劳务关系，虽然不涉及工伤保险赔偿问题，但是涉及交通事故责任赔偿和雇主责任赔偿的竞合。笔者认为，在交通事故责任赔偿赔付完毕后，如果提供劳务者的损失未能得到全额赔偿，因提供劳务者系在上班途中发生交通事故，接受劳务一方系提供劳务者为其提供劳务的受益人，可以参照《工伤保险条例》，依据公平原则，给予适当补偿，以体现平衡兼顾双方利益，同时这也符合民法法律精神的基本原则。

结合本案，平平与接受劳务一方林林之间系劳务关系，故不涉及工伤赔偿问题，但是平平在向小客车驾驶人佳佳主张完道路交通事故责任赔偿后，因其损失未能得到完全赔偿，考虑到平平在上班途中发生涉案交通事故，且平平负次要责任，林林是平平为其提供劳务的受益人，参照《工伤保险条例》，依据公平原则，判决林林给予平平适当补偿，并不违反法律强制性规定，反而体现了民事审判的基本原则，符合民法精神。

知识拓展

通过以上案情介绍与法律分析，我们对提供劳务者在上班途中发生非因本人主要责任导致的交通事故赔偿问题有了基本的了解。下面让我们再深入地了解一下与此案件相关的基本知识。

（一）上班途中的认定

人民法院对“上下班途中”的认定至少应当考虑以下三个要素：一是目的要素，即以上下班为目的；二是时间要素，即上下班时间是否合理；三是空间要素，即往返于工作地和居住地的路线是否合理。根据《最高人民法院关于审理工伤保险行政案件若干问题的规定》第6条的规定，对社会保险行政部门认定下列情形为“上下班途中”的，人民法院应予支持：（1）在合理时间内往返于工作地与住所地、经常居住地、单位宿舍的合理路线的上下班途中；（2）在合理时间内往返于工作地与配偶、父母、子女居住地的合理路线的上下班途中；（3）从事属于日常工作生活所需要的活动，且在合理时间和合理路线的上下班途中；（4）在合理时间内其他合理路线的上下班途中。

（二）在交通事故中属于“非本人主要责任”的含义

在涉案交通事故中属于“非本人主要责任”，包括在涉案交通事故责任认定中负有同等责任、次要责任或无责任三种情况。据此，可以推出，在劳动关系中，职工在本人负主要责任和全部责任的交通事故中受到伤害的，不能认定为工伤。此外，需要注意的是，无论在劳动关系中还是劳务关系中，司法实践中一般以公安机关交通管理部门出具的道路交通事故责任认定书为事故双方责任承担的认定依据。故上下班途中发生交通事故，因及时报警、保护事发现场，方便交警部门及时勘察现场，同时也是维护双方合法权益的有效途径。

（三）公平原则

公平原则是民法的基本原则，也是民事审判中经常用到的原则，其基本要求是：民事主体应当本着公平的观念进行民事活动，正当行使民事权利和履行民事义务；兼顾他人利益和社会公共利益；司法机关审理民事案件时应当在依法的同时做到公平合理，在法律无明确规定时应按公正、合理的精神处理民事纠纷。此外，公平原则的适用不以主观过错为前提，不要求对受害人的损失承担全部责任。根据案情情况，综合考虑双方所得利益及损失，公平合理地分担损失。

普法提示

提供劳务者受害责任纠纷是指在民事主体之间存在劳务关系的情形下，提供劳务的一方因劳务活动导致自身受到伤害，由提供劳务一方及接受劳务一方根据各自的过错程度承担相应侵权责任的纠纷。近年来，提供劳务者受害责任纠纷案件日益增多，主要呈现以下特点：一是纠纷形式多样，该类案件主要发生在单位与个人之间因雇佣关系引起的纠纷、个人与个人之间因雇佣关系引起的纠纷等。二是法律意识淡薄，提供劳务者一般文化程度不高，法律意识较低，维权能力较弱，合法权益难以得到及时高效的保障。三是法律关系复杂，认定过错程度的影响因素纷繁复杂，容易增加当事人的诉累，同时此类案件上诉率偏高，容易激化社会矛盾。

因此，建议在处理提供劳务者受害责任纠纷案件中，需从以下几个方面加强工作：

一是提供劳务者个人应提高安全意识、技能意识、法律意识，保留用工证据。提供劳务时尽量选择专业的用工单位和诚信度较高的接受劳务个人，尽可能签订书面合同，明确约定具体的工作地点、时间、期限、项目、方式、报酬等内容，提高自身技能，最大限度地避免发生人身损害赔偿时产生不必要的纠纷，维护自身的合法权益。

二是用工单位或接受劳务者应强化社会责任意识，加强安全教育培训，提高规范管理水平。在提供劳务者受害责任纠纷案件中，作为实力相对较强的用工单位或接受劳务一方应积极主动为实力相对较弱的提供劳务一方提供安全的工作环境，同时加强日常培训，与其签订书面合同，为提供劳务者谋取正当利益，助力实现双赢。

三是司法部门坚持做好法律释明和普法宣传工作，积极参与社会治安的综合治理。人民法院统一裁判尺度，规范案件审理，主动延伸审判职能，积极服务经济社会发展大局，最大限度地维护保障当事人的合法权益，让人民群众在每一个司法案件中都感受到公平正义。

第五章

典型劳务纠纷案例

案例一

特定情况下接受劳务主体的认定及相关责任负担

——以《农村五保供养工作条例》为中心进行的拓展

郑飞飞[①]、许友刚[②]

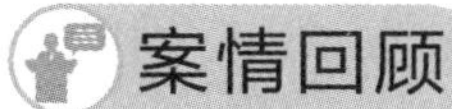

案情回顾

（一）被照顾的五保户

李农是建南村村民，从小身患多处残疾，没有劳动能力，父母早逝也没有其他兄弟姐妹，成年之后一直靠村里接济度日，独自居住在老家的祖宅里。后依照相关规定，李农符合该村五保户条件认定，被确认为村里的五保户，根据上级统一要求，2006年建南村委会与该村村民小组及另一村民李林签订了一份有关李农的五保供养协议，约定村委会有协调各项五保供养标准落实兑现等义务，同时确定李林为该户联系人；村民小组负责粮、食油、柴筹集，住房维修，死后安葬，落实扶养人（领养人）；联系人负责该户的日常生活安排和照料、生病期间的护理，协助管理该户的财产等。按照约定，李林成为李农名义上的“领养人”。

（二）危房改造暖人心

李农所居住的房屋早已年久失修，濒临倒塌。2018年，根据上级统一规划，该县启动全面脱贫攻坚计划，颁布了一系列政策措施。五保户是贫困人口中的深度贫困群体，脱贫难度更大。为解决贫困人口“住不愁”问题，该县出台了“农村危房改造工程”的政策。按农村危房改造政策，改建主体为农户，改造资金以农户自筹为主，政府补助为辅，对五保户政府户均补助2

① 北京市平谷区人民法院审判管理办公室（研究室）主任、员额法官。

② 北京市平谷区人民法院民一庭庭长、员额法官。

万元。李农得知这一消息后，喜出望外，想着自己也能很快住上政府帮扶建造的新房，心里乐开了花。按照建南村统一安排，李农在李林的帮助下向村委会提交了申请，村委会经审核后，认定李农居住的房屋属于危房，被列入危房改造计划。

（三）突如其来的意外

为落实李农的危房改造牵头人，建南村委会副主任齐福与另一五保户李之协商，建议李之作为李农危房改造的牵头人。对此，齐福也征求了李农的意见，李农表示认可。其间，李农本人也找到李之，要求李之牵头，并建议李之在改建危房时带上李存西，李存西是李农的远房亲戚，也在同村居住，今年已经 68 岁，家庭并不富裕，平时也是靠干一些零活赚钱养家。2018 年 5 月，李之邀李存西一道开始拆除李农家危房，不料某天上午 10 点多钟李存西从屋顶摔下致伤，经过了几个小时的抢救，还是没有挽回生命，意外死亡。这一突如其来的意外给李存西亲属带来了巨大打击，他的亲属王华、程序等原告共同提起诉讼。他们认为李农并不是侵权人，但要求李之、镇政府、建南村委会对李存西的死亡承担共同侵权责任，要求赔偿损失约 36 万元。

法院经审理认为，在现有的五保户供养制度规定下，尤其是五保户住房不符合基本居住条件被列为危房改造时，乡镇政府应该是解决该住房问题的法定义务人。具体到本案，李农作为五保户，申请了危房改造补助资金，此时镇政府的法定义务则为对危房改建事宜承担协助管理责任。李农是改建房屋的主体，镇政府有协助义务，李存西为提供劳务方，李农为接受劳务方，而在建南村委会与李之之间成立委托关系，本案中李农与李之在选任李存西拆除房屋上形成合意，存在共同过失，故李农与镇政府应承担共同过失责任。从委托关系角度讲，建南村委会、李之所应承担的对外责任应由委托人镇政府承担。李农作为五保户，如无财产可供其承担应负的法律责任时，从五保供养法律关系角度，镇政府还应对李农所负法律责任最终负责。原告虽主张李农是受益人不是侵权人与事实不符，但原告不要求李农承担责任不违背法律规定，法院应予准许。[①]

李存西是农村普通农业劳动者，不具备建筑从业资格，而且他是一位已经68岁的花甲老人，从事拆屋这一空中作业，从劳动能力上看明显不相适应。在从事劳务过程中，其对自身安全疏忽大意，没有尽到谨慎的注意义务，造成从屋顶摔下的事故发生，负有较大的过错，是其受伤致死的主要原因，故应自负主要责任。

基于以上理由，也鉴于该案的特殊性，法院主持各方进行了多轮调解，最终达成调解协议，由镇人民政府补偿原告因李存西死亡各项损失10万元，原告放弃其他请求，该案以调解方式结案。

法理分析

本案在审理中，对于案件性质为提供劳务者受害责任纠纷及提供劳务者李存西负有较大过错没有争议，主要争议焦点在于谁是接受劳务者（当事人法律地位）、各相关主体应否担责。

（一）本案当事人法律地位的界定

想要厘清本案当事人的法律地位，需先厘清本案涉及的诸多法律关系。

1. 劳务关系是基础

本案最为基础的法律关系是劳务法律关系。其中，李存西是提供劳务者没有疑义，本案的关键在于确定接受劳务的主体。根据本案事实，李农的住房是危房，符合农村危房改造资金补助的条件，李农本人有意愿改建，其虽是五保户，但只是无劳动能力及经济来源，有民事行为能力，可以成为改建主体，故而可以确定危房物权归属为李农。李农自己提出让李存西帮忙改建，李之认同，李存西实际履行了改建行为，李存西与李农之间成立劳务法律关

① 本案例系根据（2017）皖0828民初149号案例改编，案例中当事人及机构名称均为化名。

系，所以能够确定李农为接受劳务主体。

2. 协助管理关系是关键

本案最为关键的主体为李农、李存西，根据前述观点，确定二者之间为提供劳务与接受劳务的主体，但还存在几个关键主体分别为：李之、镇政府、村委会，对于这几类主体之间的关系细分如下。这几类主体间存在的另一关键性关系是协助管理关系，镇政府作为李农危房改建的协助管理义务人，协助管理人的义务是负责统筹协调危房改建的相关事务工作，故而镇政府与李农之间成立协助管理关系，镇政府是协助管理义务人，李农是接受协助的权利人。

那李之、镇政府、村委会三个主体关系应该如何认定呢？李存西参加危房改建，是接受了李农及李之的建议，但李之的行为需要具体分析，因其是镇政府、村委会委托的协助管理义务人，其在此委托关系中是受委托人，故而李之不应成为劳务关系的主体，被排除在外。而村委会作为镇政府的下级单位，本案中依托镇政府的行为，镇政府作为协助管理人，加入劳务法律关系当中，附随于接受协助管理义务的五保户李农一方，成为本案劳务法律关系中的特殊主体。

综上，几个主体之间的关系图如下：

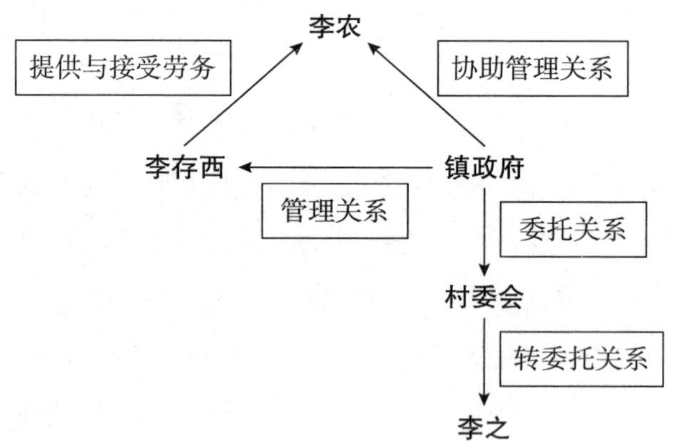

（二）本案当事人法律责任的确定

1. 提供劳务者——主要责任

在劳务法律关系中，作为劳务提供者，对自身的人身安全负有注意义务。李存西是农村普通农业劳动者，其本人不具备建筑从业资格，从事危房改建时已经68岁，已经明显不具备相应的劳动能力。并且从当事人陈述来看，李存西在从事劳务过程中，是在危房房顶因自身疏忽大意，没有尽到应尽的谨慎义务，意外从屋顶坠落造成事故。从本案情况来看，李存西自己作为提供劳务者受到损害，因自身存在过错，应该负主要责任。

2. 接受劳务者——次要责任

需要说明的是，具备主体资格与承担责任的主体未必是同一主体。本案中，李农是接受劳务的主体，但是从承担责任的角度来讲，则需要另行讨论。李农与李存西有亲属关系，对于李存西年龄、劳动能力等情况非常清楚，但其仍然建议李存西参与危房改建，存在明显的过失行为，也是导致此事故发生的重要原因，与李存西死亡存在一定的因果关系，李农应当承担相应的法律责任。

我们再来分析李之的行为，李之同样对李存西的劳动能力理应知晓，但其在接受李农的建议后，未予拒绝，仍然邀请李存西，同样存在选任过失，也是造成事故的原因之一，属于履行协助管理义务不当，应当承担相应责任。但李之是镇政府的受托人，村委会是转委托人，也就是说，在本案劳务关系之下，在考虑责任承担时，还应深入考虑委托关系的责任承担问题。委托关系下，委托人是镇政府，故而镇政府在相应范围内承担责任。

李农与李之在选任李存西时存在合意，具有共同过失。因此，李农与镇政府应当对李存西死亡造成的损失的次要部分承担连带赔偿责任。但因本案原告放弃了对李农主张权利，故应由本案原告承担相应次要责任。

综上，几个主体之间的责任承担关系图如下：

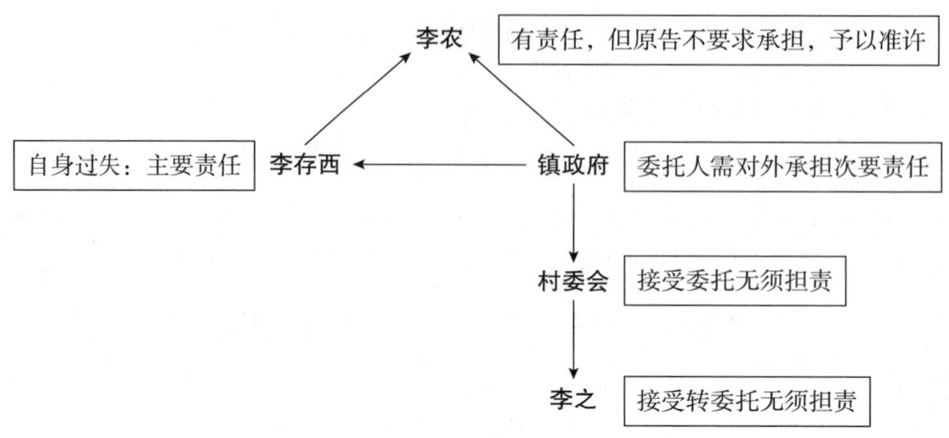

知识拓展

通过我们深入分析，可以知道，本案在提供劳务者受害案由下，之所以产生诸多争议，是由于李农五保户这一特殊身份，进而导致责任主体认定上稍微复杂。知识拓展中我们带大家来详细了解一下五保户制度的相关历史。

（一）五保户供养制度的发展

五保户制度是政府或社区对农村无法定赡养、抚养、扶养人或虽有但无相应能力的无劳动能力、无生活来源的老人、未成年人和残疾人实施供养的社会救助政策，是我国数千年来敬老抚幼、扶残助孤悠久传统的制度化，是农村社会保障体系的重要一环，五保制度发展也经历了许多曲折。

一是农业生产合作社阶段。1956 年 1 月发布《1956—1967 年全国农业发展纲要（草案）》，同年 6 月 30 日，通过《高级农业生产合作社示范章程》，这两份文件最早提出“五保”的概念，农村享受五保保障的对象被称为“五保户”，从此五保供养作为一项制度载入史册，并称为党和政府在农村地区长期执行的一项政策。这一时期主要是对有一定劳动能力的对象，安排他们从事力所能及的生产劳动并适当照顾分工，从公益金中直接分给五保户现款和实物。据统计，我国 1958 年全国农村享有五保条件的有 413 万户、519 万人。随着后来一些地方试办敬老院，对五保对象实行集中供养，自此，我国对五保户的供养形成了分散供养和集中供养两种方式。

二是由乡镇人民政府组织实施模式。1994 年 1 月颁布的《农村五保供养工作条例》，是我国第一部关于五保供养工作的专门法规，它的颁布与实施标志着农村五保供养工作开始走上规范化轨道。主要表现在明确了五保户对象、五保供养内容及标准均有所提高、五保供养经费的筹集也更有保障，1985 年起，这种模式在全国推广。直到 20 世纪 90 年代中后期，农村税费改革进行给五保供养制度带来了一些新情况及新问题。因为之前五保供养主体主要是村集体，税费改革后，农村五保经费放在农业征税 20% 的附加中支出，而这 20% 的附加税还要支出村组干部的工资及办公经费等，故用于五保供养部分经常被忽视和挤占。

三是由政府主导的实施模式。2006 年修订《农村五保供养工作条例》正式施行。与旧的《工作条例》相比，新的条例体系更加完整、内容更加丰富。实现了五保供养从农民集体内部的互助共济体制向国家财政供养为主体，集体保障为辅的现代社会保障体制的历史性转变；创建了五保供养标准的自然增长机制；加强了农村五保供养服务机构的建设与管理；明确了依法监督管理的措施办法，相比之下有非常大的进步。

（二）解决五保户住房问题的义务主体

根据 2006 年《农村五保供养工作条例》，乡镇人民政府在五保户供养工作上有两方面的法定职责。一方面是行政管理职责，另一方面是民事责任。在民事责任中包含包吃包住等，故而五保户较为关心的住房问题，即提供基本符合居住条件的住房是镇政府的供养义务之一。

但实际生活中，各乡镇政府履行义务形式各不相同，有一些采取集中供养方式，将一定范围五保户统一交由供养机构，也有一些采取租赁住房分散供养。也有一些正如本案情况，五保户还有一些财产，可以将这些财产充分利用，在五保户同意的情况下进行危房改造。这种情况下，房屋改建的主体是五保户，但乡镇政府对改建事宜负有协助管理的法定义务。

普法提示

（一）申请成为五保户的条件和手续

很多读者会提出问题，什么条件符合申请五保户？申请五保户的手续是什么？

根据《农村五保供养工作条例》第 6 条规定：老年、残疾或者未满 16 周岁的村民，无劳动能力、无生活来源又无法定赡养、抚养、扶养义务人，或者其法定赡养、抚养、扶养义务人无赡养、抚养、扶养能力的，享受农村五保供养待遇。

第 7 条规定：享受农村五保供养待遇，应当由村民本人向村民委员会提出申请；因年幼或者智力残疾无法表达意愿的，由村民小组或者其他村民代为提出申请。经村民委员会民主评议，对符合本条例第 6 条规定条件的，在本村范围内公告；无重大异议的，由村民委员会将评议意见和有关材料报送乡、民族乡、镇人民政府审核。乡、民族乡、镇人民政府应当自收到评议意见之日起 20 日内提出审核意见，并将审核意见和有关材料报送县级人民政府民政部门审批。县级人民政府民政部门应当自收到审核意见和有关材料之日起 20 日内作出审批决定。对批准给予农村五保供养待遇的，发给《农村五保供养证书》；对不符合条件不予批准的，应当书面说明理由。乡、民族乡、镇人民政府应当对申请人的家庭状况和经济条件进行调查核实；必要时，县级人民政府民政部门可以进行复核。申请人、有关组织或者个人应当配合、接受调查，如实提供有关情况。

第 8 条规定：农村五保供养对象不再符合本条例第 6 条规定条件的，村民委员会或者敬老院等农村五保供养服务机构（以下简称农村五保供养服务机构）应当向乡、民族乡、镇人民政府报告，由乡、民族乡、镇人民政府审核并报县级人民政府民政部门核准后，核销其《农村五保供养证书》。农村五保供养对象死亡，丧葬事宜办理完毕后，村民委员会或者农村五保供养服务机构应当向乡、民族乡、镇人民政府报告，由乡、民族乡、镇人民政府报县级人民政府民政部门核准后，核销其《农村五保供养证书》。

（二）五保户主要“保”哪些

《农村五保供养工作条例》第 9 条规定：农村五保供养包括下列供养内容：（1）供给粮油、副食品和生活用燃料；（2）供给服装、被褥等生活用品和零用钱；（3）提供符合基本居住条件的住房；（4）提供疾病治疗，对生活不能自理的给予照料；（5）办理丧葬事宜。另外，农村五保供养对象未满 16 周岁或者已经满 16 周岁仍在接受义务教育的，应当保障他们依法接受义务教育所需费用。农村五保供养对象的疾病治疗，应当与当地农村合作医疗和农村医疗救助制度相衔接。

（三）五保户的遗产能否继承

关于五保户的遗产问题较为复杂，2006 年颁布新的《农村五保供养工作条例》后，删除了旧版《工作条例》中关于遗产处理的规定，主要原因是考虑到之前的规定与继承类的法律规定精神要旨有所差别。因为新的《工作条例》中明确规定农村五保供养资金由地方政府财政预算予以安排，与原来集体组织出资供养不同，故遗产处理也有不同之处。按照新的《工作条例》规定，如果五保供养户与农村集体经济组织签订有供养协议，则其遗产应按照协议处理，如果并未签订相关协议，则应依照相关法律规定处理。

（四）五保户较为关心的住房问题相关扩展

下面结合本案实际情况，就五保户较为关心的住房问题，尤其是危房改建过程中五保户与镇政府的权利义务相关问题进行适当拓展。

五保户虽然要依赖政府供养，但其作为民事主体的资格依然存在，可以自己行使民事权利，在其无民事行为能力时，可以由其监护人代理行使民事权利。当五保户住房属于危房，符合国家危房改造政策时，其有权向政府申请获得危房改造补助资金，对危房进行改建。五保户作为物权人，是危房改建的主体，可以自主行使相应权能。

当五保户房屋属于危房时，即构成不能满足基本居住条件，此时乡镇人民政府为五保户提供住房的义务由此发生。在五保户选择危房改建时，乡镇政府的义务就是对于改建事务协助管理，如帮助五保户将建设工程发包给他人，乡镇政府帮助选择恰当的劳动者提供劳务，帮助采购各种建筑材料等。乡镇政府要履行好这一义务，相应地必然具有一定的管理权。

这样，乡镇政府的管理权与五保户的物权实际上发生了竞合，深入分析来讲，该管理权具有从属性和独立性。从属性因该管理权从属于五保户的物权，独立性表现在该管理权为法定的协助管理义务，对五保户的无理要求及违法意思表示可以拒绝。实际上，用大家较为容易理解的一种说法，这种协助管理制度与监护制度有相似之处：权利义务的发生都是法定的而不是意定的；都为管理或监护对象的利益服务；如损害管理或监护对象权益或者不正确履行义务，要依法承担法律责任。当然，因五保户应担责而又无可供担责财产情形下，基于五保供养关系，乡镇政府应当拨付相应资金给五保户履行义务，以消灭五保户所承担的法律责任，但这项责任应是间接责任。

通过上述案例，希望大家对农村五保户制度及由此产生的提供劳务者受害纠纷能有更加深刻的了解，在此也提示农村地区符合条件的五保户依照相关法律规定维护自身合法权益。

案例二

个体工商户与不满 16 周岁学徒工之间法律关系的认定

——解析非法用工关系的法律责任负担及法律依据

马豫林①

我国《劳动法》《未成年人保护法》《禁止使用童工规定》等多部法律法规明确规定禁止招用不满 16 周岁的未成年人，因此，现在招用童工的现象已经很少见了。但未满 16 周岁的孩子在饭店、汽修厂、模具厂等跟着个体户主学习技能的现象却极为普遍，这些孩子被称之为“学徒工”。那么，这种学徒行为是否符合法律规定呢？对此，我们选取典型案例，讲解个体工商户与学徒工的那些事儿，以达到释法明理，预防法律纠纷的效果。

案情回顾

（一）唐人幼年辍学，学艺途中遭遇不幸

情景一：唐人于 2003 年 2 月出生。2016 年 6 月，唐人进入托尼个人经营的理发店（个体工商户，经营者托尼，以下简称理发店）做学徒工，包吃包住。唐人勤学好问，踏实肯干，很快适应了理发店的环境。但接下来发生的事情却给唐人及家人带来巨大的不幸。2016 年 7 月 16 日，唐人在五楼收取洗头毛巾时，因楼上天井处塑料板年久失修，致使唐人从五楼坠落死亡。经公安机关调查，唐人之死排除他杀可能，系意外坠楼死亡。2016 年 8 月 9 日，人力资源和社会保障局认定理发店招用不满 16 周岁的未成年人，依法作出行政处罚决定。②

---

① 北京市平谷区人民法院王辛庄法庭法官助理。

② （2016）渝 0240 民初 3115 号、（2016）渝 04 民终 1692 号，来源于中国裁判文书网，案例中当事人均为化名。

（二）唐人父母依法维权，庭审中托尼据理力争

2016年8月22日，劳动人事争议仲裁委员会作出《不予受理通知书》。后唐人父母以提供劳务者受害责任纠纷为由向法院提起诉讼，要求法院判令理发店及其经营者托尼赔偿因唐人死亡的一次性死亡赔偿金、丧葬费等损失。

理发店及其经营者托尼要求裁定驳回唐人父母的起诉，同时告知唐人父母另案对理发店、房东阿勇提起人身损害赔偿的诉讼。唐人父母答辩称，根据托尼陈述，其同意唐人在理发店当学徒，并为唐人提供食宿，不论是否向唐人支付工资，不影响对理发店使用童工事实的认定，理发店使用童工的事实清楚。

（三）两级法院依法裁判，双方最终服判息诉

一审法院认为，理发店招收未满16周岁唐人提供劳务，唐人在提供劳务过程中死亡。唐人务工时未满16周岁，属童工。参照《非法用工单位伤亡人员一次性赔偿办法》的规定，理发店依法应当根据上述法律规定支付一次性赔偿金即31195元/年 ×20年=623900元，丧葬补助费即31195元/年 ×10年=311950元。关于理发店提出的应追加房东阿勇为被告的请求。法院认为，本案系工亡赔偿纠纷，非一般人身损害赔偿纠纷，其请求该院不予准许，理发店可另案追偿。

二审法院认为，非法用工关系除了不具备劳动关系的主体资格合法性特征以外，从属性、有组织性、有偿性特征均具备。除此外，非法用工的特殊情形就是用人单位违反法律规定使用童工，即劳动者主体资格的不适格，这是法律对未成年人的特殊保护，也是法律的禁止性规定。本案中，除唐人死亡时未满16周岁外，作为用人单位的理发店具备用工主体资格；死者唐人生前受理发店雇请，服从其安排，从事学徒工作，唐人的行为亦是理发店的业务工作组成；不论理发店是否支付唐人薪酬，其均包吃包住，亦是唐人提供劳务后支付薪酬的一种体现，故理发店非法使用童工的事实成立，其对唐人

的死亡依法应予担责。最终二审法院驳回上诉，维持原判。

本案主要需要讨论以下几个问题：在本案中，理发店和托尼由谁作为本案被告参与诉讼呢？理发店和托尼是否需要就唐人的受伤承担赔偿责任？如果需要，理发店和托尼需要承担什么赔偿责任以及责任应如何划分？

法理分析

（一）关于托尼的诉讼主体地位问题

根据民事诉讼法理论，参与民事诉讼活动的当事人都必须具有民事诉讼主体资格，即必须具有民事诉讼权利能力和民事诉讼行为能力。民事诉讼权利能力和民事诉讼行为能力与民事权利能力和行为能力息息相关，如果民事权利能力和民事行为能力终止，民事诉讼权利能力和民事诉讼行为能力就自然归于消灭。个体工商户民事权利能力和诉讼主体资格从合法登记之日起而存在，从注销登记之日起消灭。

根据2020年修正的《民诉法解释》第59条规定，在诉讼中，个体工商户无论是否有字号，都应当以营业执照上登记的经营者为当事人。

根据《民法典》第56条第1款规定，个体工商户的债务，个人经营的，以个人财产承担；家庭经营的，以家庭财产承担；无法区分的，以家庭财产承担。

具体到本案，理发店是个体工商户，托尼个人经营理发店，其作为理发店的经营者，其与学徒工唐人发生的纠纷无论是属于民事侵权案件还是劳动争议案件，唐人理应将理发店营业执照上登记的经营者列为当事人，故唐人父母不能以理发店为被告起诉，而应当以托尼为被告。根据《民法典》第56条的规定，理发店经营期间的债务，也应由其经营者即托尼承担。本案中理发店的经营者托尼既是本案中适格的被告，又是实体的权利义务承担者。唐人父母应当以托尼为对象进行维权。

（二）关于托尼和唐人之间法律关系的认定

从基本案情来看，事故发生后，唐人父母以提供劳务者受害责任纠纷为由起诉托尼，主张托尼系非法用工，要求判令赔偿因唐人死亡的一次性死亡赔偿金、丧葬费等损失，托尼则认为自己不应担责。因此，唐人（学徒工）和托尼（个体工商户）之间的法律关系可以从劳务关系、雇佣关系、非法用工关系中判定。

一般而言，用人单位与劳动者会通过签订书面合同的形式确立劳动关系，而《关于确立劳动关系有关事项的通知》第 1 条则对无书面劳动合同但是符合劳动关系的实质要件时，用人单位与劳动者之间构成事实劳动关系进行肯定。具体到本案，托尼系经合法登记从事美容美发业务的个体工商户，根据我国《劳动法》第 2 条和《关于贯彻执行〈中华人民共和国劳动法〉若干问题的意见》规定，个体工商户具备用工主体资格；唐人和托尼口头约定唐人以学徒身份在托尼处学习技艺，但学徒期间同时为托尼提供劳动，接受托尼的工作安排和业务培训，服从托尼的管理，所以唐人和托尼之间具有高度的人身隶属性；另外，不论托尼是否支付唐人薪酬，其包吃包住，属于支付唐人薪酬的一种体现，就此来看，二者之间似乎不属于劳务关系、雇佣关系。

然而，本案的特殊性还在于唐人受伤时是未满 16 周岁的未成年人。《劳动法》第 15 条和《禁止使用童工规定》第 2 条第 1 款均规定用人单位不得招用不满 16 周岁的未成年人。《禁止使用童工规定》第 13 条规定，除了文艺体育等特殊行业外，使用不满 16 周岁未成年人劳动的即为使用童工。结合上述分析，可以认定托尼系招用不满 16 周岁的唐人为理发店提供劳动，违反了法律规定，属于使用童工，故二者之间构成非法用工关系。

（三）关于托尼和唐人赔偿责任分担及法律依据

经过上面的分析，我们得出唐人和托尼之间构成非法用工关系。《工伤保险条例》第 66 条规定，如果童工就赔偿数额与单位发生争议，按照劳动争议的有关规定处理。目前，我国处理劳动争议中的工伤事故采取无过错责任原则，也就是雇主责任制，并不以劳动者是否存在过错为前提。也就是说，发生工伤事故，无论事故责任在谁、雇主是否存在过错，用人单位都应及时无条件地对受伤职工进行经济补偿或者赔偿。因童工就赔偿数额与单位发生争议，按照劳动争议的规定处理，因此，非法用工同样适用无过错责任原则，而不区分过错责任。所以，本案托尼主张不承担责任不能得到二审法院的支持。

（四）关于唐人父母的诉讼请求能否全部得到支持

非法用工单位的职工或童工与用工单位之间不存在劳动关系，如受到伤亡，在理论层面或实践操作中不能被认定为工伤，不能享受工伤保险待遇，但鉴于应为已付出实质劳动的劳动者提供恰当有效的救济路径的立法精神，故在《工伤保险条例》内设置了不同于工伤保险待遇的特殊救济方案。根据《工伤保险条例》第 66 条及《非法用工单位伤亡人员一次性赔偿办法》第 6 条规定，唐人父母可以向托尼主张一次性赔偿，该一次性赔偿的赔偿标准不低于工伤保险待遇，包括治疗期间的生活费、医疗费、护理费、住院期间的伙食补助费、交通费等费用和一次性赔偿金。如果受到事故伤害造成死亡的，按照上一年度全国城镇居民人均可支配收入的 20 倍支付一次性赔偿金，并按照上一年度全国城镇居民人均可支配收入的 10 倍一次性支付丧葬补助等其他赔偿金。故唐人父母的诉讼请求能够全部得到支持。

知识拓展

关于个体工商户与不满 16 周岁的未成年学徒工之间的法律关系，司法实践中，主要存在四种观点：

（一）观点一：认为两者之间成立非法用工关系

情景一即为第一种观点的案例，认为双方成立非法用工关系。

（二）观点二：认为两者之间成立劳务关系

情景二：2015年7月小涛辍学。2015年国庆节前后，其进入阿中所经营的梁平区阿中汽修厂做学徒工。小涛在电工组从事电工工作，阿龙是电工班组的组长。2016年3月24日下午，阿奎将其翻斗车送至汽修厂钣金修理，并由电工组的阿龙、小涛负责拆除、安装线路。修理完毕后，阿奎试车时发现其车货箱不能升起，由阿龙检查并发现系连接液压装置的线路脱落。阿龙将线路接好后，授意阿奎试车用液压装置将货箱升起来，阿奎将货箱放下来时，小涛正在下面寻找工具，故被放下来的货箱压伤。法院认定，小涛为阿中汽修厂提供劳务，因其提供劳务过程中自身存在一定的过错，应当减轻雇主的赔偿责任。而阿奎作为职业驾驶员，应当具备充分的安全意识，但其未尽到足够的安全义务，导致货箱放下时将原告小涛压伤，存在一定过错，对小涛的损失应当承担一定赔偿责任。①

（三）观点三：认为两者之间成立雇佣关系

情景三：14岁的郭小侠经人介绍进入丁大群经营的汽车美容服务部（个体工商户）做学徒工，口头约定丁大群为其提供饮食，未为其发放工资。郭小侠在操作举升机时手指伸入举升机的明孔受伤。法院认为，丁大群招收郭小侠学习修车，为郭小侠提供饮食，未给郭小侠支付现金报酬。因郭小侠无技术，在丁大群处是处于学习的过程，日常的工作内容系为其他雇员帮忙及观摩学习，其工作接受丁大群的安排，服从丁大群的管理，为丁大群提供了劳务，丁大群为郭小侠提供饮食可以视为提供了报酬，故认定双方已构成雇佣关系，按照过错责任原则分担责任。②

---

① （2017）渝0155民初1646号、（2018）渝民终1063号，来源于中国裁判文书网，案例中当事人均为化名。

② （2014）武民初字第00675号、（2014）常民一终字第256号，来源于中国裁判文书网，案例中当事人均为化名。

（四）观点四：认为两者之间成立监护管理关系

情景四：黄小清生于2002年12月27日，其父黄大清常年在工地打工。黄小清2016年年初辍学后，黄大清出于让黄小清有人看管并学习一技之长的目的，向冯大军提出让黄小清在其经营的四海通修车店学习技术，管吃管住。黄小清白天在冯大军店里学习、工作，晚上独自居住在由冯大军安排的楼房地下室，由于地下室无集中采暖设备，黄小清居住时独自生煤炉取暖。2017年3月黄小清在地下室内因一氧化碳中毒死亡。法院认为争议焦点之一为两者之间是雇佣关系还是监护关系。黄小清辍学后到冯大军处学徒，不满14岁，属未成年人，依法不属被雇佣的主体，从黄小清发生意外情况来看，其烧炉子不属于其学徒的工作，双方不是雇佣关系。黄大清是黄小清的法定监护人，负有抚养、教育和保护黄小清的义务，理应尽到监护职责，冯大军明知黄小清不满14岁，黄大清将黄小清交给其后，其亦负有相应的保护义务，两者之间是监护关系。[①]

结合几个案例，笔者分析如下：

1.双方之间以监护为基础的学徒关系是否会转化为用工关系。一般而言，监护人让被监护人在自己的店里帮忙从事简单劳动的，不影响两者监护关系的认定，但是如果从事长期劳动，就不能再认定为监护关系。同理，未成年人父母将自己的监护管理权委托给他人，受托监护人让被监护人在自己经营的店里从事长期劳动，则不能认定为监护关系。

两者之间关系是否转化为用工关系需要结合两点判定：一是看是否用于从事营利性活动；二是看是属于临时使用还是长期使用。情景四中，冯大军经营修车店是一种营利性行为，虽然黄大清出于让黄小清有人看管并学习一技之长的目的，向冯大军提出让黄小清在修车店里学习技术，但白天黄小清在冯大军店里除了学习还参与工作，冯大军获取利润包括通过黄小清的劳动获取。至案发之时，黄小清已在冯大军处学徒长达一年之久，不属于临时性

---

① （2018）兵0802民初265号、（2019）兵08民终273号，来源于中国裁判文书网，案例中当事人均为化名。

帮忙，而属于长期性劳动。因此，两者之间不宜认定为监护关系。

2. 双方之间人身隶属性的强弱以及用工稳定性影响认定。劳务关系、雇佣关系没有限制年龄，非法用工关系（这里主要讨论非法使用童工的情形）劳动者年龄为不满16周岁。实践中，劳务关系、雇佣关系、非法用工关系三类用工关系都表现为一方付出劳动，另一方给付报酬，不同之处主要在于双方主体所处地位及人身隶属程度、劳动的方式及内容、用工主体的性质及法律地位有所不同等。

三者区分的关键是双方之间人身隶属关系的强弱和用工是否持续、稳定。劳务关系的双方不存在人身隶属性，一般是一次性的或者提供特定劳动服务的临时性用工。雇佣关系的双方存在着一定的隶属关系与人身依附关系，且存续期间一般要比劳务关系久，但同样不具有长期性。非法用工关系中，两者之间的人身隶属关系较强，劳动者不具有独立性，且需遵守各项规章管理制度，具有长期稳定性和持续性。

学徒是一个长期过程，不是一蹴而就的，未满16周岁的未成年人学徒过程中，按照业主的安排，有的单独从事业务工作，有的辅助他人从事业务工作，但都是服从业主的管理边学习边工作，因此，上述四个情景更加符合非法用工关系的特征，都应属于非法用工关系。

学徒工并不是一个法律概念，但是学徒工和使用童工是两个不同的概念，我国现行法律并未限制不满16周岁的未成年人学习手艺，如果双方之间只是以学手艺为目的并且没有建立用工关系，就不能参照非法使用童工的相关规定处罚，但是如果建立了长期稳定的用工关系，就要按照非法用工关系进行判定，如果按照民事侵权关系判定，就会造成结果上的不公平。

普法提示

本文通过阐述案例以及引用法律规定来提示个体工商户与未满16周岁的未成年人之间可能发生的法律关系及法律后果。由于不满16周岁的未成年人正处于身体的生长发育期，过早地让其参加社会劳动，尤其是和年龄不相匹配的劳动，不仅会影响孩子的学业，更会对其身体健康、人身安全造成伤害，产生不可挽回的影响。

上述案例的发生折射出未成年人监护人监护职责的缺失、用工部门审查的不严密、劳动监察部门执法不严格等问题。为了杜绝不幸事件的发生，切实保护孩子们的权利，促进用工部门更好地发展效益，需要多管齐下。用人单位不因误用童工免除自身责任，故用工单位要履行高度的注意义务，在劳动者入职时，用人单位要重点审查劳动者的年龄、身份信息，避免非法使用童工的出现。如果发现使用童工，要及时将童工送回原居住地交其父母或者其他监护人。监护人要履行监护职责，若想让孩子学得一技之长，要为孩子寻找有资质的技能教育培训机构，让孩子获得专业的技能培训。劳动监察部门应当充分发挥劳动保障部门的监察作用，加强执法力度，严格执法，严厉打击违法用工行为。

案例三

农村建房工人受伤的侵权责任承担

尤士兰　李建伟[①]

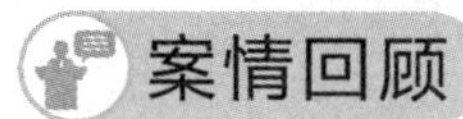

案情回顾

（一）工人受伤索要赔偿

张天、王玲系夫妻，张天承揽了李浩民房的彩钢瓦工程。2021 年 1 月 1 日，张天与其工人郭强在施工中因人手不够，郭强另招来肖元一同干活。同时李浩的家属也一起帮忙。施工中郭强不慎从房上掉落致伤。事发后，李浩为施工安全提供了安全绳。当日郭强被送往医院就医，CT 影像诊断为肝内稍低密度结节影，建议进一步检查，腰 1 椎体和腰 1、2 左侧横突骨折，双肺下叶索条影。1 月 5 日，李浩通过微信转账支付给张天 900 元，后张天分别支付郭强、肖元各 300 元。北京某鉴定中心出具司法鉴定意见书，写明："1. 被鉴定人郭强腰 1 椎体骨折构成十级伤残；赔偿指数为 10%。2. 被鉴定人郭强伤后误工期为 180 日，营养期为 90 日，护理期为 60 日。"现就郭强的经济损失，双方未能解决，后郭强将张天、王玲、李浩起诉至法院，要求三人承担连带赔偿责任。

被告张天、王玲不同意郭强的诉讼请求，认为二人不应该承担赔偿责任。以前郭强就经常与张天一起做日工，本案中也是李浩雇佣了郭强、张天，而张天与李浩之间也不是承揽关系。事发前郭强工作了一天一夜，事发时郭强在接瓦时掉落，是其自身未充分注意安全导致的，而且事发后李浩才提供了安全措施，对于郭强的受伤二人都有责任。

被告李浩也认为，他对郭强受伤没有责任。理由有以下四点：第一，李

---

① 尤士兰，北京市平谷区人民法院金海湖法庭法官助理；李建伟，北京市平谷区人民法院王辛庄法庭副庭长、员额法官。

浩与郭强并不认识，也未雇佣郭强，郭强是张天雇佣的；第二，张天包工包料承揽了李浩民房的彩钢瓦工程，张天一方负责材料的询价、订货、签收，李浩按照张天所确定的价格支付供货商材料款；第三，双方最初商定李浩除付材料款外另付张天人工费900元，后来虽然张天另加了一个工人，李浩支付的仍是900元，且该费用最终也是直接付给张天一人。

（二）法院审理结果

原审法院判决：1. 张天、王玲于本判决生效后10日内连带赔偿郭强医疗费、住院伙食补助费、营养费、残疾赔偿金、误工费、护理费、交通费、精神损害抚慰金等损失；2. 李浩于本判决生效后10日内赔偿郭强医疗费、住院伙食补助费、营养费、残疾赔偿金、误工费、护理费、交通费、精神损害抚慰金等损失；3. 驳回郭强的其他诉讼请求。法院宣判后，双方当事人均未在法定期限内上诉，该判决已生效。

（三）本案争议焦点和法律问题

本案的争议焦点为张天与郭强之间是否形成雇佣关系。首先，最初与李浩协商报酬时系张天出面，郭强并未参与；其次，此后就所用建材系由张天订购，送货单所留的联系人及电话均为王玲；再次，施工中所用工具也并非由李浩所提供；最后，李浩所付的人工费也是全部交予张天，而非直接支付给郭强。综合以上和双方当事人各自陈述，足以说明系张天承揽了李浩的工程，郭强又受雇于张天，而并非如张天所述其与郭强一起为李浩做日工。

就郭强有关损失的赔偿责任而言，张天作为雇主，在组织施工过程中，未提供必要的安全防护措施，也未尽到安全保障义务，故应对事故承担相应的责任；李浩作为房主，在施工时未就施工人员是否具备必要的安全防护措施进行审查，且在看到危险作业的情况下也未予以制止，对于事故的发生负有一定责任；郭强参与高处作业，自身亦未尽到相应安全注意义务，故应对事故发生承担部分责任。另，王玲与张天系夫妻，二人共同进行有关铝合金和彩钢瓦加工安装，张天在本案中的有关承揽活动也系为了家庭利益，故此就张天有关赔偿责任王玲应负连带责任。所以原审法院酌定张天与王玲连带承担 50% 的责任，李浩、郭强分别承担 20% 和 30% 的责任。

那么，怎么判定张天与李浩、郭强的法律关系呢？为什么四个人都要承担责任呢？为什么张天与王玲要承担连带责任呢？

法理分析

（一）农村自建低层住宅的认定及法律适用

农村自建房屋属于建筑活动，应该适用哪些法律规范呢？《建筑法》中规定的建筑活动，是指各类房屋建筑及其附属设施的建造和与其配套的线路、管道、设备的安装活动。但该法第 83 条第 3 款也表明，抢险救灾及其他临时性房屋建筑和农民自建低层住宅的建筑活动，不适用建筑法。

我们必须首先界定——“农民自建低层住宅”。建设部 2004 年发布的《建设部关于加强村镇建设工程质量安全管理的若干意见》（以下简称《建设部村镇建设若干意见》）认为，对于村庄建设规划范围内的农民自建两层（含两层）以下住宅成为农村自建低层住宅。据此，司法实践中大部分法官认为，农民自建低层住宅是指农民自建一层至二层住宅。

然而，建设部 2005 年修改的《民用建筑设计通则》第 3.1.2 条规定，一层至三层属于低层住宅。所以部分法官认为，《建设部村镇建设若干意见》是部门规章，与《建筑法》《民用建筑设计通则》相比，《建设部村镇建设若干意见》属于下位法与旧法①，所以农村自建低层住宅是指农民自建一层至三层住宅。

毫无疑问，农民自建一层至二层住宅肯定属于农民自建低层住宅，不适用《建筑法》及其司法解释的规定，适用《民法典》合同编及其相关法律规定。农民自建三层住宅是否属于农民自建低层住宅、适用何种法律规定，在

① 观点来源于（2016）湘 31 民终 563 号，来源于中国裁判文书网。

司法实践中产生了分歧。

（二）农村个体工匠是否需要施工资质

《建设部村镇建设若干意见》第 2 条规定，各地建设行政主管部门要把大力扶持发展本地建筑劳务输出与提高村镇建设工程质量紧密结合起来，加强村镇建筑队伍的技术培训工作，并制定符合本地实际的农民自建住宅施工技术规程等地方标准以指导施工。县级建设行政主管部门对培训合格人员可发给培训合格证书。第 3 条规定，居民自建两层（不含两层）以上的建筑，应严格按照国家有关法律、法规和工程建设强制性标准实施监督管理；对于村庄建设规划范围内的农民自建两层（含两层）以下住宅的建设活动，县级建设行政主管部门的管理以为农民提供技术服务和指导作为主要工作方式。可见上述意见仅规定县级建设行政主管部门可以发给合格证书，并没有规定农村工匠必须取得资质证书。

可以说，不管农民自建低层住宅具体是指农民自建一层至二层住宅还是一层至三层住宅，现行法律法规对低层农村房屋建设并未强制要求农村个体工匠需要施工资质。

（三）本案侵权责任的划分依据

劳务合同是指以劳动形式提供给社会的服务民事合同，是当事人各方在平等协商的情况下达成的，就某一项劳务以及劳务成果所达成的协议。承揽合同是承揽人按照定作人的要求完成工作，交付工作成果，定作人支付报酬的合同。承揽包括加工、定作、修理、复制、测试、检验等工作。农民自建低层住宅合同定性为一般承揽合同，而非建设工程合同。

具体到本案中，争议焦点在于张天、李浩、郭强三者之间形成何种法律关系。第一，最初与李浩协商报酬时系张天出面；第二，此后就所用建材系由张天订购，送货单所留的联系人及电话亦均为张天妻子王玲；第三，施工中所用工具不是由李浩提供；第四，李浩所付的报酬也是全部交给张天，而非直接支付给郭强。特征不是非常明显，但综合以上四点和当事人陈述可以看出，张天承揽了李浩家的彩钢瓦安装工程，郭强又受雇于张天做日工。张天与李浩是承揽关系，郭强与张天是雇佣关系。

《民法典》第 1192 条第 1 款规定，个人之间形成劳务关系，提供劳务一方因劳务造成他人损害的，由接受劳务一方承担侵权责任。接受劳务一方承担侵权责任后，可以向有故意或者重大过失的提供劳务一方追偿。提供劳务一方因劳务受到损害的，根据双方各自的过错承担相应的责任。

《民法典》第 1193 条规定，承揽人在完成工作过程中造成第三人损害或者自己损害的，定作人不承担侵权责任。但是，定作人对定作、指示或者选任有过错的，应当承担相应的责任。

就郭强有关损失的赔偿责任而言，张天作为雇主，在组织施工过程中，未提供必要的安全防护措施，也未尽到安全保障义务，故应对事故承担相应的责任；李浩作为房主，在施工时未就施工人员是否具备必要的安全防护措施进行审查，且在看到危险作业的情况下也未予以制止，对于事故的发生负有一定责任；郭强参与高处作业，自身亦未尽到相应安全注意义务，故应对事故发生承担部分责任。还有，王玲与张天系夫妻，二人共同进行有关铝合金和彩钢瓦加工安装，张天在本案中的有关承揽活动也系为了家庭利益，故此就张天有关赔偿责任王玲应负连带责任。所以，原审法院酌定张天与王玲连带承担 50% 的责任，李浩、郭强分别承担 20% 和 30% 的责任。

（四）夫妻承担连带责任的法律依据

《民法典》第 1064 条规定，夫妻双方共同签名或者夫妻一方事后追认等共同意思表示所负的债务，以及夫妻一方在婚姻关系存续期间以个人名义为家庭日常生活需要所负的债务，属于夫妻共同债务。夫妻一方在婚姻关系存续期间以个人名义超出家庭日常生活需要所负的债务，不属于夫妻共同债务；但是，债权人能够证明该债务用于夫妻共同生活、共同生产经营或者基于夫妻双方共同意思表示的除外。王玲与张天系夫妻，二人共同进行有关铝合金和彩钢瓦加工安装，张天在本案中的有关承揽活动也系为了家庭利益，所以张天有关赔偿责任王玲应负连带责任。

知识拓展

（一）房主与雇主的侵权责任

提供劳务者受害责任纠纷案件中往往同时存在三方法律主体：定作人（房主）、承揽人（雇主）、雇员。三方法律主体都有其各自的义务。承揽人与雇员之间形成个人劳务关系，定作人与承揽人形成承揽关系。定作人（房主）负有保证房屋建造手续合法，审查安全防护措施，定作、指示或者选任合适等义务；承揽人负有提供必要的安全防护措施、使雇员使用达到安全质量标准的工具设备等确保安全生产条件的义务；雇员本身亦负有必要的安全注意义务。在司法实践中，雇员受伤，法院可通过三方是否尽到相应的义务判断三方的过错程度，再酌定责任比例。[①]

（二）公平补偿责任的适用

《民法典》第 1186 条规定，受害人和行为人对损害的发生都没有过错的，依照法律的规定由双方分担损失。该法条即为公平补偿责任的表述。当事人对损害的发生均无过错，由受益方对受损方给予一定的经济补偿。

例如，王雨、夏雪诉北京市延庆区某村委会提供劳务者受害责任纠纷一案中[②]，王雨之父、夏雪之夫王中受北京市延庆区某村委会雇佣为村里挖电缆沟，王中在工作过程中猝死。后二原告起诉要求某村委会承担侵权责任。原审法院无法认定雇佣工作本身与王中猝死有直接因果关系，也无法认定王中猝死是在从事雇佣活动中遭受人身损害所致，因此原告要求被告承担赔偿责任的诉讼请求，没有事实及法律依据。原审法院考虑到双方已经形成事实上的雇佣关系，王中突发猝死的情形发生在工作时间内，尽管没有证据证实王中所从事的工作本身是造成其猝死的直接原因，但根据民法公平补偿责任，村委会作为受益方，应适当给予原告一定的经济补偿。

---

① （2018）京 03 民终 9508 号，来源于中国裁判文书网。

② （2019）京 0119 民初 11373 号，来源于北京智慧云内网，当事人名字均为化名。

需要说明：1. 公平补偿责任适用前提是当事人对损害的发生均无过错，由法院酌定受益方对受害方进行一定的经济补偿；2. 补偿的比例根据具体案情由法院酌定。

（三）夫妻共同债务的认定规则

1. 夫妻婚姻关系存续期间所负债务

夫妻二人在婚姻关系存续期间为家庭日常生活需要所负的债务，不论是以夫妻二人名义或者以个人名义向第三人所负，都属于夫妻共同债务。这里包含两个要点：婚姻关系存续期间以及为家庭日常生活需要所需。个人一方在非婚姻关系存续期间所负债务不一定转化为夫妻共同债务；个人一方所负债务超出家庭日常生活需要不能转化为夫妻共同债务。

2. 一方婚前所负债务的认定及向共同债务的转化

《民法典》第 1064 条规定，夫妻双方共同签名或者夫妻一方事后追认等共同意思表示所负的债务，以及夫妻一方在婚姻关系存续期间以个人名义为家庭日常生活需要所负的债务，属于夫妻共同债务。夫妻一方在婚姻关系存续期间以个人名义超出家庭日常生活需要所负的债务，不属于夫妻共同债务；但是，债权人能够证明该债务用于夫妻共同生活、共同生产经营或者基于夫妻双方共同意思表示的除外。

《最高人民法院关于适用〈中华人民共和国民法典〉婚姻家庭编的解释（一）》第 33 条规定，债权人就一方婚前所负个人债务向债务人的配偶主张权利的，人民法院不予支持。但债权人能够证明所负债务用于婚后家庭共同生活的除外。夫妻双方中一方的婚前个人债务不因婚姻关系而发生转移，如果债权人能够举证证明一方婚前个人所欠债务用于婚后家庭共同生活，一方的婚前个人债务就应比照夫妻共同债务的原则处理。如夫妻一方的婚前个人债务转化为夫妻共同债务，债务人配偶承担债务的范围并不当然及于整个债务，而仅在实际接受财产或者受益的范围内承担清偿责任。[①]

① 《北京市第三中级人民法院类型化案件审判指引（民事卷）》，第 93 页。

以上的规则在判定房主、雇主对雇员的侵权责任时同样适用。

普法提示

随着我国市场经济深入发展，越来越多的人投入日益增长且日益多样化的劳务用工需求中，与此同时，提供劳务者受害责任纠纷案件数量亦在不断增长。提供劳务者多为从事非技术性工作的农民工，他们文化水平不高，诉讼能力有限，自身权益遭受侵害时无法得到有效的救济。为此，笔者建议提供劳务者应当注意以下几个方面的问题。

（一）提高专业水平，强化安全意识

提供劳务者一般缺乏必要的安全知识和专业技能，接受劳务者也很少能在岗前对提供劳务者进行必要的安全知识和专业技能培训。专业水平不足、安全意识淡薄是事故频发的重要原因。提供劳务者应该提高自己的专业水平，并强化安全意识，工作时时刻注意安全，减少意外伤害产生，维护自己的人身权益。

（二）谨慎选择雇主，确保人身安全

确保安全是第一要务。提供劳务者在选择工作时不应仅仅关注工资，更应谨慎挑选值得信赖的雇主。法律法规并未规定农民自建低层住宅的承揽人需要具备相应资质，但是一个负责任的雇主应尽可能地保证雇员的安全。除此之外，相较于个人雇主，提供劳务者应优先选择具备相应资质的单位，并尽量选择能够与自己建立正常劳动关系的雇主。

（三）签订书面合同，及时保存证据

提供劳务者不同于劳动者，不能享受工伤保险和社会保险等福利待遇。为了避免以后发生纠纷、维权困难，提供劳务者应注意随时留存证据，及时与雇主签订书面合同（劳务合同、劳动合同等），明确双方的权利义务关系，

便于以后维权。

（四）及时寻求救济，增强维权能力

受到侵害时，提供劳务者往往考虑经济原因，不寻求专业法律人士帮助，导致维权困难。一方面，提供劳务者需要积极学习法律知识，懂得如何利用法律手段维护合法权益；另一方面，提供劳务者可以申请法律援助帮助诉讼、申请民间调解组织调解等救济手段。只有切实提高维权能力，才能有效避免因索赔项目不明、遗漏赔偿项目、赔偿数额过低等造成的维权困局。

案例四

农村建高层楼房施工人摔重伤，“包工头”和房主应承担连带责任

——解析农村建房中包工头和房主应承担的法律责任

韩欣[①]

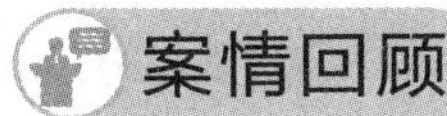

案情回顾

（一）接连不幸苦于生计

刘老二今年50出头，家中兄弟姐妹共有六人，他排行老二，故人称刘老二。这几年刘老二家中接连遭遇不幸，前年，刘家老大体检时查出重病，一家人四处筹钱给大哥治病，还是没能挽救大哥的生命。刘父当时已年过九旬最终没能扛过丧子之痛不久也离开人世，刘母的身体自此也大不如从前。眼见着大哥和父亲先后离世，两个弟妹还未成家，因为给大哥治病又欠了一屁股的债，刘家的重担一下子压在了刘老二身上。刘老二没想到自己在人生本该平稳落地的时候反倒压下了一副重担，终日琢磨着如何在这田地的收入外多找点营生的活计。

（二）加入施工队喜出望外

刘老二抽着烟，忽然听到隔壁街上像是工地干活时的吆喝声，忍不住走过去看看。走近一看原来是一群青年壮汉在帮本村村民王大壮家翻盖新房。随着生活水平的提高，家家户户都改善了居住环境，翻盖新房在农村是常有的事儿，有的人家还盖起了小洋楼。想起自己还有些力气，就去找这工地上的管事，也想找个活儿干。工地上的管事，就是我们常说的“包工头”，叫

① 北京市平谷区人民法院审判管理办公室（研究室）法官助理。

岳大勇，也是本村的村民，和刘老二年纪相仿，是个体建筑队的负责人，这些年通过承接工程，挣了不少钱。他名下并没有建筑公司，就是自己以前长期在工地干活，摸清了路子后自立门户，组织了一支施工队伍，他接了活儿后就组织大家施工。王大壮家的活儿是他先接下来，然后召集了这帮工人过来施工的。平时他既“管事”又“干事”，还给大家记工时，等工程结束后，将从雇主那里拿来的工钱“按劳分配”给工人。岳大勇是个实在的爽快人，听清刘老二的来意后，简单问了几句刘老二会做什么活儿，看着刘老二有着一股子力气，又是一个村的村民，而且刘老二“好瓦匠”的名头自己也有所耳闻，很快就答应让他加入施工的队伍里，回头再有工程，叫上他一起施工，规矩和其他人一样。刘老二本来还疑虑着自己的身体有点小毛病怕人家不答应呢，看到岳大勇这么爽快，自己兴冲冲地回家吃饭去了。从这之后，刘老二就农闲时一直跟着岳大勇干活，赚了不少辛苦钱，自己也觉得仿佛回到年轻时一样。

（三）逞能“上墙”飞来横祸

时间一晃就过去3年。某日邻村的张老汉四世同堂，儿女孝顺，一起出钱让张老汉盖个四层楼风光风光。张老汉也想着儿女回家团聚，盖个四层楼方便孙子重孙住，于是就将四层的建房工程承包给了岳大勇，双方签订了《建设工程承包合同》，岳大勇组织施工队为张老汉盖新房。这盖新房得先推旧房。开工日，几个壮小伙儿嘛不溜儿地窜上3米多高的墙头，准备用几条绳子一起用力，把对面方向的几处“断壁残垣”推倒。刘老二心想着“立功”自告奋勇也要上墙头，工友们也知刘老二年纪稍大些，纷纷劝阻，但刘老二哪顾这些，反倒越劝越来劲，硬要上“前线”。看刘老二这般坚持，众人也就不再言语，都嘱咐他注意安全。随着众人吆喝着一起用力的口号，旧墙一下被推倒了，谁知就在大家一起用力的时候，刘老二一个脚下没站稳，从3米多高的墙头摔下来，不省人事，众人赶紧拨打120将其送进县医院。

经过一天一夜的抢救，刘老二终于醒了过来，但发现头部以下的身体再也动弹不得了。原来，刘老二摔下时，墙体下面的碎砖石造成身体多处损伤，尤其是脖子下面硌着砖头，压到了神经。医生说刘老二的胳膊腿全部瘫痪了，出院时刘老二的伤情诊断为脊髓损伤、创伤性四肢瘫、颈 4 完全脊髓损伤、肺挫伤、颈椎病、坠积性肺炎、焦虑状态、抑郁状态、神经痛、神经源性膀胱、痉挛、失眠、泌尿道感染、贫血、高脂血症等多个病症。这个消息对刘老二来说可是晴天霹雳，本来想着干点粗活儿贴补家用，这一摔反倒成了家里的累赘，甚是伤心。

后来，经司法鉴定中心出具鉴定意见，刘老二颈髓损伤后遗症构成一级伤残，其颈椎间盘突出、颈椎管狭窄为本次外伤所致，自身不利因素占轻微作用。综合分析，目前遗留损害后果主要由外伤造成，建议外伤参与度系数值为 60%—90%。

（四）连带赔偿终获救济

住院期间，刘老二在医生和家人的帮助下渐渐接受了自己瘫痪的事实，但巨额的医疗费摆在眼前，无疑给这家人雪上加霜，于是刘老二委托亲友一纸诉状将岳大勇和张老汉告到法院，要求两人赔偿医疗费、住院伙食补助费、营养费、交通费、误工费、康复锻炼费用、残疾赔偿金、被扶养人生活费、精神损害抚慰金、鉴定费、已发生辅助器具和用品费用、已发生护理费、后续护理费、后续辅助器具费、后续检查费用、后续并发症治疗费用共 5209945.97 元。

这一笔巨额费用对岳大勇和张老汉来说可是个天文数字。法庭上，双方各执一词。岳大勇辩称，首先自己并不是刘老二所称的包工头，他只是本次施工活动的召集人，刘老二并非受雇于自己，都是由张老汉支付报酬，自己并未从刘老二的劳动报酬中抽取利润，双方并无任何书面或口头协议以确定彼此之间的雇佣关系，故此刘老二和岳大勇之间并非雇佣关系。实际的雇主是张老汉，刘老二此次受伤应该由张老汉承担赔偿责任。刘老二不顾众人劝阻非要逞能，并且事发时他患有颈椎病，是导致本次残疾的次要因素。另外，此次事故发生后，自己还给刘老二垫付了 3 万多元医疗费，所以不同意刘老二的诉讼请求。张老汉则辩称，自己将建房工程直接承包给了岳大勇，刘老二受伤跟自己没有任何关系，事发当日因刘老二身体状况不好，现场的其他施工人员曾阻止其上墙，但刘老二不听劝阻，他对事故的发生负主要责任，故亦不同意刘老二的诉讼请求。

通过审理，可以逐步梳理出本案的争议焦点：一是岳大勇是不是真正的“包工头”，他和刘老二的关系如何认定？二是张老汉应对受伤的刘老二承担什么样的法律责任？

法理分析

（一）岳大勇是否为“包工头”

本案中，岳大勇承认其是本次施工活动的召集人，但以自己也是施工人之一且并不从中赚取任何差价为由称自己并非“包工头”，并辩称刘老二等施工人员的工资由张老汉直接支付，故与刘老二之间不存在雇佣关系。通常意义上，“包工头”与一般工人的区别主要体现在，“包工头”系组织、管理施工队伍的人员，通过书面或口头的形式约定在一定期限内由农民工向包工头所承包的建筑工程提供劳务并负责记录考勤、直接向工人支付工资等事务。本案当中，岳大勇长期以承接工程为业，平时即组织召集工人施工，负责考勤记工管理，发放工资等，即使其辩称其与刘老二等其他工人一样参与施工，亦无法改变其作为个体建筑队负责人的事实，且根据本案查明的事实，刘老二等人的工资也是由岳大勇支付，故岳大勇是“包工头”的事实毋庸置疑。

（二）岳大勇与刘老二的法律关系及责任认定

本案系民法典修订之前所发生的案例，适用的法律规定主要集中在原《侵权责任法》第35条和《最高人民法院关于审理人身损害赔偿案件适用法律若干问题的解释》（以下简称《解释》）第11条。本案中，岳大勇作为施工队的召集者、管理者，其独自出面与房主接触，独立承接建房义务后长期雇佣工人施工，并进行监督管理工人符合雇佣关系的特征。根据《解释》第

11条的规定，雇员在从事雇佣活动中遭受人身损害，雇主应当承担赔偿责任。另外，根据民法典施行前的原《侵权责任法》第35条[①]的规定，个人之间形成劳务关系，提供劳务一方因劳务造成他人损害的，由接受劳务一方承担侵权责任。提供劳务一方因劳务自己受到损害的，根据双方各自的过错承担相应的责任。岳大勇作为个体建筑队的负责人，并不具备合法的建筑资质，非合法的用工单位，无法与施工人形成合法的劳动关系，而形成了个人之间的劳务关系。刘老二作为提供劳务一方，因劳务自己受到损害，应该根据双方各自的过错承担相应的责任，刘老二因自己的疏忽和逞能摔伤，其自身当然存在过错。而岳大勇作为管理者并未提供合法的安全生产条件，亦存在过错，应按该条规定承担过错责任。在此需要明确的是，民法典继续沿用了个人之间形成劳务关系的法律关系及责任认定，仅增加了提供劳务一方因劳务造成他人损害的，接受劳务一方承担侵权责任后，可以向有故意或重大过失的提供劳务一方追偿的规定。就提供劳务一方因劳务自己受到损害的法律规定及责任承担均无变化。

（三）张老汉与岳大勇、刘老二的关系认定及责任承担

本案中，岳大勇从张老汉手中“接活儿”通过合同形式约定双方的权利义务并签订了《建设工程承包合同》，系张老汉将建房工程发包给了岳大勇，两人直接形成发包人与承包人之间的合同关系，而张老汉与施工人刘老二并无直接的合同关系。基于建筑行业的危险性，且实践中的施工人均为经济能力较弱的农民工，为保护这一弱势群体，《解释》第11条第2款规定，雇员在从事雇佣活动中因安全生产遭受人身损害，发包人、分包人知道或应当知道接受发包或分包业务的雇主没有相应资质或安全生产条件的，应当与雇主

---

① 现为《民法典》第1192条：“个人之间形成劳务关系，提供劳务一方因劳务造成他人损害的，由接受劳务一方承担侵权责任。接受劳务一方承担侵权责任后，可以向有故意或者重大过失的提供劳务一方追偿。提供劳务一方因劳务受到损害的，根据双方各自的过错承担相应的责任。提供劳务期间，因第三人的行为造成提供劳务一方损害的，提供劳务一方有权请求第三人承担侵权责任，也有权请求接受劳务一方给予补偿。接受劳务一方补偿后，可以向第三人追偿。”

承担连带赔偿责任。本案中，张老汉将四层的盖房工程发包给岳大勇，其知道或应当知道岳大勇并不具备合法的建筑企业资质，更知施工现场并不具备相应的安全生产条件，因本案发生在民法典施行前，故根据上述法律的规定，其应该与岳大勇承担连带赔偿责任。

综上，鉴于刘老二先前颈部疾病对本次损害发生也有一定的原因力，且在本次事故中其不听劝阻，自身也有一定的过错，法院经审理认为，二被告应负的赔偿责任予以适当减少，酌定刘老二此次事故的外伤参与度为85%，二被告的责任比例为60%。综上，法院判决岳大勇和张老汉连带赔偿刘老二经济损失共计1672624.11元，其中岳大勇已付赔偿款在应付赔偿数额里予以扣除。

知识拓展

（一）“包工头”的界定

随着我国城市的发展，城市工程建设需要大量的外来务工人员，而农村的剩余劳动力迫切需要进城找工作，“包工头”作为一种职业介绍，应运而生。“包工头”会把工作包揽过来，招人作业，他自己当头，故称“包工头”，在建筑行业中，存在普遍的“包工头”现象。一般来说，“包工头”直接雇佣“农民工”，直接为其安排工作，直接考勤记工管理，直接发放工资，同时也直接对工程质量、工程安全、工程进度进行直接控制管理。

“包工头”并非一个法律概念，而是对实践中以上述工作为业的人的统称。有的学者将“包工头”总结为两大类，第一类是从工程总包角度而言，有实力、能融资、从项目工程开始立项时进行运作，影响建设单位负责人，影响选择招标代理结果，进而获得大项目工程的“幕后老板”。第二类是从分包的角度而言，具体来说分为两种，一种是“大清包”，承包钢筋、模板、泥水砼、架子等多种工程，这类包工头通常挂、借建筑公司资质，如遇施工人员出现重大事故同样适用上述建筑企业法律规定；另一种是最小的“包工头”，承包各种具体的工程，一般多以个人的形式出现，他们直接雇佣农民工并安排工作，多以计件、计时的方式考勤，直接核算发放工资。

（二）“包工头”的法律责任

第一类“包工头”通常挂靠在合法资质的建筑公司由其联系分包、转包及具体的施工事宜，虽叫“包工头”，但在法律上，权利义务关系落定在建筑公司上。对此，《建筑业企业资质管理规定》对其相关要素作出规定，其雇佣“农民工”与之形成的权利义务关系为一般劳动关系，如出现重大事故则适用《劳动合同法》《安全生产法》《建筑法》《最高人民法院关于审理建设工程合同纠纷案件的暂行意见》中有关用人单位、建筑企业的法律规定，一般由用人单位、建筑企业承担赔偿责任。第二类第一种的“包工头”因借用了合法资质，在法律关系及责任认定上均参照第一类的法律规定。

而最后一种“包工头”即最小的“包工头”，作为施工召集者、组织者，没有合法的用工资质，未成立合法的建筑公司，呈现施工队伍组织闲散、口头约定权利义务、法律意识淡薄的特点，一旦施工人员受伤，而组织者又没有经济能力赔偿，就会引发一系列的法律问题。农村建房活动中聘请具有施工资质的施工队施工的情况比较少，出于多种原因，多数是聘请没有施工资质的施工队施工，此种施工队，以个人为召集人，可归类为上述“最小的包工头”，一般承接农村建房等小型工程，直接雇佣当地农民施工，基本无安全生产条件保障，造成在施工过程中发生人身损害的概率较高。本案岳大勇的施工队即属于这种情形。

具体来说，施工组织者与施工人之间的关系认定主要存在以下情形：第一种，施工组织者只是众多施工人的召集人，与其他工人之间没有其他关系，都是共同受雇房主为其施工。这种情形下组织者与施工人之间相互独立，施工组织者不承担责任。第二种，施工组织者独自出面与房主谈判，独自承揽建房义务后雇佣一定工人为房主建房，提供建房设备，指挥、监督各施工人劳动，从房主处取得建房款，并按照报酬约定支付给施工人，这种情形下组织者与施工人之间形成雇佣关系或劳务关系，也就是本案这种情形。在施工人员因工受伤时，按照法律的规定施工组织者承担过错责任，对此前面已经论述，在此不再赘述。第三种，施工组织者与其他施工人自发组成农村建筑施工队，其仅作为建筑队的对外联系人，承接建房业务时与其他施工人共同决定，并参与施工劳动，从房主处领款后同工同酬分配给各施工人，施工组织者仅仅起到“传话筒”的作用。对此，实践中大部分学者认为施工人之间应成立合伙关系，部分学者则认为各施工人之间没有形成固定的合伙体故应认定为合作关系。因上述三种情形的事实认定会影响两者之间的法律关系及赔偿责任，故事故发生后，施工组织者会否认其作为“包工头”召集、管理施工人的事实从而推卸赔偿责任。

（三）房主的法律责任

一般来说，房主与包工头会形成书面或口头协议，就房屋的设计、材料的购买、工程交付期限等进行约定，双方形成合同关系毋庸置疑。但是鉴于农村建房工程的特殊性，审判实践中基本形成对农村二层以下的自住住宅不属于建设工程，不适用建筑法调整，对施工人无资质要求，对房主也不应苛责过多责任的观点，《北京市高级人民法院关于审理建设工程施工合同纠纷案件若干疑难问题的解答》第 6 条对此做了进一步明确，对此观点前面已有案例论述，故在实践中房主一般仅因定做人过失承担一定责任。但民法典施行前的《解释》第 11 条第 2 款规定，即雇员在从事雇佣活动中因安全生产事故遭受人身损害，发包人、分包人知道或应当知道接受发包或分包业务的雇主没有相应资质或安全生产条件的，应当与雇主承担连带赔偿责任。由于法律对大型工程的承包人、分包人的建筑资质有着强制性的规定，发包人、分包人知道或应当知道接受发包或分包业务的雇主没有相应资质或安全生产条件的，那么他们的行为就违反了法定义务，与造成实际后果的雇主具有共同过错，从一定意义上来说，造成了共同侵权，根据原《侵权责任法》第 11 条[①]的规定二人以上分别实施侵权行为造成同一损害，每个人的侵权行为都

---

① 现为《民法典》第 1171 条：“二人以上分别实施侵权行为造成同一损害，每个人的侵权行为都足以造成全部损害的，行为人承担连带责任。”

足以造成全部损害的，行为人承担连带责任，故房主与“包工头”应承担连带赔偿责任。本案系农村的四层住宅，对施工技术、施工条件都提出了较高的要求，已经不属于低层建筑，要求施工方具有资质本着对工程安全负责的合理要求，本案张老汉选择无资质的施工队应适用本条的法律规定承担法律责任。民法典公布后,《解释》进行了相应的修正，删除了雇员、雇主的法律规定，对农村建房中雇主的法律责任可能会有新的司法解释予以明确，但雇主的法律责任是不容忽视的。

普法提示

（一）建筑资质很重要

基于农村建房在实践中有多种法律形式，房主会选择将工程“大清包”给某个“包工头”，或仅雇佣单个或多个施工人进行刷墙等单项工程。同时农村建高层楼房亦不少见。在目前的法律框架下，房主作为个人，有可能与“包工头”被告的施工队形成承揽合同关系，亦有可能与具体施工人形成雇佣关系、劳务关系。尽管法律并不对低层住宅的农村施工队有资质要求，但是无建筑资质意味着在安全生产条件方面埋下隐患。一旦发生事故，房主则会承担选任过失责任，在高层住宅中要与“包工头”承担连带责任。故选定具有合法施工资质的施工队是规避风险的第一步。

（二）安全保障不可少

安全生产是建筑行业的根本，施工单位不具有相关资质或超出资质承接业务是造成施工安全及工程质量问题的重要原因。我国的《安全生产法》于2002年颁布并于2009年、2014年、2021年三次修正，充分体现出党和国家对安全生产的关注。在施工过程中遵循安全规程，采取必要的防护措施，是对国家、对职工、对个人的高度负责，因缺乏安全保障条件在实践中造成的一个个悲剧让人痛心。尤其在农村建房的群体中，农民群体的法律意识、安全意识较为淡薄，发生安全事故会让某个家庭面临灾难性的打击。故无论是房主、“包工头”还是施工人都应重视安全条件，减少事故的发生和纠纷的出现。

（三）购买保险风险低

鉴于建筑行业的高危性，一旦发生安全事故，会给整个家庭带来巨大的损失和沉重的经济负担，建议施工队为施工人购买意外伤害保险，一方面减少自己的损失，另一方面让受害人及时有效的获得救助或者足额的补偿。目前部分学者提出在农村建房领域推行强制保险制度，强制施工组织或者施工人参加保险，以促成上述目的的达成。

（四）留取证据损失少

施工人在施工前，应增强法律意识，在和“包工头”协商工种、工时等事项时，尽量留下书面证据，尤其在结算工资时，尽量有其他工人在场，可以证明工资的结算由谁支付、支付多少、按什么支付，以防在事故发生后，“包工头”否认相关事实推诿责任。事故发生后，施工人在及时就医的同时，应让家属留存好就医的相关票据、交通费用凭证等可证明经济损失的相关凭证，保存好与相关责任人交涉协商赔偿事宜时的微信记录、聊天记录、电话录音等证据，树立证据意识，学习法律知识，便于日后依法保护自己的合法权益。

案例五

网络平台招工的法律关系认定

——承揽关系与劳务关系的区别及发包人的赔偿责任

王宏[①] 冯琳[②]

案情回顾

随着网络的发达与普及，网络招聘已成为大趋势，除了通过网络招聘建立劳动合同关系以外，也有大量的劳务关系或者承揽关系借助网络平台建立。然而，通过网络平台确定用工意向后，员工、网络平台及实际用工人之间的法律关系应如何认定？尤其是在短期或者一次性的合作中，如何认定三方之间的法律关系存在争议。另外，涉及工程领域，如果发包人与实际用工人不是同一人的情况下，谁又是责任承担主体呢？请看以下案例。

王玉与堂哥王石二人长期在工地上打散工，为增加收入，兄弟俩决定单干，到各工地揽活。2018 年国庆节，王石在微信群里看见网名为“A 努力 A”的人发布了“平谷区打 9 个 63 孔加一个 1 米 3 方洞，楼板的，附近的加”的信息，王石立即加了该人微信，该人称自己是 V5 平台的工作人员，实际用工人叫张亮，如果对该信息有意向的话可以直接跟张亮联系，并将张亮的电话给了王石。经王石了解，张亮承包了平谷区某公司厂房装修工程，双方签订了《建设工程施工合同》，约定承包方式为包工包料，工期为 28 天，工程总价为 135000 元。合同签订后，张亮组织人员进行施工，并借助 V5 平台发布了楼板打孔作业的信息。信息发布后，兄弟俩便自行找上门来。

次日，兄弟俩便进场施工。施工过程中，水泥板块突然脱落，王玉从高度 7 米的二层厂房摔了下来，伤势严重，王石立即将王玉送到医院，王玉被

① 北京市平谷区人民法院民二庭法官助理。

② 北京市平谷区人民法院综合办公室工作组组长。

诊断为右股骨干开放性骨折，右髌骨骨折，右尺骨鹰嘴粉碎性骨折，颅内积气、额部颅板骨折，双侧鼻骨、鼻中隔骨折，双侧框内壁骨折，双侧上颌窦、双侧筛窦积液等。经北京中正司法鉴定所鉴定，王玉的伤残程度属九级，累及致残率为25%。受伤当日，张亮到医院看望了王玉，并垫付了3000元医疗费。出院后，王玉多次找张亮协商赔偿事宜，均遭拒绝，无奈之下，王玉诉至法院，要求张亮及某公司赔偿医疗费等多项损失。

对于王玉的诉讼请求，某公司不同意赔偿，理由如下：1. 公司将厂房的装修工程发包给张亮，与王玉之间不存在合同关系。2. 公司与张亮签订施工合同时，张亮提供了泰安公司的资质证书，相关材料齐全。3. 装修承诺书明确规定，我司要求张亮对施工人员及施工设施进行投保，如若未及时投保造成的任何损失由张亮负责。4. 张亮为现场安全责任管理人，并在安全员任命书上承诺自己负责监督、随时在现场进行安全查看及事故处置工作，所以出现事故应由张亮负责。

张亮认为，一是王玉通过V5平台联系的自己，自己与王玉不存在雇佣关系。二是王玉作为专业的施工人员，没有特种操作作业证就进行了施工，责任自负。因此，也不同意对王玉的损失进行赔偿。

法院审理后认为，王玉作为从事特种作业的劳动者，在施工过程中未采取安全防护措施，未尽到安全注意义务，从高空坠落致伤，对所受的损害应承担主要责任。张亮在选任时未查看了解王玉的资质情况，存在选任过失，应承担与其过失相应的赔偿责任。某公司作为工程发包人，将工程发包给没有施工资质的张亮，疏于履行管理职责，对选任有过失，应承担相应的赔偿责任。综合考虑上述情形，认定张亮的责任比例为15%，某公司的责任比例为5%。最后，法院判决张亮和某公司共赔偿王玉12万余元。

案件判决后，王玉、张亮、某公司均未上诉。

法理分析

关于本案，主要争议焦点有二，分别是法律关系的认定与责任比例的分担。

（一）关于法律关系的认定

1. 王玉与 V5 平台之间的关系应如何认定

《民法典》第 961 条规定：“中介合同是中介人向委托人报告订立合同的机会或者提供订立合同的媒介服务，委托人支付报酬的合同。”本案中，张亮委托平台发布用工信息，王玉通过平台联系张亮，双方达成合意后王玉进行施工，V5 平台起到了中间介绍的作用，张亮支付一定的信息服务费，很明显，张亮与平台之间形成了中介合同关系。而对于王玉而言，仅仅借助平台看见了用工信息，实际用工人却是张亮，后续的工作均是与张亮沟通协商，并按照张亮的要求及标准进行施工作业，报酬亦由张亮支付，因此，对于王玉来说，平台只是起到了提供信息的媒介作用，双方之间不存在法律关系。王玉施工过程中因受伤造成的损失也应由张亮承担，而非由平台承担。

2. 王玉与张亮之间的关系应如何认定

虽然劳务关系和承揽关系均属于基于劳务合同产生的法律关系，但两者的归责原则不同，用工者责任为替代责任，且系严格责任，而承揽合同则基本上属于过错责任，定作人仅在定作或者选任、指示有过失时，承担赔偿责任。由此可见，法律关系认定不同，归责原则及责任的分担不同。那么本案中，王玉与张亮是劳务关系还是承揽关系？二者有什么区别呢？

在劳务关系中，劳务者从事用工者授权或者指示范围内的劳务活动，用工者支付报酬，这是一种有偿服务的法律关系。在承揽关系中，承揽人以自己的技术、设备和劳力独立完成工作，相对于劳务关系，其更侧重于交付通过劳动所完成的劳动成果。具体来说，可以综合以下因素予以认定：（1）当事人之间是否存在支配和从属关系；（2）是否由一方指定工作场所、提供劳动工具或设备、限定工作时间；（3）是定期给付劳动报酬还是一次性结算劳动报酬；（4）是继续性提供劳务，还是一次性提供劳动成果；（5）当事人一方所提供的劳动是其独立的业务或者经营活动，还是构成合同相对方的业务或者经营活动的组成部分。如当事人之间存在支配和从属关系，由一方指定工作场所、提供劳动工具或者设备，限定工作时间，定期给付劳动报酬，所提供的劳务是接受劳务一方生产经营活动的组成部分的，可以认定为劳务关系。反之，则应认定为承揽关系。

具体到本案，王玉自行揽活，自带劳动工具，且此次劳动具有独立性、一次性的特点，张亮仅需对此次劳动支付报酬，双方之间不存在身份上的支配和从属关系，具有承揽合同的特点，因此，法院认定本案法律关系属于承揽关系。

（二）关于责任比例的分担

本案中，王玉与张亮之间存在承揽合同关系，张亮与某公司存在建设工程施工合同关系，那么应该由谁来为王玉的损失埋单，责任比例又该如何分担呢？

1. 王玉自身是否存在过错

根据《民法典》第1193条规定，定作人的责任承担方式可以分为以下几种：（1）承揽人单独承担责任。承揽人因执行承揽事项致使他人人身遭受损害，如果定作人并无过错，或定作人的指示虽有过错，但承揽人没有依照定作人的指示办事，因而定作人的过错对损害结果不具有原因力，则定作人不承担责任，由承揽人自行担责。（2）定作人与承揽人共同承担责任。定作人与承揽人均存在过错，双方应共同承担责任，责任份额的大小，可依据双方的过错程度和致害行为的原因力比例确定。（3）定作人承担完全的替代责任。这种情况仅在定作人具有全部过错，而承揽人的行为毫无过错时，构成典型的替代责任。本案中，王玉从高空坠落，自身是否存在过错呢？

《特种作业人员安全技术培训考核管理规定》将十二种类型的作业规定为特种作业，其中包括高处作业。所谓高处作业，是指人在一定位置为基准的高处进行的作业。国家标准GB / T3608–2008《高处作业分级》规定：“凡在坠落高度基准面2米以上（含2米）有可能坠落的高处进行作业，都称为高处作业。”根据这一规定，在建筑业中涉及高处作业的范围相当广泛，在建筑物内作业时，若在2米以上的高空进行作业，即为高空作业。本案王玉在厂房的二层进行打孔开洞作业，距离地面7米左右，很明显属于高空作业。

根据《劳动法》规定，从事特种作业的劳动者必须经过专门培训并取得特种作业资格。王玉作为一个完全民事行为能力人，在从事施工活动过程中应当注意自身安全，而王玉未经过专门培训，没有高空作业资质，在施工过程中也未采取安全防护措施，由于自身未尽注意义务而使人身遭受损伤，从高空坠落致伤存在明显过错。故法院认定王玉对自身所受的损害应承担主要责任。

2. 过错方的责任比例如何分担

本案涉及的 V5 平台、张亮、某公司是否均应对王玉的损害承担赔偿责任呢？平台作为居间介绍方，在整个过程中仅承担将王玉介绍给张亮的活动，作为中间人没有对王玉是否具有特种作业的资质进行审查的义务，因此无须对王玉受到损害承担赔偿责任。而张亮作为定作人，明知其交付的工作需要在 2 米以上的高空作业，是一种具有较高危险性的施工项目，在筛选施工人员时应查看对方是否具备相应资质，如高空作业证或其他特殊工种作业证书，在施工人员上岗前，应进行安全管理培训，在施工过程中，应进行现场讲解，并查看是否配备安全防护装备或设施，以保证施工的安全。而张亮并未尽到必要的注意义务，在选任时未对王玉的资质情况进行审查，施工前未进行岗前安全培训，施工过程中未要求其佩戴安全帽等防护设施，存在选任及监督管理过失，应承担与其过失相应的赔偿责任。

那么发包人某公司是否需要承担赔偿责任呢？与某公司签订合同的是张亮，王玉与某公司不存在合同关系，只是基于受伤的事实二者存在一定的关联性，根据合同相对性原则，似乎某公司不应承担赔偿责任。但是，综合本案的实际情况，某公司作为工程的发包人，疏于对工程履行管理职责，将工程发包给没有施工资质的张亮，对选任亦存在一定的过失，应承担相应的赔偿责任。法院综合考虑上述情形，兼顾各自对过错发生的原因力及过错程度，根据公平原则认定主要责任由王玉承担，责任比例为 80%，次要责任由张亮及某公司承担，张亮的责任比例为 15%，某公司的责任比例为 5%。

值得注意的是，本案还涉及泰安公司，某公司曾辩称，将工程发包给张亮时，张亮提供了泰安公司的资质证书，并在物业开发区管理委员会备案，材料齐全，那么泰安公司是否也应承担赔偿责任呢？在本案王玉起诉之前，某公司因索要装修款曾将张亮、泰安公司诉至法院，生效判决认定："依现有证据，无法确认泰安公司与涉诉工程之间的关联性，故某公司要求其承担连带责任的诉讼请求不予支持。"生效判决已作出认定，且在本案中某公司仅是口头辩称，未提供证据证明张亮与泰安公司之间的关系，因此，泰安公司不应承担赔偿责任。

知识拓展

（一）具有农村户口的王玉为什么适用城镇标准计算赔偿数额

本案中，王玉向法院主张的各项损失中包含了被抚养人的生活费，其户籍登记为农村居民，但自2018年4月便居住于朝阳区，像王玉这种经常居住在城镇的农村居民，赔偿费用的计算标准应当适用农村标准还是城镇标准呢？

实践中曾有不同的观点，一种意见认为，《最高人民法院关于审理人身损害赔偿案件适用法律若干问题的解释》（以下简称《人身损害赔偿司法解释》）中关于农村居民和城镇居民的概念就是一个身份概念，将农村居民和城镇居民以经常居住地标准进行解释，属于对司法解释的扩大解释，也不属于司法解释原意，受害人虽然经常居住在城市，但未改变农村居民的身份，相应赔偿标准应以农村居民的标准计算。第二种意见则认为，根据《民法典》第25条"自然人以户籍登记或者其他有效身份登记记载的居所为住所；经常居所与住所不一致的，经常居所视为住所"及《最高人民法院关于适用〈中华人民共和国民事诉讼法〉的解释》第4条"公民的经常居住地是指公民离开住所地至起诉时已连续居住一年以上的地方，但公民住院就医的地方除外"的规定，《人身损害赔偿司法解释》规定的农村居民和城镇居民应当解释为以城镇和农村为经常居住地的人员，而不是一个户籍概念。受害人虽为农村户口，但在城市经商、居住，其经常居住地和主要收入来源地均为城市的，有关损害赔偿费用应当根据城镇居民的标准计算，不能简单地根据赔偿权利人的户籍来确定。

《人身损害赔偿司法解释》是考虑到城镇居民的平均消费水平和收入水平均高于农村居民，为合理地补偿受害人的损失，同时避免加重赔偿人的责任，而对城镇居民和农村居民的赔偿标准加以区别，其本意并非人为地以户籍因素划分居民等级。因此，不能简单地依据户籍登记确认相关赔偿标准，而应当综合考虑受害人的经常居住、工作地、获取报酬地、生活消费地等因素加以判断。本案中，被扶养人生活费按照城镇标准计算，符合王玉长期在外务工、其收入来源于城镇打工的客观实际，符合公平正义的法治社会原则。

（二）关于“包工头”（实际施工人）、“农民工”（劳动者）及发包方、分包方之间的法律关系及责任承担

1. 对提供劳务人员承担责任的主体

根据《民法典》第 1192 条规定“个人之间形成劳务关系……提供劳务一方因劳务受到损害的，根据双方各自的过错承担相应的责任”，也就是说考虑到劳动者个人的注意义务、过错，往往劳动者会自担一定的责任而和用工者共同承担损失。另根据修订之前的《人身损害赔偿司法解释》第 11 条第 2 款规定“雇员在从事雇佣活动中因安全生产事故遭受人身损害，发包人、分包人知道或者应当知道接受发包或者分包业务的雇主没有相应资质或者安全生产条件的，应当与雇主承担连带赔偿责任”，那么对于发包、分包单位和个人应对劳动者的损害与直接承担用工者责任的包工头共同承担连带责任。现新修订的《人身损害赔偿司法解释》已将该条删除。

2. 对“发包方、分包方与用工者承担连带责任”中“连带”应如何理解

通常情况下，法院判决发包方、分包方承担连带责任后，考虑到雇主的支付能力有限，实际先行赔偿的主体更多会是发包方、分包方，在对外即劳动者的责任履行完毕后，用工者和发包方、分包方之间的内部责任如何处理的问题便接踵而来，此时，发包方、分包方通常会提起对用工者的追偿权诉讼，要求偿还代付的赔偿款项。那么，发包方、分包方能否向用工者全额追偿呢？

答案是不能，理由如下：

（1）提供劳务者受害责任纠纷作为一种侵权纠纷，发包方、分包方承担

的连带责任与通常的连带责任不同，如担保人的连带责任中的“垫付”行为，前者承担责任的基础是过错，发包方、分包方存在过错，应当承担共同侵权的赔偿责任，也就是说发包方与用工者应当承担终局赔偿责任。结合案件的具体情况，如果有证据显示发包方、分包方选任没有资质的实际施工人、对施工设备、人员安全教育等安全管理义务未尽监督管理义务的，那么综合判断其过错及对损害结果的原因力大小确定责任份额。

（2）发包方、分包方不能基于分包合同中关于“相应事故责任由作为实际施工人的包工头承担”的约定而免责。不论是作为总承包方的公司与包工头直接签订分包协议还是层层分包，该分包合同因违反《建筑法》第29条、《最高人民法院关于审理建设工程施工合同纠纷案件适用法律问题的解释（一）》第5条的规定而被认定为无效，自始无效的合同，双方关于责任的约定不具有法律效力。另外，该责任约定须符合《民法典》第497条规定：“有下列情形之一的，该格式条款无效：（一）具有本法第一编第六章第三节和本法第五百零六条规定的无效情形；（二）提供格式条款一方不合理地免除或者减轻其责任、加重对方责任、限制对方主要权利；（三）提供格式条款一方排除对方主要权利。”作为发包方或承包方，对施工安全的管理监督义务为其法定义务，不因其放弃或转嫁而免责。因此，在提供劳务者受害责任纠纷中，发包方、分包方判令与用工者承担连带责任，发包方、分包方如果先行向劳动者全部清偿，其有权再次向用工者追偿，但己方应承担的部分不能追偿。

上述责任的承担及追偿问题是基于修订之前的《人身损害赔偿司法解释》第11条第2款的规定，现新修订的《人身损害赔偿司法解释》已将该条删除，那么发包方、分包方在未尽到注意审查义务的情况下是否应承担责任、应承担什么责任，法律尚未作出明确规定，值得我们再深入探讨研究。

普法提示

随着社会分工的进一步细化及劳务用工市场部分领域规范欠缺与不完善，同时囿于提供劳务者自身安全保护意识不足、用工者安全监管和保障缺位等因素，提供劳务者在劳动过程中自身受到伤害的情形非常普遍，此类案件呈日益增多的趋势。而提供劳务者作为社会底层的弱势群体，往往存在因对自身安全注意不够，需要自负相应的民事责任的情形。本文结合审判实践中常见的问题提出以下几点建议，希望能从法律层面提供一些帮助。

1. 增强法律意识，甄别用工过程中的各类法律关系。现在很多农民工选择外出打工，但是在外从事务工工作时，虽然从事的是高度危险作业，却不注意自身安全防范措施，继而发生意外，造成自身伤害。因多数务工者的文化程度普遍不高，囿于自身知识和能力的限制，在他们眼中，自己揽活与包工头组织揽活并无太大区别，但在法律上，双方存在着诸多不同，且用工人的责任存在较大的区别，因此在施工过程中，尽量通过纸质的合同来明确双方的权利义务，以便发生纠纷后，作为与用工者协商或诉讼中合理维权的依据。

2. 取得相应资质，减少自身责任。按照法律规定，从事特种作业的劳动者必须经过专门培训并取得特种作业资格，比如危险品化学作业除经社区或县级以上医疗机构体检健康合格，并无妨碍从事相应特种作业的疾病和生理缺陷、具备必要的安全技术知识与技能等条件外，还需要具备高中或者相当于高中及以上文化程度。也就是说，如果从事特种作业，必须具备相应资质。实践中，务工者因缺乏资质或未尽到注意义务，自身存在过错，往往会自担一定的责任。因此，在务工过程中，务工者应取得相应资质，同时注重自身安全防护，减少自身责任，同时，用工方在选任过程中，应尽到审查义务和安全提示义务，尽最大可能减少意外发生。

3. 保护自身权益，合理伸张诉求。务工者在实际施工过程中，应当注重自身安全性的保护，如发生意外，应第一时间去医院检查，因很多时候会形成内伤，如不及时救治可能会造成更严重的后果，或可能会导致与务工工作受伤的关联性产生断层，影响后续主张权利。如果遇到不能得到足额赔偿的情况，一定要提高“留痕”意识，做好证据收集工作，如在本案中，要妥善保存就医过程中的医疗费、交通费发票及病例材料，同时要注重对自身伤残等级的鉴定及扶养人和被扶养人的情况的证据收集，否则将因缺乏证据导致诉求难以得到支持。

案例六

配送员送货途中受伤谁负责

——解析互联网新业态下的提供劳务者受害责任纠纷

许骁[①]

网络信息技术发展日新月异，由此催生的“互联网 +”已经成为一种推动大众创业、万众创新的全新理念。随着城市发展的步履不停，人们的生活节奏也日趋加快，互联网新兴行业如雨后春笋般涌现，城市“骑士”已经成为与每一位上班族生活息息相关的人。“骑士”在配送时一种更普遍的称呼是配送员，配送员作为在短时间内迅速壮大的社会职业，具有流动性大、岗位可替代性强的特点，其职业管理规范并不完善。配送员每天的工作需要面对复杂危险的交通环境，加之配送员“争分夺秒”的岗位需求和较为薄弱的安全意识，使之成为劳动者中较为频繁发生交通安全事故的职业，给社会带来了一些隐患。配送员在配送过程中受害的责任归属问题，历来是法律实务界的关切，亦本文讨论的焦点。

案情回顾

（一）新手“骑士”夜间送货不幸殒命道路

2017 年 3 月，李美美与闫帅帅在家乡举办婚礼后，二人怀着对未来的憧憬，来到北京打拼，准备等打拼些日子后再领证。来北京的第二个月，闫帅帅已经找到了一份收入可观且入行门槛相对较低的工作，成为一名“骑士”，陪伴他工作的是一辆二手摩托车和一部装载了配送平台 APP 的手机，摩托车牌照是网购的假牌照。从事一段时间配送工作后，闫帅帅觉得自己对于配送路线已经较熟，可以接更多的配送订单，于是他又用李美美的身份证号注

① 北京市平谷区人民法院审判管理办公室（研究室）法官助理。

册了“快送”APP，同时成为“快送”的配送员，这样可以增加一点收入，补贴自己和李美美的日常开销。

2017年6月16日晚，闫帅帅接到了“快送”的第一个订单，由祥龙超市地下二层接货送至朝阳区酒仙桥路。当日20时23分，闫帅帅驾驶摩托车行驶至某路口时，车辆前轮右侧与非机动车道护栏接触。闫帅帅连人带车倒地，受伤严重，车辆损害。2017年6月19日，闫帅帅经医院救治无效死亡。经交通部门查明，闫帅帅未依法取得机动车驾驶证驾驶机动车，另在驾驶中未戴安全头盔，且使用伪造的机动车号牌，交通部门认定闫帅帅负事故全部责任。

（二）“骑士”父母诉至法院要求平台赔偿

闫帅帅父母闫康健、安平在痛失爱子后，将“快送”所属公司快送网络科技（上海）有限公司（以下简称快送公司）告上法庭，要求被告赔偿二原告医疗费14874.28元、死亡赔偿金1145500元、丧葬费46236元、精神损害抚慰金100000元、误工费20000元、住宿费4273元、交通费5000元，共计1335883.28元。

闫康健、安平认为，闫帅帅以其手机号在快送骑士版APP上注册，获得接单资格，成为快送配送员。快送由被告运营。闫帅帅是快送的配送员，通过快送平台接单，并由快送向闫帅帅支付报酬。闫帅帅在2017年6月16日晚，配送在快送平台接到的订单路上发生交通事故死亡，系在提供劳务的过程中发生事故死亡，被告应当承担赔偿责任。

快送公司认为，闫帅帅并非其公司员工，双方不存在劳务关系，公司不应承担赔偿责任。

一审法院认为，二原告主张闫帅帅与被告存在劳务合同关系，并据此以提供劳务者受害责任纠纷为由主张权利，缺乏合同基础及法律依据，故驳回了原告闫康健、安平的全部诉讼请求。后二原告提起上诉，二审法院最终维持一审判决。

法理分析

在提供劳务者受害责任纠纷中，雇主是指接受劳务的一方，包含单位或者个人；雇员是指提供劳务的一方。

关于提供劳务者受害责任纠纷，目前的审判实务中仍存在着对劳务关系认定不清，劳务关系归责原则难以适用等问题。尤其是在因经济高速发展、新型互联网平台提供服务的方式不断蜕变、提供劳务形式日益多样化的背景下，如何明晰此类纠纷中的法律关系，进而适用正确的法律规则进行过错认定和责任承担，是审理此类案件的难点。

本案的争议焦点即为，闫帅帅与快送公司之间是否存在劳务合同关系、闫帅帅遭受损害的责任是否应由快送公司承担。

（一）配送员与互联网平台间的业务模式

本案所涉及的互联网平台，是一种提供专人对接、限时送达的新型快递服务平台，其业务模式为“平台 + 个人”。在该平台上，只要用户成功下单，系统就会把订单推送到用户周围的配送员手机上，配送员就近进行抢单。从取件到送达，全程只由唯一的配送员专门完成。

有人认为，互联网平台仅是作为信息提供商，与劳务双方仅在信息传递方面产生合同关系；也有人认为，互联网平台对劳务提供方在信息传递方面有一定的指示，构成提供劳务关系。

（二）如何认定劳务关系

我国法律上并未对劳务关系有过系统性的定义，通常认为，劳务关系是指劳动者与用工者根据口头或书面约定，由劳动者向用工者提供一次性的或者是特定的劳动服务，用工者依约向劳动者支付劳务报酬的一种有偿服务的法律关系。劳务关系是平等主体之间的民事法律关系，适用民事法律的一般原则。

劳务关系一般具有如下特征：（1）体现为合同关系，合同的形式不定；

（2）双方主体地位平等，彼此无隶属性；（3）约定一方提供劳动服务，一方支付报酬。

劳务关系的涵盖非常广泛，各行各业均可以包容其间。正因如此，在判断是否形成劳务关系时，应从以下几个方面进行认定：

第一，考察双方主体地位是否平等、是否存在口头或书面的约定。劳务关系主体之间只存在经济关系，劳动者自主提供劳务服务，用工者支付报酬，彼此之间不存在其他人身隶属关系或人身依附关系，因此，双方地位平等。与之相对应的，在劳动关系和雇佣关系中，劳动方要接受用工方的管理，服从用工方的指挥，双方之间存在着一定的隶属关系与人身依附关系。

第二，判断工作条件由哪一方提供。劳务关系中的劳动方一般只提供简单的劳动力，在需要生产工具时，也是自备，工作场所根据提供劳务的需要随时变动。

第三，考察提供劳动服务的主体经济从何处获得报酬。劳务关系是一种有偿的法律关系，因而确定经济报酬的给付是认定是否构成劳务关系的一个重要方面。

（三）快送公司与闫帅帅之间不构成劳务关系

首先，从快送骑士 APP 平台的功能来看。快送骑士 APP 系为有配送需求的商户提供信息发布渠道，同时将商户的配送需求传递给有接单需求的配送人员，在接单过程中并无配送人员向快送骑士 APP 提供劳务并从该平台获取报酬的意思表示，注册协议亦载明“用户依约完成配送订单的，有权根据快送配送平台自商户处获取相应的报酬；任何时候，用户与快送配送平台之间并非劳动、劳务、雇佣关系”。

其次，从配送工作的接受及完成情况来看。配送人员并非根据快送骑士 APP 的安排进行配送，其对是否接受配送工作可以自由选择；在其接单后，如何配送及使用何种配送运输工具均由配送人员自行决定，配送工作完全由配送人员独立完成，快送骑士 APP 对配送人员并不存在人身支配性。

最后，从报酬的给付来看。无证据证明配送人员完成配送工作后的工作报酬是由快送骑士APP支付，亦无证据证明快送骑士APP可基于配送人员完成的配送行为享有向商户请求报酬的权利。根据快送骑士APP注册协议，配送人员依约完成配送订单的，有权根据快送配送平台自商户处获取相应的报酬。

知识拓展

（一）各类用工关系的区分

在各类用工关系认定的法律实务中，最易区分出来的是聘任关系和人事关系，一般是机关、事业单位的用工方式其受《公务员法》以及人事方面法律法规调整。而比较普遍的一种用工关系是劳动关系，其受《劳动法》《劳动合同法》等相关法律、法规调整。最后仅能受《民法典》等普通民事法律调整的用工关系即劳务关系。从某种意义上来说，劳务关系是对无法归类的用工关系的一个兜底性的统称。而劳动关系与劳务关系在法律实践中也是需要根据实际情况进行区分。劳务关系与劳动关系的区别在于：

第一，当事人的法律地位不同。劳动关系中的用人单位与劳动者双方之间的经济地位存在很大的差异，劳动者通常处于弱势地位，对于双方法律关系的处理主要适用《劳动法》《劳动合同法》等相关法律规定加以调整；劳务关系中，双方的法律地位是平等民事主体，一般无须特定的法律加以调整，主要适用《民法典》等相关法律。

第二，工资待遇和是否享有社会福利不同。劳动关系中的劳动者除享有工资待遇、接受技能培训外还享有社会保险和福利等权利，而劳务关系的当事人不享有社会保险和福利，一般仅从民事赔偿角度来解决。

第三，处理争议的程序不同。劳动关系的双方当事人产生纠纷时，我国法律规定了处理劳动争议的特定程序，即调解、仲裁和诉讼。发生劳务纠纷，一般会按照普通的纠纷解决机制来处理，当事人可以选择和解、调解或者诉讼，当事人对于纠纷处理方式具有选择权。

实践中，根据用工合同的规定，一些外卖平台与外卖“骑士”之间的关系属于劳务关系，甚至可以定性为劳动关系。但是本案中，原告无法提供证据证明闫帅帅与平台之间形成的业务模式符合劳务关系的特点，因此法院未认定双方之间的劳务关系。

（二）提供劳务的一方受损害时的归责原则

根据法律规定的不同，法院在审理劳务关系人身损害赔偿案件时主要关注双方的主体。

如果接受劳务一方系法人或其他组织，则根据《最高人民法院关于审理人身损害赔偿案件适用法律若干问题的解释》[①]第9条和第11条的规定确认归责原则，即雇员在从事雇佣活动中遭受人身损害，雇主应当承担赔偿责任。雇佣关系以外的第三人造成雇员人身损害的，赔偿权利人可以请求第三人承担赔偿责任，也可以请求雇主承担赔偿责任。雇主承担赔偿责任后，可以向第三人追偿。

如果双方均为个人，则根据《民法典》第1192条第1款的规定，个人之间形成劳务关系，提供劳务一方因劳务造成他人损害的，由接受劳务一方承担侵权责任。接受劳务一方承担侵权责任后，可以向有故意或者重大过失的提供劳务一方追偿。提供劳务一方因劳务受到损害的，根据双方各自的过错承担相应的责任。

本案的争议焦点为闫帅帅与收发货人之间的关系，以及收发货人是否需要对闫帅帅的损害负责。根据上述规定可见，这需要看收发货人与平台之间的协议，如果平台在协议中说明送货服务由平台组织，平台为这样的服务做保障，那么收发货人无须负责，在大多数快递和外卖的送货服务中，都可以按照这样的方式进行责任认定，这样的归责方式其实也从反面印证了平台与配送员之间存在劳务关系；而如果平台在与收发货人之间的协议中声明的平台只是一个信息平台，配送员与收发货人皆为平台的客户，平台起到的是一

① 该解释已于2020年12月23日经最高人民法院审判委员会第1823次会议修正。

种媒介的作用，如“快送”在本案中的地位就是如此，那么本案中可能就需要追加收发货人为被告或第三人来查明案件事实。

（三）相关案件中需要重点关注的案件事实

第一，关于平台与配送员之间关系的认定，在区分好各类用工关系的基础上，查明关于双方是否形成劳务关系的相关事实，做好连劳务关系都无法达到的用工关系的准备。

第二，造成配送员受损的主体身份的认定，主体身份可以分为两类，一是平台或接受服务者，二是不属于配送服务链中的第三者。这决定了后续事实认定是否需要展开。

第三，配送员受侵害行为事实的认定，即造成配送员人身损害的经过分析，这一过程的分析属于事实查明，需要证据作证，也是认定后续事实的关键。

第四，对配送员损害后果事实的认定，即配送员遭受人身损害的伤害程度，包括相关的司法鉴定、费用发生的证明、收入减少的损失证明、当地政府关于居民收入的统计资料，挑出实际因受损的支出，这一点可以参考机动车交通事故责任纠纷的损害认定方式。

第五，侵权行为与损害后果之间因果关系的事实，包括是直接引起与被引起，是发生在提供劳务过程中还是之外等，这一点决定了配送员是自己负责还是需要追责。

第六，案件中加害人与受害人的过错事实，即加害人在实施造成受害人人身损害的行为时是否有过错，受害人对于损害的发生是否有过错，各自过错的程度等，这直接关系到金钱赔偿的认定。

本案中，闫帅帅是在无外力情况下，撞上路边栅栏最后不治身亡，没有加害人，根据从公安机关调取的与本案有关的李美美的谈话笔录中又可发现，闫帅帅的注册信息与本人不符且驾驶的二手摩托车没有正规车牌，属于非法上路，闫帅帅本人对自身的损害存在一定的过错。

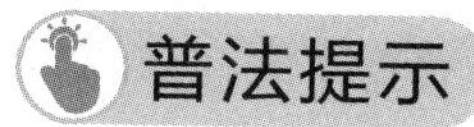

普法提示

（一）各类服务平台应该尽快明确自己的用工规定

随着互联网的发展，用工模式逐渐多元化且多元化速度越来越快，而网络服务企业暂时无法制订出周密详细的用工方案。且如今行业的鱼龙混杂不仅表现在与客户之间协议的无序和被忽视，甚至在配送费的收取和分成以及对配送员通过平台获取收益的模式制定都显得过于随意，也由此造成了许多案件争议难化解，出现了许多虽符合法律规定但不符合法律本身需要维护公平正义目标的责任划分结果，这是不符合现代社会发展要求的。因此，每一个服务平台在逐利的同时需要完善管理制度，并注入“道德的血液”，明确自身的用工规定，做好平台对于配送员的培训和管理。同时还可以成立行业协会进行加强监督，给平台自身的同时，也给客户和平台注册“骑士”安全保障，让方便人们生活的互联网新业态能够良性发展而不是昙花一现。

（二）“骑士”在服务社会的同时也要对自己负责

互联网新业态下各类平台的配送员收入都较为可观，但因为入职门槛相对较低，职业群体非常庞大，其中个人素质也良莠不齐，另外，受工作环境的影响，配送员在工作过程中辛苦且易发生意外，一旦有意外发生，就能产生配送员个人无法承受的损失。配送员应该意识到在互联网新业态下发展起来的各类平台在给自己带来收益的同时，也是有诸多管理和用工方面的漏洞。减少配送员意外的发生，需要平台本身的成熟和规范，也需要提高配送员自身的安全保护意识和负责服务意识。配送员在选择服务平台时不要盲目跟风，在看清平台收益分配模式的同时，更多关注平台对于自己的一些保障措施及自己的权利相关责任义务，辨别出有责任心的平台企业，这样是对自己负责、对社会负责，同时也是配送员逐渐培育职业精神，促使行业良性发展的表现。

（三）平台收发货客户注意甄别不良平台企业

平台中收发货客户是整个运送链的大多数，也是我们每个人最有可能具备的身份。我们每一个客户作为一个法律关系的一方，最容易做到的就是甄别不良配送服务平台，不去选择它们，逐步让市场淘汰这些平台企业。我们尽量选择负责的企业，不要仅仅关注服务费，这也是保护自己的一种方式。

（四）发生争议后的解决建议

本标题下的争议解决建议仅针对配送平台与配送员为对劳务关系和连劳务关系的标准都无法达到的情形。这两种情形目前来看最好的解决方式就是和解和调解，这两种方式赋予了法律更多的人情，能够较为圆满地解决双方争议，也是实务中最常见的方式，而诉讼方式会使平台企业的声誉受影响，配送员个人在经济上的补偿也无法得到保障，往往达不到良好效果。

案例七

外卖配送员送餐过程中受伤，责任谁来担

——解析“互联网 +”背景下劳务关系的认定

赵娜[①]

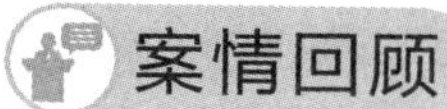

案情回顾

（一）送餐途中生意外

2018 年 1 月，大鹏通过团购众包平台注册成为团购众包员送外卖，在注册过程中，大鹏与送达公司签订《劳务协议》，协议中约定：［签约］当您按照注册页面提示填写信息、阅读并同意本协议且完成全部注册程序后，即表示您已充分阅读、理解并接受本协议的全部内容，并与送达公司达成一致，成为送达公司的劳务人员。阅读本协议的过程中，如果您不同意本协议或其中任何条款约定，请您立即停止注册程序。您与送达公司通过本协议建立劳务关系，适用合同法、民法通则和其他民事法律，不适用劳动合同法。团购众包平台是指为用户提供劳务需求信息展示，并通过该平台展示劳务需求信息、单笔劳务费用及服务完成确认等信息的手机 APP 信息平台。众包员可通过众包平台自主选择接收任务事项，并在事项完成后获得众包平台显示的劳务费及相应奖励（如有），但众包平台与您并不存在任何形式的劳务关系。用户是指通过众包平台发布任务事项，并支付报酬的商家、个人。众包员即本协议中的“您”，是指接收并同意本劳务协议全部条款及众包平台发布的其他全部服务条款和操作规则，申请注册并经众包平台审核通过后，通过众包平台自主选择、完成任务事项，并在事项完成后获得相应报酬的完全民事行为能力人。协议内容：您同意与劳务公司签订劳务合同，按照团购众包平

① 北京市平谷区人民法院综合审判庭法官助理。

台展示的劳务需求信息内容、要求、标准，自主选择接受服务事项，并在接单后及时完成劳务服务并收取劳务公司支付的劳务费或平台奖励（如有）；为了保障您在劳务服务提供过程中的安全，劳务公司将为您投保意外险，您同意，如您在一个自然日期间，如约承接了一单以上的订单，每日需支付3元的保险费，该费用将从您的劳务费用中予以扣除。

2018年2月6日5点29分，大鹏抢单团购众包平台“西南餐厅”派送订单。在送外卖过程中，大鹏驾驶电动车不慎摔倒，后被送至医院治疗，支付医疗费79954.61元。经鉴定，大鹏为十级伤残。

送达公司（甲方）与保险公司（乙方）签订了《保险业务合作协议》，约定：甲方向乙方投保“团购骑手意外险升级版”产品，该保险产品仅适用于甲方外派至团购外卖平台的众包员，保险费为3元/人/天。2018年2月6日，送达公司为投保人，大鹏为被保险人向保险公司投保了团购骑手意外险升级版，保险责任包括人身意外伤害身故/伤残保险、附加非机动车第三者责任保险（死亡、伤残、医疗）、附加非机动车第三者责任保险（财产损失）、附加意外伤害医疗保险。

大鹏受伤后，自保险公司获得保险理赔款88650.79元（其中人身意外伤害伤残保险理赔60000元，附加意外伤害医疗保险理赔28650.79元）。

（二）协商未果诉法院

送达公司与众包平台均拒绝赔偿，故大鹏将送达公司、北京快送诉至法院，请求法院判令二公司连带赔偿自己各项损失共计258194元。大鹏诉称，自己在送餐过程中受伤，送达公司作为雇主，应该承担赔偿责任，团购网为北京快送科技有限公司（以下简称北京快送）运营的网站。团购众包服务由北京快送提供平台服务。自己通过注册成为团购众员，在完成派单过程中受伤，北京快送应该承担连带赔偿责任。

送达公司辩称，其公司已为大鹏投保意外险，大鹏的损失应由保险公司进行理赔。此外，大鹏不慎摔倒，系其自身未尽到注意义务所致，送达公司不应承担赔偿责任；北京快送辩称，北京快送与大鹏不存在劳动关系、劳务关系。大鹏与送达公司之间存在劳务关系，应当按照劳务关系处理。

法院经审理认为，劳务者在从事雇佣活动中遭受人身损害，雇主应当承担赔偿责任。大鹏与送达公司签订了《劳务协议》，双方成立劳务关系，大鹏在为送达公司提供劳务期间受到损害，送达公司应承担赔偿责任。大鹏在电动车骑行过程中，未尽到安全注意义务不慎摔伤，故法院酌情认定大鹏对自身损伤承担40%的责任，送达公司应当承担60%的责任。送达公司关于其已给大鹏投保意外险，应由保险公司进行理赔的抗辩，该保险系人身意外伤害险，被保险人系大鹏，专属于大鹏本人，而非以送达公司为被保险人的雇主责任险，大鹏获得的人身意外伤害保险理赔，不能替代或减轻送达公司的赔偿责任。关于大鹏要求北京快送承担共同赔偿责任无法律依据。根据大鹏认可并签署的劳务协议，已经明确"众包平台与众包员并不存在任何形式的劳务关系"，故大鹏与北京快送之间不存在劳务关系。大鹏亦未提交证据证明北京快送对事故发生存在过错或有侵权行为。

综上，一审法院判决：1. 送达公司应于本判决发生法律效力之日起7日内赔偿大鹏医疗费、误工费、护理费、住院伙食补助费、营养费、交通费、残疾赔偿金、被扶养人生活费、鉴定费、精神损害抚慰金等损失共计106169.85元；2. 驳回大鹏其他诉讼请求。送达公司不服一审判决，提起上诉。二审法院对一审查明的事实予以确认。最终判决驳回上诉，维持原判。

法理分析

（一）"互联网+"背景下外卖配送模式简介

目前，外卖点餐平台的外卖配送有三个模式：平台自营团队配送、第三方公司配送、平台商家自行配送。其中，以"第三方公司配送"中的"众包"配送方式最为常见，即由个人在线注册成为平台配送员。"众包"方式的配送员入职门槛较低，一个配送员甚至可以在多个平台注册账号进行抢单。

本案中涉及的团购外卖运营模式属于第三方公司配送下的"众包模式"，

团购平台的运营主体是北京快送科技有限公司（北京快送），北京快送通过关联方上海快送或北京快送在线科技有限公司，与专门从事外卖配送业务的公司签订有配送服务协议，由关联方将一定区域的团购配送业务外包给专门从事外卖配送业务的公司，专门从事外卖配送业务的公司雇佣配送员从事配送业务外包业务。

（二）送达公司与大鹏之间形成劳务关系

劳务关系存在与否，是雇主责任的基础。劳务关系通常以雇佣合同确定，现实生活中，也有些当事人之间并不存在此类合同，但存在事实上的劳务关系，因此判断是否存在劳务关系不能简单地从形式要件上判断，主要应从实质要件上来考察。实质要件主要考虑以下三个方面：其一，要看双方的权利义务关系，是否为一方提供劳务，另一方支付报酬。其二，要看雇员是否受雇主控制、指挥、监督。在劳务关系中，雇主是控制他人行为的人，而雇员仅是雇主用来完成某种工作的人。雇员在完成此种工作时听命于雇主，服从雇主的监督指导，雇主为雇员提供劳动条件。其三，雇员由雇主所选任。雇员的选任方式可以是雇主亲自选任的，也可以是雇主授权选任的。

雇员受害赔偿责任的确定，应当符合以下要件：第一，雇员必须是在从事雇佣活动中遭受人身损害。对于“从事雇佣活动”的认定可以参考修订前的《人身损害赔偿司法解释》第 9 条第 2 款的规定，即“‘从事雇佣活动’，是指从事雇主授权或者指示范围内的生产经营活动或者其他劳务活动。雇员的行为超出授权范围，但其表现形式是履行职务或者与履行职务有内在联系的，应当认定为‘从事雇佣活动’”。即以执行职务的外在表现形态为标准，表现形式上是履行职务或者与履行职务有内在联系，具有此外在特征，即可确定为从事雇佣活动。第二，雇员在从事雇佣活动过程中必须遭受人身损害的后果。只有发生损害后才会有救济，如果雇员未有生命权、健康权、身体权遭受到损害的后果，就不存在产生雇员受害的赔偿责任的前提条件。

大鹏在注册过程中与送达公司签订《劳务协议》，约定大鹏成为送达公司的劳务人员，大鹏为送达公司提供劳务，送达公司为大鹏提供报酬，双方之间形成雇佣法律关系。大鹏在送餐过程中受伤，“送餐”属于“从事雇佣活动”，大鹏从事雇佣活动中遭受人身损害，送达公司作为雇主应该承担赔偿责任。

（三）北京快送与大鹏之间无劳务关系

前文案例中，外卖行业在与互联网深度融合的过程中，呈现出了智能化、复杂化的特点，这些特点也给各方主体之间法律关系的认定带来困难。本案系“互联网＋外卖”融合过程中衍生出的案件，大鹏认为北京快送作为团购平台运营公司，其通过平台接单，并在送餐过程中发生意外，北京快送应承担赔偿责任，其主张有无依据呢？北京快送与大鹏之间是否存在劳务关系？

其一，根据大鹏认可并签署的劳务协议，已经明确“团购众包平台是指为用户提供劳务需求信息展示，并通过该平台展示劳务需求信息、单笔劳务费用及服务完成确认等信息的手机 APP 信息平台；众包平台与众包员并不存在任何形式的劳务关系”，故大鹏与北京快送之间不存在劳务关系。

其二，除了明确的协议以外，是否构成劳务劳务关系，也可以从工作安排、人身管理以及报酬支付等方面进行认定。本案中，从工作安排方面而言，团购众包平台仅向配送员提供商户的配送需求信息，配送员按照团购众包平台展示的劳务需求信息内容、要求、标准，自主选择接受服务事项，并非由平台安排。从人身管理方面而言，平台对于配送员是否提供配送服务以及使用何种配送工具没有限制，配送工作完全由配送员自行独立完成，这表明平台对配送员并无人身上的管理和支配。从报酬支付方面而言，配送员在接单后及时完成劳务服务并收取劳务公司支付的劳务费，虽然配送员提取配送费用需要通过平台，但该种方式系平台提供的费用代收与代付服务，即商户将配送费用存入平台，由配送员自行从平台提取，平台获取提供相应服务的手续费，平台并不向配送员支付劳务报酬。因此，从以上三个方面亦可以看出平台与配送员并不存在劳务关系。

另外，北京快送对事故发生不存在过错，不存在侵权行为，因此，北京快送无赔偿义务，故大鹏只能向其雇主送达公司主张赔偿责任。

知识拓展

（一）网约车平台与车主之间的法律关系认定

互联网经济下，各行各业都通过互联网手段蓬勃发展，以上对“互联网+外卖”行业中平台责任进行了分析，网约车同样是互联网经济下的新兴事物，网约车平台与车主之间是否存在劳务关系呢？

小芳通过打车软件顺风车服务乘坐大刘驾驶的网约车出行，行驶途中与赵帅驾驶的重型半挂牵引车相撞（车辆登记所有人为快送物流公司，该车已投保交强险和商业三者险），造成小芳受伤，两车损坏。事故经交通支队认定，赵帅负主要责任，大刘负次要责任。就赔偿事宜协商未果，小芳将大刘、赵帅、快送物流公司、打车公司以及保险公司诉至法院，请求法院判令：1. 被告保险公司首先在交强险范围内赔偿原告上述损失；2. 超出交强险部分，由被告赵帅、快送物流公司按照70%的比例承担赔偿责任，保险公司在商业三者险范围内先行赔偿；由大刘、打车公司按照30%的比例承担赔偿责任；3. 诉讼费由被告承担。

被告打车公司辩称：打车公司作为网约车平台，大刘系注册的快车司机。打车公司不是侵权责任人，不同意承担侵权责任，应由大刘自行承担。

法院认为被告打车公司作为APP运营商属于居间信息服务，大刘与打车公司之间并不存在劳动或劳务关系，大刘在接单过程中具有自主选择权，接单出车并不构成职务行为，打车公司不应承担侵权赔偿责任。原告小芳以打车公司享有运营利益为由主张其与大刘承担连带责任，于法无据，最终法院未予支持。

本案中，打车公司作为打车平台的运营公司，大刘在打车平台自行注册成为顺风车主。关于大刘和打车公司之间的是否存在劳务关系，仍应该从工作安排、人身管理以及报酬支付等方面分析是否符合劳务关系的法律特征。第一，从工作安排和人身管理看，大刘对于订单具有选择权，并不接受打车公司的派单，打车公司也未对大刘进行人身管理；第二，从报酬支付上看，费用由乘客通过平台给付给车主，并非打车公司给付车主报酬。打车公司仅为车主和乘客提供交易的平台即机会，因此打车公司与大刘之间被认定为居间法律关系，而不存在劳动或是劳务关系，对于小芳的损失，打车公司并无赔偿义务。

（二）劳务关系与劳动关系的区分

以上两个案例中，平台公司都称本公司与“网约工”之间没有任何劳务关系或劳动关系。司法实践中，劳务关系和劳动关系经常出现混位，二者具有很大的相似，但系不同的法律关系，依据不同请求权基础，雇员受伤后的赔偿标准及纠纷解决机制均不相同，劳动关系中的劳动者在劳动过程中遭受人身损害，适用工伤救济程序，享受工伤保险待遇；劳务关系中的雇员在劳动过程中遭受人身损害，适用人身损害赔偿方面的法律法规，因此区分劳务关系及劳动关系对于雇主和雇员非常重要。二者的区分如下：

1. 主体不同。劳动关系中的主体具有特定性，用人主体必须是具备用人资格的用人单位，劳动者必须是达到法定劳动年龄并未超过法定退休年龄的自然人。劳务关系的主体范围较为广泛，自然人之间、自然人与法人或者非法人组织之间均可形成劳务关系。

2. 主体之间的地位不同。劳动关系中，用人单位与劳动者之间存在隶属关系，劳动者受用人单位的管理、监督、指挥、领导等，用人单位为员工缴纳社会保险。劳务关系中，雇主与雇员之间不存在隶属关系，雇员相对独立，部分雇主为避免用工风险，为雇员交纳意外险等商业保险。

3. 稳定性不同。一般而言，劳动关系具有长期性、持续性、稳定性特征，而劳务关系则具有临时性特征，多是以完成特定事项为目的。

4. 国家干预性程度不同。劳动合同中的条款受国家法律强制性限制，国家对于劳动关系的干预程度较强，建立劳动关系，应当订立书面劳动合同。而雇佣合同可以是口头的，也可以是书面的，合同当事人在合同条款签订过程中，对于相关条款的约定具有较强的协商余地和自主性，只要不违反相关法律中强制性规定即可。

普法提示

当前，外卖送餐员构成了城市一道靓丽风景线，城市的大街小巷、商厦楼宇间无不出现外卖小哥奔忙的身影，他们为我们带来“美味不用等”的便捷。然而，“互联网 +”经济模式在带来便捷、高效、自由的创新服务体验的同时，也在法律关系认定上带来了新的挑战。了解外卖送餐员与相关方的法律关系如何认定，以及在送餐过程中受伤应如何获取赔偿救济，对外卖送餐员来说具有重要的意义。本文通过援引互联网经济下涉劳务关系认定的典型案例，分析了外卖配送员在送餐过程中受伤后的赔偿责任主体、法律关系，并对网约车中所涉法律关系以及劳务关系与劳动关系的区别进行了知识拓展。

在司法实践中，引发提供劳务者受害责任纠纷产生的主要原因是，一方面，雇员风险意识差，自我保护能力低，另一方面，接受劳务一方组织管理和安全保障能力不足。具体到外卖送餐员的工作中，在对送餐速度的过分追求下，外卖小哥来往匆匆，忽视风险，往往极易引发安全事故。在此提醒外卖送餐员在注重效率的同时也应该遵守规则，保障自身安全，留存好证明存在雇佣或劳动关系的证据，以应对可能发生的诉讼风险。同时也建议用工主体规范用工制度，选择合适的商业保险和保险金额，为受害雇员提供快捷、有效的赔偿。

案例八

提供劳务者受害责任纠纷案件的执行

——连带责任的承担及执行中的法律责任

于宝灵[①] 刘永利[②]

提供劳务者受害责任纠纷案件，提供劳务一方，多为农民工，接受劳务一方又大多是一些小工厂、农村自建房屋的雇主等，经济收入并不乐观，即使法院判决后，接受劳务一方经常无力承担相应的赔偿责任，提供劳务一方则会申请法院强制执行。在执行过程中，提供劳务者受害责任纠纷案件经常牵涉连带责任承担问题，该问题在实践中争议较大，本章通过案例予以分析研究。我们先通过一则提供劳务者受害责任纠纷案例，了解一下什么是连带责任，法院执行的依据是什么。

案情回顾

（一）申请人撤回对部分连带责任人的执行，法院对部分连带责任人裁定终结执行

刘甜甜与锐锐公司等人提供劳务者受害责任纠纷一案，法院判决被告柴超超、田文水、郭明亮共同赔偿原告刘甜甜各项损失合计 70 万元；被告李亮亮、被告基顶建筑材料有限公司、被告锐锐机械科技有限公司与被告柴超超、田文水、郭明亮互负连带赔偿责任。锐锐公司不服上述判决，提起上诉，二审法院维持原判。

锐锐公司等人未履行该判决书，申请执行人刘甜甜向法院申请执行，在执行过程中，申请人刘甜甜向法院申请要求撤回对被执行人李亮亮、郭明亮、柴超超、田文水、基顶建筑材料有限公司（以下简称基顶公司）的执行，只

① 北京市平谷区人民法院审判委员会委员、员额法官。

② 北京市平谷区人民法院执行局法官助理。

申请执行锐锐公司，保留对李亮亮、郭明亮、柴超超、田文水、基顶公司申请执行的权利。法院作出执行裁定书，裁定终结对被执行人李亮亮、郭明亮、柴超超、田文水、基顶公司的执行。

后锐锐公司提出执行异议。法院认为，根据《侵权责任法》第13条[①]规定，法律规定承担连带责任的，被侵权人有权请求部分或者全部连带责任人承担责任。刘甜甜要求撤回对被执行人李亮亮、郭明亮、柴超超、田文水、基顶公司的执行，只申请执行锐锐公司，保留对李亮亮、郭明亮、柴超超、田文水、基顶公司申请执行的权利的请求符合法律规定。故裁定驳回异议人（被执行人）锐锐公司的异议请求。

（二）复议过程

锐锐公司向上一级法院提出复议申请。锐锐公司申请复议称，请求撤销原法院作出的执行裁定书，依法追加李亮亮、柴超超、田文水、郭明亮、基顶公司为被执行人，理由为：刘甜甜与被执行人李亮亮、郭明亮、柴超超、田文水、基顶公司、锐锐公司提供劳务者受害责任纠纷一案，在执行过程中只有复议人向刘甜甜支付了50000元的赔偿金，其他人未履行给付义务。刘甜甜撤回了对主赔偿义务人郭明亮、柴超超、田文水的执行申请和其他连带赔偿责任的执行申请，只请求法院执行复议人。复议人认为其他赔偿义务人均有赔偿能力，而刘甜甜仅申请执行复议人，法院同意刘甜甜的申请违反法律法规，违背公平。按照判决复议人不是主赔偿义务人，刘甜甜放弃对主赔偿义务人的执行，根据《民事诉讼法》第257条第1项的规定，应视为其撤销了申请，如刘甜甜或人民法院不依法追加其他赔偿义务人为被执行人，法院应当依法裁定终结对复议人的执行。

复议法院认为，本案争议焦点是：原执行法院能否依申请执行人的申请，裁定终结对部分被执行人的执行程序。人民法院执行的依据是生效法律文书，而非当事人的申请，刘甜甜申请法院只执行判决中的锐锐公司，而不要

---

① 现为《民法典》第178条。

求执行其他主债务人，与民事判决内容不符，该要求不应支持。原执行法院根据《侵权责任法》第 13 条的规定，作出的终结执行裁定书（裁定终结对被执行人李亮亮、郭明亮、柴超超、田文水、基顶公司的执行）和执行裁定书（裁定驳回锐锐公司的异议请求），两裁定适用法律错误。依照《民事诉讼法》第 225 条、《最高人民法院关于人民法院办理执行异议和复议案件若干问题的规定》第 23 条第 2 项规定，裁定撤销原执行法院作出的异议裁定和终结执行裁定。本裁定为终审裁定。

法理分析

（一）法院能否依申请人申请而终结对部分被执行人的执行

《民事诉讼法》第 257 条第 1 款规定申请人撤销申请的，人民法院裁定终结执行，本案中申请执行人只申请撤回对部分被执行人的执行，要求法院裁定对部分被执行人终结执行，不符合法院规定的终结执行的条件。《民法典》第 178 条规定："二人以上依法承担连带责任的，权利人有权请求部分或者全部连带责任人承担责任。"该条法律规定的是，共同连带责任中，债权人的选择性执行方式，但不是终结执行的规定，原法院作出终结裁定的法律依据错误。

（二）法院执行的依据是什么，什么是连带责任

《最高人民法院关于人民法院执行工作若干问题的规定（试行）》中规定，人民法院执行的依据是生效的民事、行政判决、裁定、调解书等。由此可见，本案的执行依据是法院作出的生效法律文书，而非当事人的申请，刘甜甜申请法院只执行判决中的锐锐公司，而不要求执行其他主债务人，与民事判决内容不符，因此法院不应支持该要求。

连带责任，是指依照法律规定或者当事人的约定，两个或者两个以上当事人全部承担或者部分承担其共同债务，并能因此引起其内部债务关系的一

种民事责任。连带责任所指向的债是不可分的。“连带”是指“共同的、一致的、不可分的”意思。“共同的、一致的”是指几个责任人共同对某一特定主体承担义务；“不可分的”则强调了这些责任人对共负的债务必须不分份额地承担清偿义务。这种共同债务的不可分割决定了各连带责任人在履行义务时，首先就应无条件地承担全部责任，其后才在内部关系中体现按份责任。本案中申请人的申请显然与判决内容及连带责任的特点不符。

知识拓展

提供劳务者受害责任纠纷案件的执行中，除上述案例中涉及的法律知识外，还有连带责任的执行方式及追偿、连带责任人的追加等法律问题。

（一）连带责任的执行方式

进入执行程序后，连带责任的执行方式一般有三种。一是向两个以上的连带责任人同时发执行通知书，对连带责任人同时采取全额执行强制措施，然后合并被执行财产，完成法律文书的指令；二是选择式执行，查明各被执行主体的履行能力后，择其易于执行的被执行人先执行，该方式执行效果明显，执行周期短，实践中较为常见；三是转换式执行，即根据具体案件灵活采取前两种方式并据案情随时转换执行方式。

有人认为连带责任应当分主要债务人和次要债务人，分先后顺序予以执行，那法院又是怎么执行的呢？在执行实践中有这样一则案例。单华华诉兴荣、升华公司提供劳务者受害责任纠纷一案，法院判决：兴荣在判决生效后 10 日内赔偿单华华医疗费、残疾赔偿金等款项 260000 元；升华公司对兴荣的赔偿责任承担连带赔偿责任。进入执行程序后，因被执行人未能自觉履行义务，法院依法强制划拨升华公司的银行存款，后升华公司向法院提出执行异议。法院驳回升华公司提出的执行异议。升华公司又向上一级法院提起复议，升华公司认为应当在对兴荣强制执行不能的情况下，才能对升华公司追究连带责任，升华公司承担的是补充连带责任。且执行法院直接执行升华公司的银行存款，导致兴荣规避了债务，势必产生新的诉讼，违背诉讼经济原则。复议法院认为，连带赔偿责任是指各个责任人对外不分份额、不分先后次序地根据权利人的请求承担责任。对于单华华而言，其无须分先后顺序向兴荣或升华公司主张赔偿。对于兴荣和升华公司而言，其作为连带责任的债务人，均负有清偿本案全部债务的义务。因此，原执行法院扣划升华公司银行存款的执行行为并无不当。可见判决未对连带责任进行份额上的区分时，连带责任的承担不分先后，法院可以对任一被执行人进行强制执行。

（二）连带责任份额及追偿

《民法典》第 178 条规定："二人以上依法承担连带责任的，权利人有权请求部分或者全部连带责任人承担责任。连带责任人的责任份额根据各自责任大小确定；难以确定责任大小的，平均承担责任。实际承担责任超过自己责任份额的连带责任人，有权向其他连带责任人追偿。连带责任，由法律规定或者当事人约定。"本条法律规定了连带责任份额及追偿问题。关于连带责任份额的问题，进入执行程序后，执行的依据是生效法律文书，法院无权处分双方当事人实体权利，判决中已经确定好各当事人应当承担的份额时，法院将按份额执行；未确定份额的，法院应当执行任何一方的财产，直到将案款全部执行到位，无权对各方当事人承担的责任进行份额分割。关于连带责任追偿问题，实际承担责任超过自己责任份额的连带责任人，有权向其他连带责任人追偿，判决书确定了追偿数额时，依据《最高人民法院关于判决中已确定承担连带责任的一方向其他连带责任人追偿数额的可直接执行问题的复函》，连带责任人承担连带责任后直接向人民法院申请执行其他连带责任人的，人民法院应当受理；判决书未确定追偿份额时，因涉及数额确定的实体问题，连带责任人承担责任后，可以提起诉讼，确定追偿数额，再申请执行。

（三）连带责任人的变更、追加

执行过程中变更、追加被执行人，一般有两种情况。一是申请人只对判决书中列明的部分义务人申请执行，被执行人申请追加其余责任人。二是通过变更、追加被执行人，直接由生效法律文书列明的被执行人以外的人承担实体责任，这种情形对各方当事人的实体和程序权利将产生极大影响。

先看第一种情形。曹利诉昆仑建筑安装工程有限公司、朱雷、代代电梯安装维修有限公司提供劳务者受害责任纠纷一案，法院判决朱雷于判决生效后 10 日内向曹利赔偿医疗费、伙食补助费等共计 30 万元，昆仑建筑安装工程有限公司、代代电梯安装维修有限公司对朱雷应当承担的赔偿义务承担连带责任。判决生效后，被告未履行生效法律文书确定的义务，曹利向法院申请强制执行。曹利仅将代代电梯安装维修有限公司列为被执行人，代代电梯安装维修有限公司认为朱雷为本案的主要义务人，只申请执行代代电梯安装维修有限公司不符合法律规定，遂提出异议，申请追加被执行人。法院认为，曹利未按照生效法律文书确定的义务人申请执行，故裁定追加朱雷、昆仑建筑安装工程有限公司为本案的被执行人。由此可见，申请人只对部分连带责任人提出执行申请，被执行人可以直接向法院申请追加其他连带责任人为被执行人。

再看第二种情形。实践中大家讨论比较多的是被执行人的姓名、名称变更后，被执行人的变更、追加问题。《最高人民法院关于民事执行中变更、追加当事人若干问题的规定》（2020 年修正）第 27 条规定，执行当事人的姓名或名称发生变更的，人民法院可以直接将姓名或名称变更后的主体作为执行当事人，并在法律文书中注明变更前的姓名或名称。另外，很多人有疑问，被执行人作为夫妻一方，法院是否可以直接执行配偶的财产，将配偶列为被执行人，从现行法律和司法解释的规定来看，并无关于在执行程序中可以追加被执行人的配偶或原配偶为共同被执行人的规定，但无特殊情况时，夫妻共同财产中有一半是属于被执行人的财产，法院可以依法执行属于被执行人的财产。

普法提示

（一）提供劳务者和接受劳务者应当注意的事项

随着我国市场经济不断深入发展，需求的多样化发展使得劳务市场益发活跃，提供劳务者受害责任纠纷案件屡见不鲜。提供劳务者受害纠纷案件普遍存在提供劳务者和接受劳务者安全意识淡薄、法律意识差、赔偿主体难确定、获得赔偿难的问题。所以在用工过程中，提供劳务者和接受劳务者都应当尽到注意义务，从源头减少事故的发生。

提供劳务者需要掌握必要的安全知识和专业技术，学习相关的基础法律知识，提供劳务时，与接受劳务方签订合同，明确双方权利义务，权利受到侵害时可以请求法律援助，避免在提起诉讼时遗漏或过高、过低提出诉讼请求，使权利难以得到保障。

接受劳务者尽量聘用在相关方面具有专业知识的劳务者，主动与其订立书面劳务合同，明确双方权利义务，并对提供劳务一方进行基本的安全教育和培训，注重安全问题，切勿违章蛮干，避免造成意外伤害。

（二）在诉讼中，提供劳务者受害责任纠纷案件可能涉及的法律知识

《民法典》第1191条规定，用人单位的工作人员因执行工作任务造成他人损害的，由用人单位承担侵权责任。用人单位承担侵权责任后，可以向有故意或者重大过失的工作人员追偿。劳务派遣期间，被派遣的工作人员因执行工作任务造成他人损害的，由接受劳务派遣的用工单位承担侵权责任；劳务派遣单位有过错的，承担相应的责任。第1192条规定，个人之间形成劳务关系，提供劳务一方因劳务造成他人损害的，由接受劳务一方承担侵权责任。提供劳务一方因劳务受到损害的，根据双方各自的过错承担相应的责任。

（三）执行过程中，法院强制措施的适用情况

进入执行程序后，被执行人拒不履行法律文书确定的义务，法院将依法对其采取强制措施，下面是适用频率较高的几种强制措施：被执行人未按照执行通知书指定的期间履行生效法律文书确定的给付义务的，人民法院可以采取限制消费措施；有履行能力而拒不履行生效法律文书确定义务、违反财产报告制度、违反限制消费令、无正当理由拒不履行执行和解协议等失信行为，人民法院应当将其纳入失信被执行人名单，依法对其进行信用惩戒；被执行人拒绝报告、虚假报告或无正当理由逾期报告财产情况、有履行能力而拒不按照人民法院执行通知书履行生效法律文书确定的义务等，法院可以根据情节轻重予以罚款、拘留；被执行人、协助执行义务人、担保人等负有执行义务的人对人民法院的判决、裁定有能力执行而拒不执行，情节严重的，以拒不执行判决、裁定罪处罚。

案例九

公司名下无财产可供执行可否申请追加法定代表人承担责任

——解析最高法关于执行程序中一人公司股东的追加问题

王重凯[①]

案情回顾

笔者在法院从事执行工作，每当案件被执行人涉及的是公司且名下暂时没有财产可供执行时，申请人都会问："法官，公司没有财产，是否可以追加该公司法定代表人或者股东为被执行人承担法律责任呢？"这个问题问得非常好，我们都知道公司作为法人是可以成为民事法律关系中的主体，而且是以自己的财产独立承担民事责任。那么，在司法实践中是否有些特殊的情况，可以使得法定代表人或者股东承担相应的法律责任呢？本文专门为大家阐述这方面的疑惑。

（一）打赢了官司，公司却没钱

2019 年 9 月，陈世美到正泰煤业公司工作，同年 11 月 5 日，陈世美在工作时致左手拇指受伤，受伤后随即被送往北京市平谷区中心卫生院住院治疗，入院诊断为左手拇指近节、远节开放性骨折，住院证记载：患者陈世美，工作单位正泰煤业公司。2020 年 1 月 7 日，陈世美出院，出院诊断为左手拇指近节、远节指骨骨折，出院医嘱门诊随访，休养一月。2020 年 3 月 16 日，陈世美委托平谷新兴司法鉴定中心评定伤残等级，次日，平谷新兴司法鉴定中心作出法医学鉴定意见书，鉴定意见为：陈世美因外伤致左手拇指功能丧失分值 33 分，评定为九级。后来陈世美起诉至北京市平谷区人民法院，要

① 北京市平谷区人民法院执行局法官助理。

求正泰煤业公司承担残疾赔偿金、精神损失费等各项费用共计20万元，最终经法院调解正泰煤业公司赔偿陈世美15万元。

调解书生效后，正泰煤业公司并未按调解协议履行法定义务，故陈世美于2020年10月4日向平谷法院执行局申请法院强制执行，本案立案后，承办法官通过执行办案系统和全国网络查控系统均未发现被执行人正泰煤业公司名下有可供执行的财产，且多次传唤法定代表人均未到庭，执行法官实地走访该公司亦未发现有实质性财产线索，根据规定法院对正泰煤业公司进行了限制高消费，本案最终以终结本次执行程序结案。

（二）柳暗花明又一村

申请人陈世美表示不甘心，经过多方打听，得知正泰煤业公司法定代表人武大平时生活奢侈，经常晚上开着路虎飙车，况且武大名下就这一个公司，不可能没有收入来源。武大的媳妇金莲3年前死于车祸，公司目前只有武大一人经营，属于一人有限责任公司。故陈世美决定申请法院追加武大为本案被执行人。

上述案例案情简单，即提供劳务者在公司受害，公司承担赔偿责任，执行过程中如果遭遇公司暂时没有财产可供执行，可否申请法院追加法定代表人为被执行人与公司承担连带责任？此为本案焦点。

法理分析

（一）司法解释出台背景

变更追加当事人是指在执行程序中，变更或者追加第三人为申请执行人或被执行人的一项制度。这项制度在反制规避执行、迅速实现债权、减轻当事人讼累等方面发挥着重要作用。但是之前条文设计过于粗疏，难以满足实际需要。比如，借助违规注销企业、滥用公司有限责任等方式逃避债务、规避执行的情况时有发生，不利于有效打击规避执行、充分保护债权人利益，也不利于法律适用的统一，影响了司法权威的树立。为此，最高人民法院对执行当事人变更追加问题开展深入调研，出台了《最高人民法院关于民事执行中变更、追加当事人若干问题的规定》，对法院在民事执行中变更追加当事人问题作了全面、系统、明确的规范，填补了此前法律、司法解释的空白，为迅速实现债权与充分程序保障、执行效率与执行公正之间找到最佳平衡点。

（二）该案法条的定位运用

根据《最高人民法院关于民事执行中变更、追加当事人若干问题的规定》（法释〔2020〕21号）第20条规定，作为被执行人的一人有限责任公司，财产不足以清偿生效法律文书确定的债务，股东不能证明公司财产独立于自己的财产，申请执行人申请变更、追加该股东为被执行人，对公司债务承担连带责任的，人民法院应予支持。

本案在执行追加中应该注意两点：第一，正泰煤业公司是否为一人有限责任公司？第二，法定代表人能否证明自己的财产独立于公司财产？

第一，我们所说的一人有限责任公司简称“一人公司”“独资公司”或“独股公司”，根据我国《公司法》第57条第2款规定：“本法所称一人有限责任公司，是指只有一个自然人股东或者一个法人股东的有限责任公司。”本案中根据申请人提供线索称正泰煤业公司为一人有限责任公司，故申请法院调取该公司在工商局中有关方面的档案登记。经查证，正泰煤业公司确为一人有限责任公司，公司法定代表人是武大。故正泰煤业公司满足《最高人民法院关于民事执行中变更、追加当事人若干问题的规定》中关于追加一人公司法定代表人为被执行人的主体要件。

第二，法定代表人能否证明自己的财产独立于公司财产？可见法定代表人是有举证责任的，如果不能证明公司的财产独立于自己的财产，需要对公司的债务承担连带赔偿责任。本案武大不能证明自己的财产与公司财产相独立，且根据申请人申请调取其公司账目，发现公司财产与武大个人财产混同，故满足《最高人民法院关于民事执行中变更、追加当事人若干问题的规定》所规定股东不能证明公司财产独立于自己的财产现实情况。

综上所述，申请人陈世美申请追加正泰煤业公司法定代表人武大为本案被执行人，与正泰煤业公司承担连带赔偿责任于法有据，应予支持。

知识拓展

那么，在司法实践中除了上述一人股份有限公司在一定条件下可以追加一人股东为被执行人以外，还有哪些情况可以追加股东为被执行人呢？换句话说，普通公司（非一人公司）可否追加股东为被执行人呢？笔者总结出执行公司财产过程中可以追加股东为被执行人的前提条件有两个[①]：

（一）公司需要满足的条件

作为被执行人的公司，其财产不足以清偿生效法律文书确定的债务（公司还不上钱的情况）或者未经清算即办理了注销导致公司无法清算（不合法注销）。

（二）股东需要满足的条件

股东分别满足以下条件的，申请执行人可根据相应的条件申请追加股东为被执行人。

（1）当股东有未缴纳或未足额缴纳出资的情况。申请人申请追加股东为被执行人的，法院应予支持。法律依据是《最高人民法院关于民事执行中变更、追加当事人若干问题的规定》（以下简称《规定》）第17条规定，作为被执行人的营利法人，财产不足以清偿生效法律文书确定的债务，申请执行人申请变更、追加未缴纳或未足额缴纳出资的股东、出资人或依公司法规定对该出资承担连带责任的发起人为被执行人，在尚未缴纳出资的范围内依法承担责任的，人民法院应予支持。公司法的法理依据是《最高人民法院关于

---

① 参见最高人民法院执行局编制：《人民法院办理执行案件规范》，人民法院出版社2017年版，第30、31页。

适用〈中华人民共和国公司法〉若干问题的规定（三）》（法释〔2020〕18号）（以下简称《公司法解释三》）第13条第2款，公司债权人请求未履行或者未全面履行出资义务的股东在未出资本息范围内对公司债务不能清偿的部分承担补充赔偿责任的，人民法院应予支持；未履行或者未全面履行出资义务的股东已经承担上述责任，其他债权人提出相同请求的，人民法院不予支持。

（2）当出现抽逃出资的股东情况下，申请人申请追加股东为被执行人的，法院应予支持。法律依据是《规定》第18条：作为被执行人的营利法人，财产不足以清偿生效法律文书确定的债务，申请执行人申请变更、追加抽逃出资的股东、出资人为被执行人，在抽逃出资的范围内承担责任的，人民法院应予支持。公司法的法理依据是《公司法解释三》第14条第1款，股东抽逃出资，公司或者其他股东请求其向公司返还出资本息、协助抽逃出资的其他股东、董事、高级管理人员或者实际控制人对此承担连带责任的，人民法院应予支持。

（3）当出现未依法履行出资义务即转让股权的情况，申请人申请追加股东为被执行人的，法院应予支持。法律依据是《规定》第19条：作为被执行人的公司，财产不足以清偿生效法律文书确定的债务，其股东未依法履行出资义务即转让股权，申请执行人申请变更、追加该原股东或依公司法规定对该出资承担连带责任的发起人为被执行人，在未依法出资的范围内承担责任的，人民法院应予支持。公司法的法理依据是《公司法解释三》第18条第1款，有限责任公司的股东未履行或者未全面履行出资义务即转让股权，受让人对此知道或者应当知道，公司请求该股东履行出资义务、受让人对此承担连带责任的，人民法院应予支持；公司债权人依照本规定第13条第2款向该股东提起诉讼，同时请求前述受让人对此承担连带责任的，人民法院应予支持。

（4）当出现未经清算即办理注销登记的公司股东情况时，申请人申请追加股东为被执行人的，法院应予支持。法律依据是《规定》第21条：作为被执行人的公司，未经清算即办理注销登记，导致公司无法进行清算，申请执行人申请变更、追加有限责任公司的股东、股份有限公司的董事和控股股东为被执行人，对公司债务承担连带清偿责任的，人民法院应予支持。

（5）当出现无偿接受被注销、被吊销营业执照、被撤销、被责令关闭、歇业等的公司的财产时，申请人申请追加股东为被执行人的，法院应予支持。法律依据是《规定》第22条：作为被执行人的法人或非法人组织，被注销或出现被吊销营业执照、被撤销、被责令关闭、歇业等解散事由后，其股东、出资人或主管部门无偿接受其财产，致使该被执行人无遗留财产或遗留财产不足以清偿债务，申请执行人申请变更、追加该股东、出资人或主管部门为被执行人，在接受的财产范围内承担责任的，人民法院应予支持。

普法提示

提供劳务者用劳动创造财富，为社会发展注入不朽的动力，这是很辛苦的。但是日常工作并非都是那么顺顺利利，提供劳务者在工作中会遇到各种各样的问题。这就是我们所说的风险社会，在这样的社会中需要对这些可能出现的问题进行风险防控。防控分为社会防控和个人防控，本文笔者主要是针对个人防控进行些许相关的普法建议。

（一）自我安全防患意识要牢记

在司法实践中涉及有提供劳务者受害责任纠纷案件，轻则是对当事人健康权的侵害，重则涉及生命，甚至波及家庭。问及出现事故原因则大同小异，无不令人叹息。笔者认为即使再多的财产补偿也难以抚平对自己健康和生命的戳伤。劳务者受害或许有客观性的原因，但更多的是劳务者自身安全防患意识不强。笔者翻阅部分提供劳务者受害纠纷案件，多数是建设施工合同案件。这些提供劳务者大多来自农村，且都是熟人介绍，本身没有受过专门的业务培训，安全防患意识不强。加强本身自我安全防患意识尤为重要，只有自己能意识到工作中可能遭遇的危险，才能在工作中有良好的事先防御机制。

（二）笔下合同要留神

劳务者签订合同时，必须了解清楚公司是否为自己缴纳了社会保险。工伤保险是一种社会保险制度。生产企业必须为员工缴纳工伤保险，保障每一位员工在受工伤后有相应的医疗、康复和基本生活费用。国家实行的社会保险缴费制度，是强制性的，社会保险包括基本养老保险、基本医疗保险、失业保险、工伤保险、生育保险，简称五险。[①] 其中工伤保险和生育保险，由单位依法缴费，职工个人是不缴费的。《安全生产法》第 51 条第 1 款规定，生产经营单位必须依法参加工伤保险，为从业人员缴纳保险费。《社会保险法》第 84 条明确规定，用人单位不办理社会保险登记的，由社会保险行政部门责令限期改正；逾期不改正的，对用人单位处应缴社会保险费数额一倍以上三倍以下的罚款，对其直接负责的主管人员和其他直接责任人员处 500 元以上 3000 元以下的罚款。第 86 条规定，用人单位未按时足额缴纳社会保险费的，由社会保险费征收机构责令限期缴纳或者补足，并自欠缴之日起，按日加收万分之五的滞纳金；逾期仍不缴纳的，由有关行政部门处欠缴数额一倍以上三倍以下的罚款。

在司法实践中，很多公司没有为劳务者缴纳社会保险，而劳务者自身也没有过多的在意。当问其原因时候，他们认为有些劳务者工作时间短，不具有连续性，没有必要缴纳社会保险。在此我们提醒劳务者，依法缴纳社会保险，是企业的义务和责任，当劳务者在与公司签订劳务合同时，必须要求公司为自己缴纳社会保险。如用人单位拒绝缴纳，可以向社会保险行政部门投诉。

（三）耳听六路，眼观八方

劳务者在签订劳务合同前，要充分了解入职公司的性质以及经营状况。笔者在司法实践中，接触过大量的资不抵债公司，公司经营状态惨淡，一方面公司想通过努力扭转不利于公司的局面，却支付不起劳工报酬，频频拖欠

---

① 参见林嘉主编:《社会保险法教程》，法律出版社 2011 年版。

劳工工资，债务诉讼纠纷较多。另一方面公司又与新劳工签订用工合同，这种做法是非常不负责任的，最后导致越来越多的劳工工资得不到清偿，上访上诉频繁发生，造成社会不安稳。所以劳务者在签订劳务合同时要充分了解公司的经营状况，谨慎签订合同。实践中，有些公司为了逃避债务，滥用法定代表人的情形常有发生，给债权人的利益造成很大损失。上述案情中的陈世美对正泰煤业公司还是比较了解的，知道正泰煤业公司是一人有限责任公司，故可以追加法定代表人为被执行人。笔者在此提醒劳务者，当签订劳务合同时要充分了解入职公司的性质以及经营状况。

（四）打官司，打的是证据

劳务者在受伤期间，要妥善固定好证据。我们常说打官司打的就是证据，没有证据不好定是非。在司法实践中，劳务者对证据的固定是非常薄弱的，往往纠纷产生后，劳务者聘请律师参与纠纷化解，但是由于自身证据意识较弱，留有的证据往往不足以支持全部诉求，导致不能在纠纷化解中利益最大化，从而丧失诉讼的主动权。笔者提醒劳工在受到伤害时，需要固定好大致两个方面的证据，一是劳务者受伤是在为公司工作时而受到的伤害，固定好人证等相关证据。二是自己提前垫付的医药费等支出。劳务者要有证据意识，只有充分的证据才能让劳务者的权益最大化。

（五）办法总比困难多

我们往往会遇到劳务者打赢了官司，公司却没有财产可供执行，且又不满足追加股东的前提条件，我们该如何维护自身权益呢？在司法实践中，这样的情况不在少数，当遇到被执行人公司名下没有任何财产可供执行时，法院会对公司的账户进行冻结，对公司进行限制高消费等措施，穷尽所有措施后，依然不能执行到财产的，法院最后以终结本次执行程序处理结案。但是终结本次执行程序并非传统意义上的结案，而是暂时的一种案件处置方式，当申请人发现公司有财产线索时，申请人可以申请法院恢复执行，法院亦可依据职权恢复执行。但是此时申请人的利益短时间是无法得到保障的。通俗点儿就是说，打赢了官司，一分钱也没要到。遇到此类情形，笔者可以给出两点建议，第一，申请人积极配合法院寻找财产线索，一旦发现立即与法院执行局法官联络，恢复对本案的执行。第二，如果申请人生活困难，可以向法院申请国家司法救助，暂时缓解纠纷对自身生活的影响。

图书在版编目（CIP）数据

劳务纠纷典型案例解析 / 李艳红主编 .—北京：中国法制出版社，2021.9
（法官说法丛书）
ISBN 978-7-5216-2020-7

Ⅰ . ①劳…　Ⅱ . ①李…　Ⅲ . ①劳动就业—民事纠纷—案例—分析—中国
Ⅳ . ① D922.505

中国版本图书馆 CIP 数据核字（2021）第 136926 号

责任编辑：李宏伟　　封面设计：杨泽江

劳务纠纷典型案例解析
LAOWU JIUFEN DIANXING ANLI JIEXI
主编 / 李艳红
经销 / 新华书店
印刷 / 三河市国英印务有限公司
开本 / 710 毫米 ×1000 毫米　16 开　　印张 / 17.75　字数 / 254 千
版次 / 2021 年 9 月第 1 版　　2021 年 9 月第 1 次印刷

中国法制出版社出版
书号 ISBN 978-7-5216-2020-7　　定价：55.00 元

北京市西城区西便门西里甲 16 号西便门办公区
邮政编码 100053　　传真：010-63141852
网址：http://www.zgfzs.com　　**编辑部电话：010-63141804**
市场营销部电话：010-63141612　　**印务部电话：010-63141606**
（如有印装质量问题，请与本社印务部联系。）